출애굽기 강해 (상)

출애굽의 아침

그.해.방.의.드.라.마

_이_동_원_

요단

출애굽의 아침 - 그 해방의 드라마

1998년 12월 25일   제1판 1쇄 발행
2021년 4월 10일   제1판 10쇄 발행

지은이   이동원
펴낸이   이요섭
기획   박찬익
편집   이지혜
제작   이인애
영업   정준용, 김승훈, 이대성

펴낸곳   요단출판사
등록   1973. 8. 23. 제13-10호
주소   07238 서울특별시 영등포구 국회대로76길 10
기획   (02)2643-9155
영업   (02)2643-7290
팩스   (02)2643-1877

ⓒ이동원 1998

정가 13,000원
ISBN 978-89-350-0946-6 03230

이 책의 한국어판 저작권은 요단출판사가 소유하고 있습니다.
출판사의 사전 승인 없이 책의 내용이나 표지 등을 복제, 인용할 수 없습니다.

서 문

출애굽의 드라마는
바로 우리 인생의 드라마라 할 만합니다.
출애굽의 하나님은 곧
우리의 구원의 주요, 해방의 주이십니다.
그가 고난 속에 토해진 백성의 신음을 들으시고
친히 능하신 팔을 펴시사
새 역사를 짓고자 하십니다.

역사의 밤이 깊어가던 그 정점에서
새벽이 기지개를 켜며
밤의 음모를 깨뜨리기 위한
눈부신 나래짓을 시작하자
역사는 해방의 드라마를 체험하고
홍해 바다 저편에서 구원의 노래가 올려지고
주의 백성들은 춤추며 광야로 나아갑니다.

출애굽의 아침에서 본 해방의 드라마가
바로 오늘 우리들의 구원의 이야기라면
출애굽의 저녁에서 보는 성숙의 드라마는
가나안을 향해 전진하는 주의 백성들이
어떻게 미래를 꿈꾸어야만 하며
어떻게 끝까지 믿음의 행진을 완주할 것인가를
살아 있는 드라마로 우리에게 보여줍니다.

이 드라마의 어느 행간에서
이 시대를 살아가는 주의 백성들의 걸음걸이가
새로운 은혜로 다시 견고해지기를 빌며
21세기를 위한 출애굽의 드라마를
우리들의 이야기로 봉헌하고자 합니다.

주후 1999년 - 21세기를 내다보는 새 아침에

이동원

Contents

서문 ○●○ 3

제 1장 _ 번영과 고통의 드라마 ○●○ 7

제 2장 _ 섭리의 아들 ○●○ 31

제 3장 _ 섭리의 레슨 ○●○ 53

제 4장 _ 모세의 소명 ○●○ 79

제 5장 _ 모세의 변명 ○●○ 101

제 6장 _ 계속되는 모세의 변명 ○●○ 119

제 7장 _ 모세의 순종 ○●○ 139

제 8장 _ 역사를 치유하는 예배 ○●○ 159

제 9장 _ 어찌하여 더 ○●○ 179

제10장 _ 모세의 사역의 시작 ○●○ 197

제11장 _ 열 재앙 ○●○ 217

제12장 _ 열번째 재앙과 유월절 ○●○ 237

제13장 _ 출애굽의 하나님 ○●○ 261

제 **1** 장

번영과 고통의 드라마

번영과 고통의 교차라는 두 경험의 보편성에서,
무대 전면에 나타난 사건들만 보는 것이 아니라
무대 배후에 나타난 하나님의 섭리를
바라보는 것이 중요합니다.

번영과 고통의 드라마
출애굽기 1:1-22

　사람은 누구나 인생을 살아가면서 번영과 고통의 사이클을 경험하게 됩니다. 번영의 때가 있으면 고통의 때도 있습니다. 그런데 사람에 따라 그 정도의 차이는 좀 달라서 고통의 때를 더 많이 경험하는 사람이 있는가 하면 또 번영의 때를 더 많이 누리는 사람도 있습니다. 그러나 번영과 고통의 교차라는 두 경험의 보편성에서 예외가 되는 인생은 아무도 없습니다. 우리는 누구나 번영이 찾아올 때면 쉽게 인생에 대해 낙관적이게 되지만 또 고통이 찾아올 때는 쉽게 비관적이게 됩니다.

　제가 외국생활을 하다가 한국에 돌아온 3년 전만 해도 국내의 분위기는 상당히 낙관적이었습니다. 그러나 최근에는 우리가 다 느끼는 바이지만 그렇게도 비관적일 수가 없습니다. 인생은 본래 번영과 고통의 명암이 교차하도록 되어 있습니다.

　우리는 엑소도스(Exodus)의 무대, 즉 출애굽 역사가 열리면서도 이 번영과 고통의 명암이 교차하는 것을 볼 수 있습니다. 그 때는 아마도 주전 15세기경이었다고 생각됩니다. 그러나 학자들에 따라서 주전 13세기경으로 보는 학자들도 있고, 또 주전 1500년대 사건으로 보는 학자들도 있습니다. 본문은 흉년을 피하여 가나안 땅에서 애굽 땅으로 내려간 이스라엘 백성들의 번영과 고통의 무대를 조명해 주고 있습니다.

그러나 우리는 본문을 읽고, 묵상하고, 공부하면서 단순히 무대 위에 나타난 번영과 고통의 경험, 즉 무대 전면에 나타난 사건들만 보려고 해서는 안됩니다. 무대 배후에 있는 하나님의 섭리, 하나님의 주권을 이해하는 것이 더 중요한 것입니다.

'하나님이 왜 한때는 번영을 허용하시다가 한때는 고통을 허용하시는가?' 라는 질문에 있어서 역사의 무대 배후에 숨겨진 하나님의 주권적인 뜻과 섭리를 이해하는 것은 매우 중요합니다. 우리 인생에서 경험하는 번영과 고통의 뜻을 이해하는 데 있어서도 이 질문은 매우 중요합니다. 우리는 삶을 살면서 왜 한때는 번영을 경험하다가 또 한때는 주님을 사랑하고 주님을 따라 살기를 원함에도 불구하고, 격렬한 고통 가운데 던져지는지 하나님께 대하여 의문을 품지 않을 수가 없습니다.

오늘 우리는 본문을 통해서 우리 인생에서 경험하는 번영과 고통의 뜻을 이해하기 위해서 매우 중요한 성경역사의 한때, 즉 출애굽 역사의 첫 무대 위에 나타난 번영과 고통의 드라마를 생각해 보려고 합니다.

번영의 드라마

먼저 출애굽기 1:1-7에 나타난 번영의 드라마입니다. 번영의 섭리라고도 할 수 있습니다. 이렇게 1-7절까지는 잘 나가고 있습니다. 그러다가 출애굽기 1:8부터는 어떻게 될까요? 잘 안돼요. 1-7절에서는 우선 번영의 섭리, 즉 번영의 무대를 보여주고 있습니다. 맨 처음 아브라함의 후손인 야곱의 가족은 팔레스타인 땅, 즉 지금의 이스라엘 땅에 흉년이 들자, 요셉의 권고로 흉년을 피하여 애굽 땅으로 이주하게 됩니다. 오늘날로 말하면 이민을 가는 겁니다. 세상이 어려워지면 이민 가는 사람이 많이 생기지 않습니까? 한동안 주춤하더니 요즘 다시 어렵다고 하니까 캐나다로, 호주로 이민을 생각하는 우리의 현실과 전혀 다를 바가 없습니다. 역사는 언제나 반복되는 것입니다.

제가 좋아하는 이야기가 하나 있는데, 성적이 매우 불량한 한 학생의 아버지가 학교에 불려왔답니다. 그래서 담임 선생님이 그 학생의 아버지와 성적에 대한 상담을 하고 있었는데, 마침 역사 과목을 가르치고 있던 담임 선생님에게 학생의 아버지가 물었습니다. "선생님, 그런데 선생님이 가르치는 역사 과목은 우리 아들이 어떻게 했습니까?" 그랬더니 "아버님께서는 학교에 다니실 때에 어떻게 하셨습니까?"라고 오히려 선생님이 반문했습니다. 그러자 그 아버지는 머리를 긁적이면서 "저야 뭐, 형편없었지요"라고 대답했습니다. 이내 그 담임 선생님은 이렇게 말했습니다. "역사는 반복되는 것입니다." 그렇습니다. 역사는 반복되는 것입니다. 해 아래 새것은 하나도 없습니다. 똑같은 일들이 반복되는 것입니다.

팔레스타인 땅에 몇 명이 내려갔습니까? 1:5에 보면, 70명이 내려갔습니다. 또 1:7에 보면, 그 70명이 어떻게 되었습니까? "이스라엘 자손은 생육이 중다하고 번식하고 창성하고 심히 강대하여 온 땅에 가득하게 되었더라." 내려간 70명의 인구가 번식하고 창성하여 강대하게 되었습니다. 얼마쯤 되었을까요? 이스라엘 백성들이 모세의 인도로 애굽 땅을 떠날 때 최종적으로 몇 명이 떠났습니까? 아무도 정확하게는 모릅니다. 그러나 추측은 가능해요. 출애굽기 12:37을 보세요. "이스라엘 자손이 라암셋에서 발행하여 숙곳에 이르니 유아 외에 보행하는 장정이 육십만 가량이요." 몇 명입니까? 유아들과 여자들을 제외하고 장정만 따져서 육십만이라고 했습니다. 그러니까 유아들과 여자들을 합치면 얼마나 될까요? 200만까지도 가능하다고 추측할 수 있습니다. 70명이 내려가서 자그마치 200만 명이 넘었습니다. 굉장하지 않습니까? 이것이 번영의 증거입니다.

그들은 약 300여 년에 걸쳐서 아주 평화로운 번영의 삶을 누리게 되었습니다. 하나님께서 본국에서도 아니고 흉년을 피하여 애굽으로 내려간 이스라엘 백성들에게 이와 같은 번영을 허락하신 이유는 어디에 있을까요? 우리는 이것을 두 가지로 추정해 볼 수 있습니다.

번영, 개인의 고통에 대한 보상

첫째는, 개인적 고통을 보상하시는 하나님의 선하심이라고 할 수 있습니다. 하나님은 자기 백성들에게 고통만 받으리라고 말씀하신 적이 결코 없습니다. "하나님을 사랑하는 자 곧 그 뜻대로 부르심을 입은 자들에게는 모든 것이 합력하여 선을 이루느니라"(롬 8:28). 이것은 신약에 있는 말씀이지만 구약과 신약을 관통하는 하나님의 백성들을 향한 일관성 있는 하나님의 섭리라고 할 수 있습니다. 그러므로 이것은 하나님의 모든 백성들이 주장할 수 있는 약속이며, 실제로 모든 시대를 통해서 그리스도인들에게 이 말씀만큼 애송된 말씀이 없을 것입니다. 이것은 바울의 인생관이었고, 모든 시대를 살아가는 하나님의 백성들의 인생관이라고 할 수 있습니다.

하나님은 고통을, 고통 그 자체로 남겨두신다고 말씀하지 않으셨습니다. 고통은 반드시 있습니다. 이 고통은 피할 수가 없고, 하나님의 백성들도 결코 이 고통에서 예외는 아닙니다. 그러나 하나님은 이 고통을 반드시 선으로 변화시켜 주신다고 약속하십니다. 그 선을 자기 세대에 보상받지 못하는 사람도 더러 있습니다. 그러나 그들은 다음 세대에서, 혹은 하나님의 나라에서라도 반드시 그 선을 보상받도록 보장되어 있습니다. 여기 개인의 고통을 보상하시는 하나님의 선하심이 있습니다.

창세기의 마지막 무대에서 보면, 아브라함, 이삭, 야곱, 이 하나님의 백성의 일가(一家)는 무척 고통스러운 시간을 살아갑니다. 흉년으로 인한 경제적 고통뿐만 아니라 여러가지 많은 고통을 당합니다. 그러나 하나님은 고통받고 있던 이 가족 중에서 한 사람을 먼저 애굽 땅으로 내려 보내십니다. 누구죠? 요셉입니다. 그것도 기이한 일련의 사건을 통해서 말예요. 노예로 팔려가게 된 요셉은 말할 수 없이 억울했을 것입니다. 그러나 그것이 하나님의 백성들, 즉 야곱 일가(一家)의 고통을 보상하시려는 하나님의 선한 손길인 줄이야 누가 그 당시에는 예측이나 할 수 있었겠습니까?

창세기에서 가장 감동적인 한 대목은, 요셉이 자기를 팔았던, 목줄을 죄는 고통을 주었던, 자기를 거의 사지에 밀어넣었던 형들을 애굽의 권좌 위에서 만나는 결정적인 순간에 그들에게 고백한 내용입니다. "당신들이 나를 이곳에 팔았으므로 근심하지 마소서 한탄하지 마소서 하나님이 생명을 구원하시려고 나를 당신들 앞서 보내셨나이다"(창 45:5). "당신들이 나를 이곳에 팔았다고 걱정하지 마소서. 내가 혹시 형님들에게 복수하지 않을까 걱정하실 필요가 없습니다. 나는 믿습니다. 하나님이 우리 가족의 생명을, 우리 민족의 생명을 구원하시려고 나를 당신들보다 앞서 보내셨다는 것을 말입니다."

이 고백을 뭐라고 말했으면 좋겠습니까? 저는 이것이 바로 하나님의 주권에 대한 요셉의 믿음이라고 생각합니다. 이것은 역사를 섭리하시는 하나님의 주권에 대한 믿음입니다. 어떤 고통도 하나님의 섭리를 떠나서 우연히 맹목적으로 우리에게 고통 그 자체를 가하기 위해서 하나님의 백성들의 삶의 장(場)에 허용되는 경우는 없습니다. 당시에는 고통이며, 불행이며, 말할 수 없는 아픔이 되어 가슴을 찢습니다. 그러나 우리는 이 모든 것 배후에 하나님의 선하신 섭리가 움직이고 있음을 믿어야 합니다. 이 고통은 변하여 반드시 하나님의 선을 성취하고야 말 것입니다. 마침내 요셉에게 그 날은 오고야 말았습니다.

요셉의 감동적인 고백을 다시 한 번 들어보십시오. "하나님이 생명을 구원하시려고 나를 당신들 앞서 보내셨나이다 이 땅에 이 년 동안 흉년이 들었으나 아직 오 년은 기경도 못하고 추수도 못 할지라 하나님이 큰 구원으로 당신들의 생명을 보존하고 당신들의 후손을 세상에 두시려고 나를 당신들 앞서 보내셨나니 그런즉 나를 이리로 보낸 자는 당신들이 아니요 하나님이시라 하나님이 나로 바로의 아비를 삼으시며 그 온 집의 주를 삼으시며 애굽 온 땅의 치리자를 삼으셨나이다"(창 45:5-8). 이 철저한 믿음이 바로 하나님의 주권에 대한 믿음입니다.

하나님의 뜻을 떠나서 우연히 발생되고 전개되는 사건은 아무것도 없습니다. 고통스러운 사건까지도 그 배후에 하나님의 선한 의지가 움직이고 있다는 사실을 믿으시기 바랍니다. 그리고 하나님은 이런 고통을 반드시 보상하십니다. 애굽 땅에서 그들이 오래간만에 누리는 이 평안은 하나님의 백성 개개인의 고통을 보상하시는 하나님의 선하심이라고 할 수 있습니다.

왜 우리 인생의 어느 때에 번영이 찾아옵니까? 하나님은 그 동안 우리가 흘린 눈물을 아십니다. 우리의 괴로웠던 가슴을 아십니다. 또 우리가 지나야만 했던 어두운 터널의 고독을 아십니다. 그리고 하나님은 마침내 선으로 우리에게 보상하십니다. 그러므로 여러분의 생애에 번영이 찾아오거든 하나님을 찬양하십시오. 여러분의 지난 날의 고통과 고독과 아픔을 아시고 이제는 그의 선하심으로 후히 보답하시는 하나님의 은혜를 찬양하시기 바랍니다.

우리는 이 번영을 또 다른 각도에서 조명해 볼 수 있습니다. 그것은 비단 개인을 위한 섭리일 뿐만 아니라 공동체를 위한 섭리였다는 사실입니다.

번영, 공동체를 향한 하나님의 뜻

둘째는, 공동체 안에 하나님의 뜻을 이루고자 하는 하나님의 선하심이라고 할 수 있습니다. 요셉을 향한 섭리, 야곱을 향한 섭리, 이것은 비단 야곱 개인이나 요셉 개인을 향한 하나님의 섭리였을 뿐만 아니라 이스라엘 공동체, 이스라엘 백성을 향한 하나님의 공동체적 섭리였다는 사실을 주목해야 합니다.

하나님은 개인을 돌아보시고 개인의 삶 가운데 꾸준히 섭리의 손길을 펼쳐가십니다. 반면에 하나님은 또 우리 개인들을 묶어서 우리의 공동체 안에 하나님의 선을 이루고자 하십니다. 그래서 교회를 통하여 하나님의 뜻을 이루시고, 우리 민족을 통해서 하나님의 뜻을 이루시는 하나님의 공동체적 섭리가 있습니다.

이스라엘 백성을 향한 이 공동체적 섭리의 일환은 무엇입니까? 그것은 옛 이스라엘 민족을 강한 민족으로 키워 다시 역사의 무대 위에 세우려는 것입니다. 불과 70명이 내려왔습니다. 그러나 애굽 땅을 떠나 다시 시온의 땅을 향해 갈 때, 그들은 200만 명이 넘는, 더 이상 한 가족이라고 말할 수 없는 강력한 민족 공동체가 되어 있었습니다. 번영의 때에 그들은 꾸준히 민족 공동체를 키워갈 수 있었던 것입니다.

이스라엘 백성들은 애굽의 어떤 땅에서 살았습니까? 바로는 애굽의 어떤 땅을 이스라엘 백성에게 주었습니까? 고센 땅입니다. 고센은 아주 좋은 땅이에요. 성지순례를 가셨던 분들은 이 고센 땅을 지나갔을 것입니다. 이집트 카이로에서부터 나일강의 삼각주 영역을 통과해서 홍해바다로 가는 그 영역 속에 존재하는 아주 비옥한 고센 땅을 바로가 이스라엘 백성들에게 주었습니다.

그 배경을 좀 살펴보겠습니다. 창세기 46:34을 보세요. "당신들은 고하기를 주의 종들은 어렸을 때부터 지금까지 목축하는 자이온데 우리와 우리 선조가 다 그러하니이다 하소서 애굽 사람은 다 목축을 가증히 여기나니 당신들이 고센 땅에 거하게 되리이다." 요셉이 자기 형제들에게 코치를 했습니다. 그 당시 고센 땅에는 목축하는 사람들이 많이 있었는데, 그들이 대대로 목축을 하였으므로 그 땅을 요구하라고 했습니다. 애굽 사람들은 주업이 뭐였습니까? 그들은 비옥한 나일강이 있었기 때문에 농사를 많이 지었습니다. 그 당시 농사를 짓는 사람들은 목축하는 사람들을 아주 무시했습니다. 하지만 요셉은 그 땅이 지리적으로 매우 좋은 땅이라는 것을 잘 알고 있었습니다.

그들은 애굽 땅에서 매우 좋은 땅을 차지하였고 또 애굽 사람들의 간섭도 전혀 받지 않았습니다. 왜냐하면 애굽 사람들은 목축하는 사람들, 냄새나는 사람들 근처에도 가기 싫어했기 때문에 아예 그냥 내버려뒀습니다. 그래서 이스라엘 백성들은 비옥한 애굽의 고센 땅에서 편안하게 여러 세대를 살아갈 수 있었습니다.

거기다가 그 당시 애굽은 최대 강국이었습니다. 그렇기 때문에 이스라엘 백성은 열방 가운데 최대 강국 안에 위치하면서 그 나라의 참견도 전혀 받지 않았고, 또 그 땅이 애굽에 속한 땅이었기 때문에 다른 주변 열방들은 전혀 넘볼 생각도 하지 못했습니다. 따라서 아무도 간섭하지 않는 땅에서 마음대로 자유를 누리면서 번영을 누릴 수 있었던 시기가 바로 고센 땅에 거하던 시기였습니다.

그래서 성서학자들은 이 고센 땅을 가리켜 이스라엘 민족의 인큐베이터였다고 말합니다. 어린 생명, 즉 아주 연약한 생명이었던 이스라엘 민족을 잘 키워 가지고 바깥으로 내놓는 역할을 했던 땅이 바로 이 고센 땅이었다는 것입니다. 그러므로 우리는 전체적인 하나님의 역사를 조망해 볼 때, 역사를 조망하는 하나님의 큰 섭리 안에 이런 계획이 숨어 있었다는 사실을 놓치지 말아야 합니다.

특별히 우리가 주목해서 봐야 할 매우 중요한 성경구절이 있는데, 창세기 46:3입니다. "하나님이 가라사대 나는 하나님이라 네 아비의 하나님이니 애굽으로 내려가기를 두려워 말라 내가 거기서 너로 큰 민족을 이루게 하리라." 하나님이 미리 말씀해 놓으셨죠? "애굽 땅으로 내려가는 것을 두려워하지 말라. 거기서 내가 너로 큰 민족을 이루게 할 것이다." 그러니까 그것은 하나님의 섭리입니다. 이스라엘 백성들이 애굽 땅에 내려와서 번영의 한때를 누린 것은, 첫째로 개인적 고통을 보상하시는 하나님의 선하신 손길이었습니다. 둘째로 하나님의 뜻을 공동체 안에, 이스라엘 민족 안에 이루시고자 하는 하나님의 선하신 손길이었습니다. 하나님께서는 자신이 선택하신 이 민족을 키워 사용하시고자 그들에게 복을 주셨습니다.

그러므로 우리는 삶 가운데 번영이 찾아올 때, 이렇게 생각해야 합니다. 그것은 우리로 하여금 향유하고, 먹고, 즐기고, 놀게 하기 위해서가 아니라 하나님이 우리를 쓰시기 위해서 준비하시는 때라고 말입니다. 하나님이 주신 복, 즉 하나님의 뜻을 위하여 하나님의 섭리의 도구로 내 물질과 지위 그리고 내 삶의 좋은 환경과 번영이 어떻게 쓰여질 것인가를 묻는 사람은 그 복을 받아 마땅한 사람인 줄로 믿습니다. 그렇지 않다면 번영의 뜻을 모르는 사람이에요. 하나님이 왜 자신에게 복을 주시는지 그 뜻을 모르는 사람입니다.

여기 번영의 무대에 드러난 하나님의 섭리는 개인적 고통을 돌아보아 위로를 주시며, 그들을 역사 가운데 존귀한 한 공동체로 쓰시기 위함이었습니다. 우리는 애굽 땅에서 누린 이스라엘의 번영의 드라마를 이 두 가지 각도에서 접근해 갈 수 있습니다.

고통의 드라마

그러나 이 번영은 오래가지 않았습니다. 짧지도 않았지만 그리 오래가지도 않았습니다. 어느 한 순간에 이 번영의 무대는 뒤집혀가기 시작했습니다. "요셉을 알지 못하는 새 왕이 일어나서 애굽을 다스리더니"(출 1:8). 이 때부터 문제가 시작됩니다.

'요셉을 알지 못하는 새로운 왕, 이 새로운 왕이 누구냐? 이것은 성서학자들의 치열한 논쟁의 마당이 되고 있습니다. 여러 가지 학설이 있는데, 아모시스로 보는 사람이 있고, 아멘호텝 2세로 보는 사람도 있으며, 또 터트모스 1세나 람세스 2세일지도 모른다고 말하는 사람도 있습니다. 정답은 뭐냐? 저도 모르겠습니다. 이것은 출애굽기 역사의 무대를 주전 15세기로 보느냐, 13세기로 보느냐에 따라서 '그 시대를 통치했던 애굽의 통치자가 누구냐? 에 대한 그 견해가 달라질 수 있습니다. 성서 고고학이 더 발전되면 더욱 명확하게 이 문제에 대한 해답을 줄 수 있을지도 모르겠습니다.

중요한 것은 요셉을 알지 못했던 새로운 바로, 즉 애굽의 통치자가 일어나면서부터 이스라엘 민족의 운명이 달라졌다는 것입니다. 더 이상 이스라엘 민족은 번영하지 못합니다. 애굽 정부는 더 이상 이스라엘 민족을 그대로 두지 않았습니다. 강대해지는 이스라엘 백성들의 번영 앞에 그들은 위협을 느끼기 시작했습니다. 그리고 구체적으로 탄압의 음모를 시작했습니다. 동시에 이스라엘 민족의 운명은 노예의 자리로 전락해 가기 시작합니다. 또한 그들은 말로 다 할 수 없는 고통과 핍박의 회오리를 경험하기 시작합니다. 한순간 무대가 돌아가면서 번영은 고통의 무대로 바뀝니다.

그러면 이스라엘 민족의 역사의 한때에 이 고통을 허용하시는 하나님의 섭리는 또 어디에 있을까요? 그 동안 잘 살아왔던 우리 삶의 무대가 갑자기 바뀌면서 고통의 회오리가 몰아치는 이유를, 오늘 이 역사의 고통을, 우리는 어떤 뜻으로 풀어야 합니까? 본문에서 몇 가지 해답을 찾을 수 있습니다.

고통, 성공할 수 없는 사단의 핍박

첫째로, 고통은 성공할 수 없는 사단의 핍박입니다. 우리에게 왜 고통을 허용하시는가? 우리가 왜 고통을 경험하게 되는가? 그것은 성공할 수 없는 사단의 핍박입니다. 실제로 이스라엘 백성들을 핍박하고 있는 대표적인 지도자는 누구입니까? 바로입니다. 어떤 왕인지 그 이름은 자세히 모르지만, 그가 실제로 사단의 하수인에

불과했다는 사실을 우리는 기억해야 합니다. 계속해서 출애굽기의 내용을 살펴보면, 이 바로가 얼마나 철저하게 사단의 도구로 쓰임 받고 있는가를 보게 될 것입니다.

그런데 여기서 반드시 분리해서 생각해야 할 것이 있습니다. 하나님이 사랑하는 자기 백성들의 삶의 장에 고통을 허용하시는 것은 사실입니다. 그러나 하나님 자신이 그 고통을 주시는 것은 아닙니다. 우리는 반드시 이 두 가지를 분리해서 생각해야 합니다. 하나님은 고통을 허용하시지만, 고통 그 자체는 결코 하나님이 주시는 것이 아닙니다.

우리는 고통을 만나게 되면 "하나님, 어쩌자고 저에게 이런 고통을 주십니까?"라고 말합니다. 우리는 하나님이 고통을 주시는 것처럼 생각하는데, 사실 고통을 주는 장본인은 하나님이 아니십니다. 하나님은 사단이 그렇게 하도록 허용하실 뿐입니다. 그러므로 고통을 주는 장본인은 항상 사단이지 하나님은 아니시라는 것, 이 두 가지를 분리해서 바라볼 줄 아는 안목을 갖는 것이 고통의 문제에 접근하는 크리스천의 중요한 이해라고 할 수 있습니다.

고린도후서 12:7에 보면, 바울에게 어떤 고통이 있었습니까? 무슨 문제가 있었습니까? 질병이 있었어요. 고쳐지지 않는 질병이 있었습니다. 어떤 사람은 바울이 안질을 앓았을 것이라고 말합니다. 다메섹 도상에서 강렬한 빛을 경험하면서부터 안질을 앓았을 수도 있다는 것입니다. 또 어떤 사람은 바울이 간질을 앓았을 것이라고 말합니다. 안질인지, 간질인지 저는 잘 모르겠습니다. 그러나 그가 난치병을 앓고 있었던 것만은 사실입니다.

고린도후서 12:7에서 바울이 자기 안에 있었던 육체의 고통을 어떻게 묘사하고 있는지 잘 보십시오. "여러 계시를 받은 것이 지극히 크므로 너무 자고하지 않게 하시려고 내 육체에 가시 곧 사단의 사자를 주셨으니 이는 나를 쳐서 너무 자고하지 않게 하려 하심이니라." 하나님이 자신을 자고하지 않게 하시려고, 교만하지 않게 하시려고 그 질병을 주셨다고 그는 고백하고 있습니다. 그 질병이 없었더라면 그는 얼마든지 오만할 수 있는 사람이었습니다. 그러므로 하나님은 그를 겸손하게 하시려고 이 질병을 허용하신 것입니다.

그것을 하나님이 허용하신 것이라고 고백하면서도 바울은 자기 몸에서 자신을 찌르고 있는 그 고통 자체를 뭐라고 묘사하고 있나요? '하나님이 주신 가시'라고 말한 것이 아니라 '사단의 사자'라고 말했습니다. 그러니까 하나님은 사단을 부리신 것뿐이고, 고통 그 자체는 사단이 준 것이지 하나님이 주신 것은 아닙니다. 그러므로 "하나님, 왜 이런 고통을 주십니까?"라고 말하지 마십시오. 그것은 사단이 주는 것입니다. 하나님은 다만 허용하셨을 뿐입니다.

지금 바로를 통해서 이스라엘 민족에게 핍박이 가해집니다. 바로의 배후에 있던 사단이 이스라엘 백성들을 그렇게 핍박한 것입니다. 그래서 이스라엘 백성을 멸절하고자 하는 음모, 즉 태어난 사내아이를 다 나일강에 던져 죽게 함으로 이스라엘 민족의 씨를 말리려는 멸종의 음모가 시작됩니다. 이 음모는 이 때뿐만 아니라 역사를 통해서 주기적으로 반복되는 사단의 음모입니다.

하나님의 언약의 백성을 이 땅에서 끊어버리기 위한 사단의 음모는 역사를 통해서 계속 반복됩니다. 성경 안에 있는 사건 속에서 또 어떤 사건이 생각납니까? 예수님 당시에 헤롯 왕이 베들레헴 지경에서 태어난 두 살 이하의 모든 사내아이들을 죽이는 사건이 있었습니다. 그렇게 하면 메시야를 죽일 수 있을 것이라고 생각한 것입니다. 사단이 궁극적으로 겨냥하고 있는 목표는 메시야입니다. 구세주입니다. 예수님입니다. 그러나 예수님을 핍박하기 위해서 사단은 예수님께 속한 백성들을 핍박하고 있는 것입니다.

구약성경에서 또 어떤 사건이 생각납니까? 이스라엘 백성들을 다 죽이려고 음모했던 또 하나의 사건이 있었는데, 그것은 에스더 왕비와 관련된 사건입니다. 누구의 음모입니까? 하만의 음모죠. 그 때도 이스라엘 백성들을 다 죽여버리려고 했습니다.

역사 속에 나타난 유명한 사건으로 또 무슨 사건이 있습니까? 히틀러의 600만 유태인 살해사건을 생각해 보시기 바랍니다. 이것은 부분적으로는 성공했지만 전적으로는 결코 성공할 수 없었습니다. 결국은 실패한 사건이자 음모입니다.

본문에서도 그것을 볼 수 있습니다. "그러나 학대를 받을수록 더욱 번식하고 창성하니 애굽 사람이 이스라엘 자손을 인하여 근심하여"(출 1:12). 그 학대가 성공했습니까, 못했습니까? 못했어요. 그것은 성공할 수 없는 사단의 핍박입니다. 사단이 우리를 핍박할 때 마음속으로 기억하십시오. 사단을 향해서 소리치십시오. "네 핍박은 성공할 수 없느니라." 사단은 결코 성공할 수 없습니다. 그러나 우리를 핍박합니다. 우리에게 상당한 상처를 입힙니다.

그것은 태초에 창세기의 언덕에서부터 예언된 바였습니다. 최초의 복음이라고 일컬어지는 창세기 3:15에 보면, 뱀과 여인의 후손 사이의 싸움에서 여인의 후손이 뱀의 머리를 상하게 합니다. 결국 여인의 후손인 그리스도는 사단을 궤멸시키실 것입니다. 그러나 그 과정에서 뱀의 후손이 그리고 뱀이 여인의 후손에게도 상당한 피해를 입힐 것입니다. 어떻게 묘사했습니까? 창세기 3:15에 보면, 여인의 후손의 발꿈치를 상하게 한다고 했습니다. 그것은 부분적인 타격이지만 상당한 타격입니다. 사단은 계속 우리를 공격할 것입니다. 사단은 하나님의 백성들을 흔들어댈 것입니다.

그러나 사단의 음모는 성공할 수 없는 음모라는 사실을 확신하시기 바랍니다. 초대교회 때에도 얼마나 극렬하게 초대교회를 핍박했습니까? 그러나 음모가 성공했습니까, 못했습니까? 핍박할수록 초대교회는 더욱 성령이 충만하여 그리스도의 복음을 전하는 위대한 교회로 승리해 갔던 사실을 기억하시기 바랍니다. 그것은 성공할 수 없는 사단의 핍박인 것입니다.

고통, 하나님의 은혜

둘째로, 고통은 하나님의 나라를 열망케 하는 하나님의 은혜입니다. 왜 고통이 허용됩니까? 쉽게 생각을 하십시오. 만약 애굽 땅에서 이스라엘 백성들이 계속 번영을 누리며 잘 살았다면, 가나안 땅, 시온의 땅이 생각났겠습니까? 아마 까맣게 잊어버렸을 겁니다. 그러나 애굽 땅에서 고통을 받게 되니까 비로소 무슨 생각을 합니까? '아, 하나님이 우리 민족을 가나안 땅에서, 시온의 땅에서 다시 한 번 놀라운 백성으로 세우시겠다고 약속하셨지' 하며, 비로소 하나님의 약속을 기억하게 됩니다. 그리고 시온을 향한 꿈을, 시온의 본향을 향한 생각을 다시 일깨우게 되었습니다.

지금도 마찬가지입니다. 여러분, 이 세상이 너무너무 재미있으면 천국에 갈 생각을 할까요, 안할까요? 지금 당장 가기를 원하세요? 저도 지금 당장 가기는 싫어요. 차차 가기를 원하죠? 되도록 늦게 가기를 원하죠? 우리가 세상을 즐기는 동안은 천국의 소망을 갖기가 어렵습니다. 그러나 내가 누리던 번영이 갑자기 고통으로 변하면 무슨 생각을 하게 될까요? 너무 괴로우면 무슨 생각을 할 것 같습니까?

가끔 병석에서 너무너무 괴로워하는 분들의 치유를 위해서 우리가 기도하지만 치유되지 않는 안타까운 경우가 있습니다. 그런데 어느 날 갑자기 그들의 입에서 이런 간증이 나옵니다. "나를 위해서 그만 기도하세요. 괜찮아요. 이제는 천국 가고 싶어요." 정말 진심일 겁니다. 반드시 이것이 패배적인 고백만은 아닙니다. 그리고 그 날부터 이상하게도 평안 속에 하늘나라의 소망을 갖게 되는 영혼들을 볼 수가 있습니다. 세상의 고통 때문에 우리는 하늘나라의 소망을, 본향의 소망을 갖는 줄로 믿습니다. 시온의 꿈을 회복하는 것입니다. 그래서 고통이 필요한 것입니다. 고통은 왜 허용됩니까? 그것은 하나님의 나라를 열망케 하는 하나님의 은혜입니다. 고통도 은혜입니다. 믿습니까?

또 재미나는 것은, 애굽 땅은 나일강의 물줄기가 있어서 어떻게 하면 나일강을 통해서 물을 잘 끌어들일까만 생각하면 됩니다. 그것만 잘 하면 관개수로가 잘 되어 얼마든지 농사를 잘 짓고 살 수 있습니다. 따라서 애굽 땅의 삶의 구조와 삶의 철학은 땅을 바라보고 살도록 되어 있습니다. 그러나 가나안 땅은 삶의 구조 자체가 다릅니다. 가나안 땅은 농사가 안되는 땅입니다. 조끔 돼요. 그나마 그것도 제대로 되려면 하늘에서 비가 오지 않으면 안됩니다. 그러니까 가나안 땅의 삶의 구조는 위만 쳐다보며 살게 되어 있습니다. 비가 안 오면 큰일나게 되는 것이지요. 그래서 가나안 땅의 삶의 구조는 하나님을 의존하도록 되어 있습니다. 그러므로 이스라엘 백성은 애굽 땅에 있는 동안 하나님을 서서히 망각해 가고 있었는지도 모릅니다. 그러나 시온의 땅에 대한 꿈을 회복하여 다시 가나안으로 나아가면서 그들은 다시 하나님을 의존하는 백성이 됩니다.

고통이 우리로 하여금 하나님을 의존하게 만드는 것입니다. 시편 기자의 고백처럼, 고난을 당하기 전에는 어그러진 길로, 잘못된 길로, 불의한 길로 우리 발걸음이 달려갔지만 고난이 올 때 비로소 우리 발걸음은 하나님의 의의 교훈에 순종하게 되어 있습니다. 이것이 축복인 것을 기억하시기 바랍니다.

고통, 하나님의 훈련

셋째로, 고통은 하나님의 백성을 연단하시는 하나님의 훈련입니다. 이스라엘 백성들은 이 고통을 통해서 비로소 기도하기 시작합니다. 1장에서는 구체적인 기도의 모습이 나오지 않습니다만, 출애굽기 3:7을 보세요. "여호와께서 가라사대 내가 애굽에 있는 내 백성의 고통을 정녕히 보고 그들이 그 간역자로 인하여 부르짖음을 듣고 그 우고를 알고." 그들은 하나님께 부르짖기 시작합니다. 하나님은 그 기도를 들으셨습니다. 그들은 고통을 당하면서 하나님을 바라봅니다. 하늘을 바라봅니다. 그리고 기도하기 시작합니다. 그러면서 그들은 하나님과의 교통이 살아나게 되고 하나님을 의지하는 사람들이 됩니다. 하나님을 의지하는 사람은 하나님이 쓰실 수 있는 사람입니다.

하나님이 절대로 쓸 수 없는 사람은 하나님을 의존할 필요를 느끼지 않는 사람입니다. 내 힘으로 내 지성으로 내 생각으로 인생을 얼마든지 살아갈 수 있다고 자신만만해 하는 이런 오만방자한 사람은 하나님과 상관없는 사람입니다. 이것이 '세속적 인본주의자'(Secular Humanist)들의 모습입니다.

고통은 인생을 겸허하게 합니다. 고통을 통해서 우리는 하나님을 의지하고 신뢰합니다. 그 때 비로소 우리는 쓰임받는 인생이 될 줄로 믿습니다. 그 때 비로소 하나님이 우리를 쓰실 수 있는 것입니다.

번영에는 언제나 세속화의 위험이 따릅니다. 너무 번영을 누리게 되면 사람들은 세속화가 됩니다. 하나님을 망각하게 됩니다. 우리는 이 번영 속에서 한국교회가 그리고 이 땅의 백성들이 서서히 하나님을 떠나가기 시작하는 징조를 그 동안에 경험해 보지 않았습니까? 경제가 어렵다는 사실이 가슴아프기는 하지만 제 마음 한편으로는 기대가 있습니다. 다시 한 번 하나님께서 한국교회에 영적 부흥을 주실 수 있는 기회일지도 모르기 때문입니다. 옛날 우리가 고통스러울 때, 전적으로 하나님을 의지하고 주께 부르짖으며 간절한 마음으로 살아 계신 하나님의 은혜를 구했던 시절을 생각해 보십시오. 과거에 대한 망각으로 인해 이런 고통이 오는지도 모르겠습니다.

하나님을 의존할 준비가 되어 있을 때, 하나님은 그 백성을 다시 쓰십니다. 결정적으로 이스라엘 백성들이 고통을 받으면서도 멸절되지 아니하고 생명을 보존하는 그 과정에 있어서 하나님이 특별히 쓰셨던 사람들이 있죠? 누구였습니까? 산파들입니다. 이 산파들에 대해 본문은 어떻게 기록하고 있습니까? "하나님이 그 산파들에게 은혜를 베푸시니라"(1:20). 그 백성을 살리기 위해서 하나님은 산파들을 사용하셨습니다. 1:21에 보면, "산파는 하나님을 경외하였으므로"라고 기록되어 있습니다. 그들은 나라의 법을 어기면서 이스라엘 백성들을 보호했습니다.

일반적으로 하나님의 백성들은 국가의 법을 잘 지켜야 됩니다. 그러나 국가의 법을 지키는 것이 하나님의 법을 어길 때에는 더 높은 권위이신 하나님의 법에 순종해야 합니다. 크리스천들은 이것을 기독교 역사를 통해서 항상 일관성 있는 삶의 원리로 사용해 왔습니다. 이것을 가리켜서 '시민 불복종'(Civil Disobedience)의 원리라고 할 수 있습니다. 우리가 사람에게 순종하는 것과 세상의 법에 순종하는 것이 하나님께 불순종이 될 때에는, 세상의 법을 무조건 어기려고 어기는 것이 아니라, 더 높은 권위이신 하나님의 법에 순종하기 위해서 우리는 세상의 법 앞에 노우(No)를 말해야 할 때가 있습니다. 하나님에 대한 경외 때문에 바로 그것을 실천해야 합니다.

하나님은 산파들을 축복하셨습니다. 그리고 그들을 통해서 이스라엘 남자들의 생명을 보호해 주셨던 것을 볼 수 있습니다. 그리고 그 남자들 가운데 누가 끼여 있었나요? 모세입니다. 그리고 그 모세를 통해서 놀라운 출애굽의 드라마가 펼쳐집니다.

1장을 정리하면 명암처럼 교차되는 번영과 고통의 드라마입니다. 번영이 올 때, 여러분, 번영 그 자체를 인해서 너무 기뻐하지 마십시오. 번영 배후에 숨겨진 하나님의 뜻을 헤아려 겸허하게 하나님의 축복을 하나님의 영광을 위해서 사용할 줄 아는 지혜를 배우시기 바랍니다.

고통이 올 때 너무 낙심하지 마십시오. 고통의 배후에 있는 하나님의 뜻을 살펴보시기 바랍니다. 사단이 여러분을 핍박하거든 사단에게 소리치십시오. "네 계교는 성공할 수 없는 음모다!"라고 말입니다. 그리고 여러분으로 하여금 하늘나라의 열망을 갖게 만들고 여러분을 연단하시는 하나님의 손길을 기쁘게 받아들이시기 바랍니다. 그리고 쓰임받는 하나님의 사람으로서의 삶을 준비하는 우리가 되시길 바랍니다.

묵상과 기도

고통이 올 때, 언제나 살아 계신 하나님을 바라보십시오. 번영이 올 때는 하나님께 쓰임받을 수 있도록 준비하십시오. 언제나 한결같이 살아 계신 하나님을 의지하고 믿음으로 승리하는 하나님의 백성들이 되십시오. 특별히 사회가 뒤숭숭하고 어두운 이 때에도 여전히 기뻐하고 감사하십시오. 하나님의 복음을 전하고, 주의 사랑을 증거하는 도구로 쓰임을 받는 삶이 되도록 축복해 주시기를 기도하십시오.

"하나님 아버지, 고통이 올 때도 주님 앞에 나오게 하시고, 번영이 올 때도 주님 앞에 나오게 도와주시옵소서. 축복의 시간 속에서도 살아 계신 하나님을 향한 시선을 잃지 않게 하시고, 고통의 회오리 속에서도 살아 계신 하나님의 임재를 놓치지 말고 주 앞에 나와 기도로 내 인생의 짐을 주께 의탁하며, 이 속에서 나를 연단하시고 나를 훈련하시고 내 시선을 하늘로 향하게 하시는 살아 계신 하나님을 바라보게 도와주시옵소서.

특별히 개인적으로, 가정적으로 고통과 고독을 느끼는 가정들을 주께서 위로하시고, 저들의 삶 가운데 특별하신 하나님의 은혜와 자비를 내려주시옵소서. 저들이 변하는 세월과 환경 속에서도 여전히 기뻐하고, 여전히 주의 평안을 누리게 하여 주옵소서. 그리고 저들의 기쁨의 이유가 잘 되는 사업과 직장에서의 승진이 아니라, 저들 안에 있는 예수님 때문임을 이웃에게 증거하고, 간증하며, 살아 계신 하나님의 영광을 드러내는 도구로 쓰임받도록 저들을 써주시옵소서. 예수님의 이름으로 기도합니다. 아멘."

제 **2** 장

섭리의 아들

믿음은 우리가 하나님을 신뢰하기 때문에
아무것도 하지 않는 것을 의미하지 않습니다.
믿음은 오히려 우리가 하나님을 신뢰하기 때문에
할 수 있는 최선을 다하는 것입니다.

섭리의 아들
출애굽기 2:1-10

우리는 합리적인 인간의 지혜나 이성으로 설명될 수 없는 초자연적인 사건이 일어날 때, 그것을 기적이라고 말합니다. 그러나 기적이라고 말하기보다는 '섭리'(providence)라고 말하는 것이 성서적으로 더 타당할 것 같습니다.

본문은 이스라엘 민족의 해방자였던 모세의 출생사건을 기록하고 있는데, 이것은 기적의 사건이라고 할 수 있습니다. 다른 말로 하면, 섭리의 사건이라고 할 수 있습니다. 우리가 기적이라고 말하는 것은, 하나님이 하신 일이라는 뜻입니다. 그렇다고 사람이 할 일은 아무것도 없다는 뜻은 아닙니다. 하나님의 주권과 하나님의 사역을 강조할 때, 그 안에서 행해진 인간의 역할 그 자체를 부정하는 것은 타당하지 못합니다. 하나님은 언제나 자신의 주권대로 자신의 일을 하시지만 반드시 사람을 통해서 하십니다. 이것은 매우 중요합니다.

믿음의 사람이 곧 비범한 사람

모세라는 한 사람을 이 땅에 낳기 위해서, 이스라엘의 해방자로 쓰시기 위해서, 하나님은 누구를 사용하셨습니까? 모세의 부모를 사용하셨습니다. 본문에 모세의 부모가 누구인지 그 이름이 기록되어 있습니까? 본문에는 기록되어 있지 않습니다. 그러나 우리는 그 부모가 누구인지 잘 알고 있습니다. 또 그 누이가 등장하는데, 그 누이의 이름도 기록되어 있지 않습니다. 아마도 성경 기자가 이 한 편의 드라마, 위대한 기적의 사건의 초점을 하나님께 돌리기 위해서 의도적으로 사람들의 이름을 기록하지 않은 것 아닌가 하는 생각도 듭니다.

그런데 이 기적의 사건에서 매우 중요하게 하나님께 쓰임을 받는 인물이 있습니다. 바로 모세의 부모입니다. 이들은 굉장한 사람들은 아닙니다. 평범한 소시민이라고 할 수 있습니다. 본문 첫머리에 그들은 본래 어느 족속에 속해 있었다고 했습니까? "레위 족속 중 한 사람이 가서 레위 여자에게 장가들었더니"(출 2:1). 그들은 모두 레위 족속 출신이었습니다. 그러나 그들이 살고 있는 삶의 자리는 팔레스타인 땅이 아니에요. 어딥니까? 이집트, 즉 애굽 땅입니다. 애굽 땅에 와서 족보를 찾아 무슨 소용이 있겠습니까? 미국 가서 족보 찾는 거나 마찬가지죠. 아무런 의미가 없습니다. 그들은 이민생활을 하면서 평범한 소시민으로서의 삶을 살던 평범한 부모였습니다.

아마 대부분의 이스라엘 백성들이 성을 쌓는 일에 노동력을 착취당했을 때, 모세의 부모도 틀림없이 거기에 동원되어 노예처럼 벽돌을 굽고 짐을 나르는 노동을 했을 것이라고 생각됩니다. 그러나 당시 그 땅에 와 있던 많은 이스라엘 백성들과 모세의 부모는 다른 점이 있었습니다. 그것은 모세의 부모에게 믿음이 있었다는 사실입니다.

성경의 여러 군데를 살펴보면, 애굽 땅으로 이주해 온 후 상당히 많은 이스라엘 백성들이 애굽문화의 영향을 받아서 하나님을 섬기기보다 우상숭배의 죄악 속에 빠져 들어가는 모습을 볼 수 있습니다.

에스겔 20:5을 보세요. "이르기를 주 여호와의 말씀에 옛날에 내가 이스라엘을 택하고 야곱 집의 후예를 향하여 맹세하고 애굽 땅에서 그들에게 나타나서 맹세하여 이르기를 나는 여호와 너희 하나님이라 하였었노라." 하나님은 애굽 땅에서도 나타나셨습니다. 그리고 에스겔 20:6에 보면, "그날에 내가 그들에게 맹세하기를 애굽 땅에서 인도하여 내어서 그들을 위하여 찾아 두었던 땅 곧 젖과 꿀이 흐르는 땅이요 모든 땅 중의 아름다운 곳에 이르게 하리라"고 말씀하십니다. 어떤 땅입니까? 가나안 땅입니다.

또 에스겔 20:7에서 매우 중요한 말씀을 하시는데, 애굽 땅에 거하던 그 백성들에게 주신 말씀입니다. "또 그들에게 이르기를 너희는 눈을 드는 바 가증한 것을 각기 버리고 애굽의 우상들로 스스로 더럽히지 말라 나는 여호와 너희 하나님이니라 하였으나." 이런 경고가 필요했던 이유는, 그 당시 애굽 땅에 살던 많은 이스라엘 백성들이 대부분의 애굽 사람들처럼 우상숭배의 죄에 빠져 있었기 때문입니다.

그러나 그 가운데서도 모세의 부모는 달랐습니다. 그들은 하나님께 대한 믿음, 야훼 하나님께 대한 신앙을 지켰습니다. 그들은 우리와 하나도 다를 것이 없는 평범한 사람들이었지만, 바로 믿음을 통해서 하나님의 도구로 쓰임을 받는 비범한 사람들이 되었습니다. 그들은 평범한 부모로 평범한 삶을 살던 사람들이었지만, 주변의 많은 사람들이 신앙을 떠나고 그들을 둘러싸고 있는 삶의 정황이 어두운 가운데서도 하나님께 대한 신뢰, 즉 믿음을 통해서 하나님께 쓰임을 받는 사람들이 될 수 있었던 것입니다.

놀라운 사실은, 모세의 부모의 믿음이 히브리서 11장에 있는 믿음의 영웅들의 리스트에 들어 있다는 것입니다. '리스트' 그러면 요즘 이상한 생각이 나는데요. 제가 얼마 전에 대선 주자 중 한 사람과 식사를 같이했는데, 그분이 "저는 그 리스트에 빠져서 얼마나 다행인지 모릅니다"라고 해서, 제가 "그 리스트에서 빠진 것은 다행이시지만, 하나님도 리스트를 갖고 계시는데 하나님의 생명책에서 빠지시면 큰일납니다. 거기에는 꼭 들어가셔야 됩니다"라고 말씀드렸습니다.

히브리서 11장에 있는 믿음의 영웅들의 '리스트', 믿음으로 일생을 살았던 그래서 오늘을 살고 있는 우리에게 신앙의 모범이 되는 믿음의 열조들의 이름 가운데 모세의 부모가 포함되어 있다는 사실을 잊으시면 안됩니다. "믿음으로 모세가 났을 때에 그 부모가 아름다운 아이임을 보고 석 달 동안 숨겨 임금의 명령을 무서워 아니 하였으며"(히 11:23). 믿음으로 살았던 사람들, 믿음으로 아브라함은, 믿음으로 이삭은, 믿음으로 야곱은, 믿음으로 노아는, 믿음으로 …, 이런 쟁쟁한 믿음의 열조들의 리스트 가운데 바로 믿음의 사람으로 모세의 부모가 포함되어 있다는 사실입니다. 믿음으로 모세가 났을 때, 그 부모는 그 아이가 아름다운 아이임을 보고 석 달 동안 숨겨 임금의 명령을 무서워 아니 했다고 했습니다. 매우 간단한 기록으로 처리했지만, 이것은 그들의 믿음의 훈련이 굉장한 것이었음을 얘기해 주고 있습니다.

뒤에서 다시 그들의 믿음의 내용을 좀더 생각해 보기로 하고, 이제 모세의 부모 이름을 밝힐 때가 된 것 같습니다. 부모의 이름이 뭡니까? 아므람과 요게벳입니다. "아므람이 그 아비의 누이 요게벳을 아내로 취하였고 그가 아론과 모세를 낳았으며 아므람의 수는 일백삼십칠 세이었으며"(출 6:20). 아므람과 요게벳의 관계가 좀 이상하지요? 이것은 아직 모세의 율법이 구체적으로 주어지기 이전입니다. 특수한 사회, 특수한 정황 속에서 허락될 수 있었던 고대의 한 풍속으로 생각하시면 됩니다. 이런 엉뚱한 장면에서 자꾸 감동을 받으시면 안됩니다.

어쨌든 아므람과 요게벳, 이 두 사람이 바로 모세의 부모입니다. 재미있는 것은, 히브리서 11:23에서 그들이 목숨을 걸고 아이의 생명을 지키면서 바로의 진노를 두려워하지 않고 아이를 키웠다고 얘기할 때, 모세의 아버지만 이야기합니까, 어머니만 이야기합니까, 부모를 다같이 이야기합니까? 부모를 다같이 이야기하고 있습니다. 부부가 함께 하나님께 헌신하고 또 자녀를 함께 믿음으로 기를 수 있다는 것은 얼마나 놀라운 축복입니까?

남자아이를 낳기만 하면 다 나일 강가에 던져버려 죽여야 하는 그 살벌한 고통의 시대에 부부가 함께 신앙을 가졌으니 남편은 아내에게, 아내는 남편에게 얼마나 커다란 신앙의 위로와 격려를 줄 수 있었을까요? 부부가 함께 신앙을 가진 분들은 하나님 앞에 죽도록 감사하시기 바랍니다. 그렇지 못한 가정들도 포기하지 마십시오. 주께서 마침내 여러분의 기도를 들으실 것입니다.

이제 모세의 탄생사건을 둘러싼 하나님의 기적의 드라마, 하나님의 섭리가 어떻게 나타나는가를 살펴보겠습니다. 여기서 우리는, 하나님이 기적을 행하셨다는 사실도 중요하지만 하나님이 이 기적을 성취하시는 과정에서 모세의 부모의 믿음을 어떻게 사용하셨는지, 그 믿음이란 구체적으로 어떤 믿음을 말하는지 그리고 그 믿음이 오늘 이 시대를 살아가는 우리들에게 어떤 교훈을 주는지 주목해야 합니다.

믿음으로 모세의 부모는

첫째로, 주목할 것은 이 아이를 낳게 되었을 때, 모세의 부모는 이 아이를 믿음으로 함께 양육할 것을 결심합니다. 굉장한 결심이죠? 보통 결심이 아니죠? 왜 그렇습니까? 앞에서 잠시 살펴보았지만, 요셉을 알지 못하는 애굽의 새로운 통치자 바로가 어떤 명령을 했습니까? 남자아이가 태어나면 다 죽이도록 명령했고, 이 명령을 거역하는 사람들은 문자 그대로 집안 전체가 죽임을 당할 수밖에 없었습니다. 이런 살벌한 상황 속에서 이 아이를 기르기로 작정했다는 것은 보통 결단이 아닙니다. 히브리서 기자는, 이것이 바로 모세의 부모의 믿음 때문이었다고 말하고 있습니다. "'믿음으로'

(by faith) 모세의 부모는."

히브리서 11:23에서는 모세의 부모가 죽음의 위험에도 불구하고 이 아이를 기르기로 결심하는 그 결단의 배경 속에서 세 가지 요인을 지적하고 있습니다. 어떤 요인이 나타나 있습니까? 첫째로, 그 아이가 "아름다운 아이임을 보고." 둘째로, 몇 달 동안 숨겼다고 했습니까? 석 달을 숨겼다고 했습니다. 또 그 다음에 무엇을 두려워 아니 했다고 했습니까? 임금의 명령을, 임금의 노함을, 즉 바로가 분노하는 것을 두려워 아니 했다고 했습니다.

이 세 가지 요인이 모세의 부모의 믿음과 어떻게 연결되어 있는가를 살펴보겠습니다. 첫째로, "아름다운 아이임을 보고." 우리가 이 말씀만 딱 보면, '아, 이 녀석은 굉장히 잘났는데 죽이기가 너무너무 아깝다. 어떤 대가를 지불하고서라도 이 아이를 키워야겠다'고 결심한 것으로 받아들이기가 쉽습니다.

여기서 '아름다운' 이란 단어는 희랍어에서나 또 이것을 본래 번역했던 70인역을 통해서 추정해 보면, 굉장히 의미있는 아주 중요한 단어로 쓰여지고 있는데, 그것은 단순히 신체적인 아름다움만 나타내는 것이 아니라 '합당한 아이', '하나님이 보시기에 합당하다' 라는 뜻이 숨어 있습니다.

사도행전 7:20에는 이것이 더 잘 드러나 있습니다. "그 때에 모세가 났는데 하나님 보시기에 아름다운지라 그 부친의 집에서 석 달을 길리우더니." 히브리서 말씀과 비교할 때, 히브리서에 강조되지 않은 것이 사도행전에 강조되어 나타나 있습니다. 무엇입니까? '하나님 보시기에' 라는 말입니다. 이것은 굉장히 중요합니다. 모세의 부모가 어떻게 그런 확신에 도달할 수 있었는지 물론 그 자세한 과정은 성경에 기록되어 있지 않습니다. 그러므로 이 대목에서는 우리의 추측이나 상상이 필요합니다.

어쨌든 하나님의 계시를 받고 그렇게 행동했을 가능성이 높습니다. 아마 하나님이 쓰시고자 하는 소중한 아이라는 어떤 확신이 있었을 것입니다. 그렇다면 어떤 대가를 지불하더라도, 즉 가족 전체의 목숨을 희생하더라도 그 아이를 길러야 한다고 결단했을 것입니다. 이것이 바로 믿음의 결단 배후에 있었던 한 가지 요인이라는 사실을 간과해서는 안됩니다.

둘째로, 얼마 동안 숨겼습니까? 석 달을 숨겼습니다. 왜 하필이면 석 달이었을까요? 아마 태어나고 얼마 동안은 몰래 키우기가 쉬웠을 겁니다. 그러나 시간이 흘러 석 달쯤 되었을 때는 막 소리도 지르고, 움직이기 시작하기 때문에 비밀리에 키우기가 어려웠을 거예요. 이 석 달의 기간은 아마도 모세의 부모가 당국의 눈초리를 피해서 아이를 보호할 수 있는 최선의 기간이 아니었나 싶습니다.

이 석 달의 기간을 믿음과 관련시켜 보십시오. 그들은 믿음으로, 하나님을 신뢰함으로, 그들이 할 수 있는 데까지 최선을 다한 것입니다. 우리는 여기서 믿음이 낳았던 최선을 볼 수 있습니다. 우리는 흔히 이런 상황도 가정해 볼 수 있습니다. "모세의 부모는 하나님을 신뢰함으로 아이가 태어났을 때, '하나님이 기뻐하시고 쓸 아이라면 나일강에 던져버려도 하나님이 살리시겠지!' 하는 마음으로 아이를 들고 나가서 믿음으로 나일강에 집어던졌더라." 그러나 성경에 이렇게 기록되지 않았다는 사실을 주의해서 보세요.

믿음은 우리가 하나님을 신뢰하기 때문에 아무것도 하지 않는 것을 의미하지 않습니다. 믿음은 오히려 우리가 하나님을 신뢰하기 때문에 할 수 있는 최선을 다하는 것입니다. 당국의 눈초리를 피해 이 아이를 숨길 수 있었던 석 달이라는 기간 배후에 있는 모세의 부모의 믿음은, 그들이 하나님을 신뢰하고 최선을 다했다는 사실을 보여줍니다. 우리가 이 대목을 간과해서는 안됩니다.

셋째로, 모세의 부모가 임금의 노함을, 바로의 분노를 두려워하지 않았다는 사실입니다. 두려워할 수밖에 없는 상황이었죠? 걸리면 큰일입니다. 그 아이뿐만 아니라 전 가족의 생명이 위태로울 수 있었습니다. 그럼에도 불구하고 그들은 그것을 두려워하지 않았습니다. 모세의 부모가 하나님을 신뢰했다는 말은 하나님을 바라보았다는 뜻입니다. 모세의 부모는 단순히 그 나라를 지배하고 있던 실질적인 통치자 바로에게 시선을 둔 것이 아니라, 그보다 더 높은 권위이신 전지전능하신 하나님께 시선을 두었습니다.

그리고 하나님이 함께하실 때, 모세의 부모는 이 두려움을 극복해 갈 수 있었습니다. 왜 두려움이 없었겠습니까? 이것은 믿음을 훈련한 결과로써 마침내 두려움을 극복할 수 있었다는 승리의 증언으로 볼 수 있습니다. 여기서 우리는 모세의 부모의 믿음을 봐야 합니다. '임금의 노함을 두려워 아니 하였다.' 이것은 종종 사람들의 눈치를 살피거나 사람들을 두려워한 나머지 너무나 쉽게 믿음을 포기하거나 타협하는 우리들의 모습과는 얼마나 다른 신선한 믿음의 모습입니까? 모세의 부모는 믿음으로 모세를 양육할 것을 결심했습니다.

우리가 사람에게 순종하는 것이 하나님께 대한 불순종이 될 때에는 더 높은 권위이신 하나님께 순종해야 합니다. 이것이 순종의 원리에요. 우리는 일반적으로 사람에게도 순종해야 합니다. 부모에게 순종해야 되고, 정부에게도, 권세자들에게도 순종해야 합니다. 그러나 예외가 있습니다. 사람에게 순종하는 것이 그보다 더 높은 권위 아니 궁극적 권위이신 하나님께 대한 불순종이 될 때에는 누구의 권위 앞에 순종해야 되나요? 하나님께 대한 권위에 순종해야 합니다. 사도행전 5장에 보면, 요한과 베드로가 국가로부터 전도하지 말라는 명령을 받았을 때, 어떤 고백을 합니까? "사람보다 하나님을 순종하는 것이 마땅하니라." 더 높은 권위이신 하나님께 대한 순종, 이것은 모세의 부모가 하나님을 신뢰했음을 보여주는 굳건한 증거입니다.

믿음으로 최선을 다한 후에

둘째로, 모세가 태어나서 이스라엘의 해방자가 될 수 있었던 기적적인 섭리의 배후에서 우리가 기억해야 할 것은, 모세의 부모가 믿음으로 하나님을 의뢰했다는 사실입니다. 그들은 모세가 태어나자마자 양육하기로 결심했을 뿐만 아니라, 그 후에도 계속적으로 하나님을 의지합니다.

모세의 부모가 그 이후의 사건에서 하나님을 의지함이 어떻게 나타나고 있는지 잠시 살펴보겠습니다. 출애굽기 2:1에 보면, "레위 족속 중 한 사람이 가서 레위 여자에게 장가들었더니"라고 말씀하고 있습니다. '레위 족속 중 한 사람'은 누구입니까? 아므람입니다. 또 '레위 여자'는 누구입니까? 요게벳입니다. "그 여자가 잉태하여 아들을 낳아 그 준수함을 보고 그를 석 달을 숨겼더니 더 숨길 수 없이 되매"(출 2:2-3). 믿음으로 최선을 다한 후에 더 이상 숨길 수 없게 되었을 때, 그들은 어떤 조치를 취합니까? "갈 상자를 가져다가"(출 2:3). '갈'은 갈대를 말하는 것입니다. 아마도 그냥 갈대가 아니라 파피루스 갈대였을 것입니다. 이 파피루스로는 종이도 만들 수 있는데, 이 종이를 보통의 얇은 종이로 생각하면 안됩니다. 이것은 아주 견고한 종이입니다. 그래서 성경을 파피루스에 기록하기도 했고, 이 갈대로 배를 만들 수도 있었습니다.

이 갈대는 굉장히 두꺼운 것인데, 그것으로 만들어진 상자를 가져다가 그 상자 속에 아이를 그냥 집어넣은 것이 아니라 그 상자 안을 어떻게 했습니까? 역청과 나무 진을 칠했습니다. 왜 그랬을까요? 물이 스며들지 않게 하기 위해서였습니다. 우리는 여기서 또다시 무엇을 알 수 있습니까? 모세의 부모가 할 수 있는 데까지 최선을 다한 것을 볼 수 있습니다. 믿음은 믿기 때문에 아무 것도 안하는 것이 아니라 믿기 때문에 최선을 다하는 것입니다. 우리가 하나님을 신뢰한다는 것은 하나님을 신뢰하면서 그냥 가만히 있는 것이 아니라 하나님을 신뢰하면서 최선을 다하는 것입니다. 그들은 할 수 있는 최선을 다했습니다. 역청과 나무 진을 칠했고, 아이를 거기에 담아 하숫가 갈대 사이에 두었습니다.

또 그 다음에 어떻게 했습니까? "그 누이가 어떻게 되는 것을 알려고 멀리 섰더니"(출 2:4). 누이가 누구죠? 미리암입니다. 학자들은 이 때 미리암의 나이가 만 12세에서 15세 사이였을 것이라고 추정합니다. 모세에게는 또 형이 있었죠? 모세의 형이 누구입니까? 아론입니다. 모세보다 세 살쯤 위였습니다. 여기서는 누이 미리암이 출연합니다. 아마도 아론은 너무 어렸기 때문에 여기에 동원될 수가 없었을 것입니다. 부모는 이 장면을 차마 볼 수 없었을지도 모릅니다. 아이가 물 속에 떠내려가서 혹시 죽을지도 모르는 이 상황을 어떻게 지켜볼 수 있었겠습니까?

그러나 모세의 부모는 여전히 하나님을 신뢰하고, "네가 좀 가서 봐라. 어떻게 되어가는지" 하고 말했을 것입니다. 저는 이것이 단순한 호기심이 아니라, 믿음으로 최선을 다한 후에 하나님이 이 상황 속에 어떻게 간섭하시는가를 보고자 하는 믿음의 기대였다고 생각합니다. 여러분이 할 수 있는 최선을 다했습니까? 하나님을 여전히 신뢰하십시오. 그리고 이제는 그 하나님의 역사하심을 바라보십시오. 그것이 믿음입니다.

우리는 모세의 부모에게서 볼 수 있었던 믿음의 진리가 나중에 모세에게 전수되는 모습을 볼 수가 있습니다. 출애굽기 14장에 보면, 모세가 이스라엘 백성들을 데리고 홍해바다 앞에 도착하게 됩니다. 바로의 군대가 계속 추격합니다. 나아갈 길이 없었습니다. 살 가능성이 없어졌습니다. 백성들은 데모를 시작합니다. "네가 우리를 여기까지 끌고 와서 죽게 하는가?" 궁지에 처한 이 상황 속에서 모세는, 자기가 이끌고 온 백성들을 향해 놀라운 메시지를 외칩니다. "너희는 두려워 말고 가만히 서서 여호와께서 오늘날 너희를 위하여 행하시는 구원을 보라 너희가 오늘 본 애굽 사람을 또다시는 영원히 보지 못하리라"(출 14:13).

출애굽기 14:11에 보면, 백성들이 "애굽에 매장지가 없으므로 당신이 우리를 이끌어 내어 이 광야에서 죽게 하느뇨"라고 아우성을 칩니다. 이 혼란과 아우성의 한복판에서 모세는 어떻게 외칩니까? "모세가 백성에게 이르되 너희는 두려워 말고 가만히 서서 여호와께서 오늘날 너희를 위하여 행하시는 구원을 보라." 이것은 최선을 다한 후에 하나님의 역사하심을 기대하는 것입니다. 믿음은 우리의 최선을 다한 후에 하나님의 역사하심을 기다리는 것입니다.

여기서 우리는 모세의 부모를 통해서 하나님을 향한 굳건한 신뢰의 한 측면을 볼 수 있습니다. 그러자 어떤 사건들이 일어납니까? 모세의 부모의 믿음을 귀히 보신 하나님께서 그 믿음에 응답하신 일련의 기적들이 계속됩니다. 몇 가지 기적들이 계속되는지 보십시오. 사실 이것은 인간의 이성으로는 도무지 설명하기 어려운 기적의 연속입니다.

어떤 사건들이 일어났나요? "바로의 딸이 목욕하러 하수로 내려오고"(출 2:5). 공주님이 목욕할 때가 없어서 하필이면 여기까지 내려왔겠습니까? 그 당시 애굽의 궁중 안에는 훌륭한 목욕시설이 있었다고 고고학자들은 증언합니다. 그럼에도 불구하고 공주님이 야외목욕을 하고 싶으셔서 때를 맞추어 이곳에 등장했습니다.

시녀들이 하숫가를 거닐 때 떡하니 갈대상자를 발견했습니다. 이것이 두번째 기적입니다. 열어보았더니 뭐가 있었나요? 아이가 있었습니다. 그 아이가 어떻게 했습니까? 울었습니다. 저는 이것도 기적이라고 생각합니다. 아이가 운 게 뭐가 기적이냐고 말할지도 모릅니다. 그런데 아이가 울 때 성경은 뭐라고 말합니까? "그가 불쌍히 여겨 가로되 이는 히브리 사람의 아이로다." 아마 궁중의 명령에 의해 히브리 아이들을 다 죽이는 상황이었기 때문에 "어휴, 재수없어! 히브리 아이잖아" 하고 버릴 수도 있었을 것입니다. 그런데 상자를 딱 여는 순간 아이가 울었습니다.

이 장면을 묵상하던 한 성서학자는 "상자가 열리고 아이가 우는 순간, 하나님께서 바로 공주의 마음속에 잠자고 있던 모성애의 본능을 흔들어 깨웠다"고 말했습니다. 순간 공주의 마음속에 불쌍히 여기는 마음이 생겼습니다. 이것도 바로 기적입니다.

그 장면에서 누가 등장합니까? 모세의 누이가 등장합니다. "그 누이가 바로의 딸에게 이르되 내가 가서 히브리 여인 중에서 유모를 불러다가 당신을 위하여 이 아이를 젖 먹이게 하리이까"(출 2:7). 이 때 바로의 공주가 "얘야, 내가 유모를 못 구할 줄 아니? 내가 누군데!" 하고 언짢은 반응을 보일 수도 있었을 텐데, 그는 허락을 했습니다. 기적입니까, 아닙니까? 굉장한 기적입니다. 미리암이 이내 유모를 불러왔습니다. 그 유모가 누구였습니까? 모세의 엄마였어요.

그런데 여기서 끝나지 않고 더 놀라운 기적이 계속됩니다. "바로의 딸이 그에게 이르되 이 아이를 데려다가 나를 위하여 젖을 먹이라 내가 그 삯을 주리라"(출 2:9). 이렇게 해서 모세의 어머니는 남자아이만 태어나면 다 죽임을 당하는 살벌한 상황 속에서 오히려 보호받고 또 바로의 공주에게 양육비까지 받으면서 당당하게 아이를 기르게 되었습니다.

사단은 이스라엘 백성들에 대한 하나님의 구속의 역사를 깨뜨리기 위해 그 나라의 통치자인 바로를 통해 모세를 죽이고자 시도했습니다. 그러나 하나님은 어떻게 하셨습니까? 바로의 딸인 공주를 사용하셔서 이 살벌한 상황 가운데서 양육비까지 받아가면서 보호받게 하셨습니다.

하나님이 쓰시고자 하는 한 아이를 키울 수 있도록 섭리하신 하나님의 놀라운 역사를 보세요. 하나님은 역사의 주인이시며, 통치자이십니다. 믿으시기 바랍니다. 여기에 하나님의 놀라우신 주권이 있습니다. 이것은 바로 모세의 부모가 믿음으로 하나님을 바라본 결과였습니다.

하나님에 관한 레슨

그러나 여기서 끝나지 않습니다. 한 걸음 더 나아가서 모세의 부모는 믿음으로 할 수 있는 교육을 자기 자녀에게 베풀었습니다. 본문에는 나오지 않습니다만 자세히 보면 알 수 있습니다. 저는 이것을 행간의 레슨(the lesson of the between the line)이라고 말하는데, 행간의 레슨이란 구절과 구절 사이에서 가만히 생각하고 추측하여 읽어내는 것입니다.

출애굽기 2:9-10을 보세요. "바로의 딸이 그에게 이르되 이 아이를 데려다가 나를 위하여 젖을 먹이라 내가 그 삯을 주리라 여인이 아이를 데려다가 젖을 먹이더니"(9절). "그 아이가 자라매 바로의 딸에게로 데려가니 … "(10절). 9절과 10절 사이에 시간의 간격이 있습니까, 없습니까? 얼마쯤 있을 것 같습니까? 아마 젖을 뗄 때까지일 것입니다. 그러면 몇 년이죠? 젖을 다 떼려면 몇 년이 걸리죠? 짧게 잡으면 3-4년이라고 할 수 있겠는데, 어떤 학자들은 아마도 이집트 아이들의 공식적인 교육이 시작될 찬스에 다시 데려왔을지 모른다고 했습니다. 그렇다면 일곱 살까지라고도 볼 수 있습니다. 그러니까 빠르면 3년에서 길면 6, 7년까지 볼 수 있습니다. 6, 7년이란 시간 동안 모세의 어머니는 아들을 데리고 있을 수가 있었습니다.

이 때 무엇을 했는지가 매우 중요합니다. 이것이 우리가 행간에서 읽어내야 할 내용이에요. 물론 제 추측입니다만, 이 때 모세의 부모는 틀림없이 그들이 할 수 있는 모든 신앙적인 교육과 민족적인 교육을 그에게 시켰을 것이라고 생각됩니다.

그들이 어린 꼬마를 데리고 눈을 맞춰가면서 이렇게 말하는 시간들이 많았을 것이라고 생각됩니다. "모세야, 모세야! 너는 말이야, 히브리 사람이야. 너는 얼마 후에 저 궁중에 가서 바로의 공주에 의해 양육될 거야. 그런데 네가 잊지 말아야 할 게 있어. 그건 네가 하나님의 아들이라는 거야. 너는 특별한 아이야. 하나님이 이 엄마에게 말씀하셨단다. 하나님이 우리 민족을 해방하고 구출하는 일에 너를 특별히 쓰시기 위하여 너를 이 땅에 내보내셨다고. 너는 그것을 잊어서는 안돼. 너는 네 백성을 사랑해야 돼. 네 백성을 인도해야 돼. 하나님을 경외해야 돼. 주님을 따라가야 돼." 엄마, 아빠가 말하는 이 모든 교육의 내용을 어린 모세는 다 소화하지 못했을지도 모릅니다. 그럼에도 불구하고 어린 꼬마 모세는 아마 눈을 깜빡거리면서 이렇게 대답했을 거예요. "엄마, 알았어요. 저는 히브리 아이에요."

　시간이 흘러 모세는 궁중으로 돌아갔습니다. 그리고 애굽의 교육을 받았습니다. 그 당시 그가 받을 수 있는 이집트 최고의 고등교육을 받았습니다. 다신론의 교육을 받았고, 우상들에 대한 교육을 받았으며, 그 땅의 과학교육과 철학교육을 받았습니다. 그러나 이 모든 교육이, 모세가 어머니의 무릎에서 받았던 신앙교육을 무효화시키지는 못했습니다.

　사랑하는 여러분, 그렇다면 우리 자녀들이 사회로 나가기 전에, 우리 부모들이 가정에서 자녀들에게 하나님에 관한 레슨을 시키는 것은 얼마나 중요합니까? 때때로 부모의 품을 떠나간 자녀들이, 부모가 기대하고 가르친 것처럼, 부모가 말씀을 나눈 것처럼 하나님의 뜻 가운데서 살지 못하고 방황할 수 있습니다. 그렇다고 해서 고통스러워하지는 마십시오. 여러분이 심은 것을 반드시 거둘 날이 올 것입니다. 우리가 심은 것은 결코 헛되지 않습니다.

　흥미롭게도 사도행전에서는 모세가 어느 날, 자기 민족을 향한 위대한 미션을, 사명을 걸머지게 되는 중요한 전환점을 이렇게 설명합니다. "모세가 애굽 사람의 학술을 다 배워 그 말과 행사가 능하더라"(행 7:22). 그는 궁중에서 배울 수 있는 애굽의 모든 교육을 다 받았습니다.

　그런데 사도행전 7:23이 중요합니다. "나이 사십이 되매 그 형제 이스라엘 자손을 돌아볼 생각이 나더니." 한동안 모세도 잊어버리고 있었는지 모릅니다. 자기 민족과 야훼 하나님을 잊어버렸을 수도 있습니다. 그러나 어느 날 갑자기 생각이 났습니다. "그렇지,

나는 이스라엘 백성이야. 나는 하나님의 아들이야." 어느 날 갑자기 불씨처럼 마음 가운데 되살아나는 하나님께 대한 신뢰, 또 자기 인생을 향한 위대한 미션, 이 소명감이 꺼져가던 불꽃 가운데서 다시 살아날 수 있었던 원인이 어디에 있었다고 생각하십니까?

자식을 향한 부모의 교육은 결코 헛되지 않습니다. "선을 행하되 낙심하지 말지니 피곤하지 아니하면 때가 이르매 거두리라"(갈 6:9). 여러분에게 맡겨주신 하나님의 보배로운 선물인 자녀를 최선을 다해 기르십시오. 모세가 태어난 시대 못지않게 우리가 살고 있는 이 시대에도 무신론의 영향, 세속주의의 영향, 하나님 없이 우리의 자녀를 타락시키는 악마적인 교육이 우리 자녀들을 지배하고 있습니다. 그들이 여러분의 품안에 있을 때, 여러분의 손이 미칠 수 있는 삶의 공간 안에 있을 때, 그들을 위해서 눈물로 기도하십시오. 하나님의 말씀을 그들에게 주십시오. 믿음으로 양육하십시오. 믿음으로 가르치십시오. 그리고 떠나 보낼 시간이 되었을 때, 미련없이 떠나 보내십시오. 너무 걱정하지 마십시오.

하나님의 뜻을 따라 자녀들에게 심은 하나님의 말씀은 결코 헛되이 돌아오지 않습니다. 그들에게 잠시 동안의 방황은 있을 수 있습니다. 그러나 그들은 마침내 돌아올 것입니다. 그리고 쓰임을 받을 것입니다. 모세처럼 강건하게 세워질 것입니다. 이 하나님의 군건한 섭리를 의지하면서 여러분의 자녀들을 축복 속에 양육하십시오. 그들이 악한 세대를 이기고 승리하는 하나님의 자녀가 되도록 그들을 축복하시기 바랍니다.

묵상과 기도

이 시간 우리의 가정에 허락하신 자녀들을 위해 기도합니다. 아니 이 시대 이 땅의 젊은이를 위해서 기도합니다. 북한 땅의 어린이, 젊은이들만 비참한 것이 아닙니다. 뉴에이지 문화가 우리 젊은이들의 정신과 가치를 빼앗고 있는 이 땅에서 자녀를 기르는 것도 북한 못지않게 어려운 상황입니다. 그러나 전능하신 하나님을 의지합니다. 우리 자녀들에게 하나님의 축복을 따라 살아갈 수 있는 위대한 미래가 열릴 수 있도록 하나님, 그들에게 역사해 주시옵소서.

"하나님 아버지, 감사합니다. 이 시간 주님 앞에 나와 찬양을 드리고 하나님께서 이 땅에 행하시는 아름다운 소식들을 접하고 또 하나님의 말씀을 받게 해 주시니 감사합니다. 역사의 어두웠던 한때에 모세를 예비하셨던 하나님, 오늘 우리에게도 소중한 자녀들을 맡기셨습니다. 그들을 기르게 하신 하나님의 섭리를 돌이켜 생각하게 해 주셨습니다. 하나님, 우리 가정에 허락하신 자녀들에게 복을 주시옵소서. 시대가 어둡고 악합니다. 하나님, 우리는 언제나 부모의 한계를 느끼고 있습니다. 그럼에도 불구하고 포기하지 않고 최선을 다하게 도와주시옵소서. 당신이 책임져 주시옵소서. 하나님이 친히 그들의 앞길을 인도해 주시옵소서. 믿음의 사람으로 키워주시옵소서. 자녀들을 믿음의 사람으로 키울 수 있도록 믿음의 어머니, 아버지가 되도록 도와주시옵소서. 예수님의 이름으로 기도합니다. 아멘."

제 3 장

섭리의 레슨

실패를 통해서 실패의 원인을 직시하고, 자신을 돌아보고, 돌이켜
하나님이 주시는 교훈을 받은 사람들에게 있어서
그 실패는 오히려 축복의 기회가 될 수 있습니다.
또한 이 실패를 통해서 하나님의
아름다운 섭리의 레슨을 받게 됩니다.

섭리의 레슨
출애굽기 2:11-25

우리는 앞에서 하나님의 섭리에 따라 모세가 태어난 것을 살펴보았습니다. 그리고 모세의 출생사건을 둘러싼 하나님의 주권적인 섭리, 하나님의 특별하신 인도를 생각해 보았습니다. 본문에는 이 섭리에 따라 태어난 하나님의 아들인 모세가 하나님의 섭리를 자기 삶 속에 수용하는 것을 배워 나가는 과정이 기록되어 있습니다. 하나님의 뜻을 받아들이는 일련의 삶의 과정이 본문에 기록되어 있는 것입니다.

모세는 얼마 동안 살았나요? 120년을 살았습니다. 학자들은 모세의 생애를 크게 세 시대로, 즉 처음 40년, 중간 40년, 마지막 40년으로 구분합니다. 첫번째는 모세가 애굽 땅에서 바로의 공주의 아들로 자라면서 교육받았던 40년 애굽생활의 시대, 두번째는 미디안 광야생활 시대, 세번째는 출애굽생활 시대입니다. 출애굽생활 시대는 모세가 이스라엘 백성들을 이끌고 애굽에서 나와 광야를 방황하면서 그 백성을 인도해 나가던 시대입니다.

유명한 세계적인 전도자였던 드와이트 엘 무디(Dwight L. Moody)는, 모세가 이 세 시대를 거쳐가는 동안에 자기 자신에 대해서 배웠던, 즉 자신이 어떤 사람인가를 배웠던 레슨에 대해서 아주 흥미있는 정리를 했습니다. 처음 40년, 애굽의 왕자로서, 로열 패밀리(royal family)로 자라났던 그 과정에서 그가 자기 자신에 관해 인식했던 자기 인식을 한마디로 정의한다면, '나는 굉장히 잘난 사람이다' (I am somebody)라는 것입니다.

이런 인식을 갖고 자랐던 기간이 처음 40년이라고 한다면, 두번째 40년, 소위 미디안 광야에서 보냈던 40년 동안의 자기 인식은, '나는 아무것도 아닌 사람이다' (I am nobody)라는 것이었으리라고 무디는 말했습니다. 처음에는 '나는 굉장히 잘난 사람이다' 라고 그가 생각했다가 다음 40년 동안에 깨달은 것은 '나는 아무것도 아닌 사람이다' 라는 것입니다.

하지만 출애굽의 영웅으로, 이스라엘 백성들의 리더로 살아가던 마지막 40년 동안 모세는 어떤 사람이 되었습니까? 하나님의 사람이 되었습니다. '나는 하나님의 사람이 되었다' (I am God's buddy, 막역한 친구). 그는 처음에 자기가 굉장한 사람이라고 생각했다가 결국 자기는 아무것도 아닌 인생이라고 했습니다. 그러나 아무것도 아닌 것처럼 보여지는 자신을 주님 앞에 겸손히 드렸을 때, 하나님이 그를 붙잡아 다시 하나님의 섭리를 성취하는 도구로 마지막 40년을 쓰셨던 생애의 세월. 이렇게 우리는 모세의 일생을 크게 세 단계로 나눌 수가 있습니다.

출애굽기 2:11은 이렇게 시작합니다. "모세가 장성한 후에." 10절에서 11절로 넘어가는 과정에서 몇 년의 세월이 흐릅니까? 40년이 흘러갑니다. 그러니까 본문은 모세의 일생 제1단계에서 제2단계로 전환되는 시기의 사건을 다루고 있는 것입니다. 다시 말하면, 40년간의 애굽 궁중생활, 즉 바로의 공주에게 양육을 받고 또 애굽의 모든 교육을 받고 성장했던 처음 40년간의 애굽생활을 청산하는 전기가 된 사건이 본문에 기록되어 있습니다. 이 애굽생활 청산의 과정에서 모세는 하나님의 레슨을 톡톡히 받습니다.

우리는 모세가 하나님의 레슨을 수용하는 과정을 세 가지로 정리해 볼 수 있습니다. 이것이 본문의 대지가 되는데, 첫째는 위대한 출발, 둘째는 위대한 실패, 셋째는 위대한 교훈입니다. 그는 위대한 출발을 합니다. 그러나 이 출발과정에서 그는 위대한 실패를 합니다. 실패에도 위대한 실패가 있을 수 있어요. 위대한 실패의 진상은 뒤에서 살펴보도록 하겠습니다. 또 이 실패의 경험을 통해서 그는 위대한 교훈을 배우게 됩니다.

위대한 출발

먼저 위대한 출발이 시작됩니다. "모세가 장성한 후에 한번은 자기 형제들에게 나가서 그 고역함을 보더니 어떤 애굽 사람이 어떤 히브리 사람 곧 자기 형제를 치는 것을 본지라"(출 2:11). 자기 민족 히브리 백성들이 애굽 사람들에 의해서 고통당하는 모습을 보았을 때, 그의 마음속에 울분이 끓어오르며 정의감이 불타오르기 시작했습니다. '내가 사랑하는 내 민족을 그대로 두고 살았구나.

나만 이 궁중에서 호의호식하며 살았구나.' 어느 날 갑자기 깨어나기 시작하는 민족에 대한 새로운 의식과 함께, 고통받는 자기 민족의 편에 서서 그 백성을 끌어내기 위한, 즉 새로운 인생을 살기 위한 모세의 미션의 역사가 시작되는 찰나였습니다. 그래서 지금까지 살아왔던 애굽 땅과의 인연을 끊어버리고, 애굽 땅을 출발함으로써 새로운 인생을 향해 떠나가는 위대한 출발이 시작됩니다.

이것이 왜 위대한 출발입니까? 이 과정에서 우리가 칭찬해 주고 싶은 모세의 위대한 결단이 몇 가지 있습니다. 그것이 본문에 잘 나타나 있지는 않지만, 출애굽기 2:11-12의 과정을 통해서 모세가 내렸던 그 위대한 결단을 히브리서 기자는 명료하게 잘 보여주고 있습니다. 히브리서 11:24-26을 보세요. "믿음으로 모세는 장성하여 바로의 공주의 아들이라 칭함을 거절하고 도리어 하나님의 백성과 함께 고난받기를 잠시 죄악의 낙을 누리는 것보다 더 좋아하고 그리스도를 위하여 받는 능욕을 애굽의 모든 보화보다 더 큰 재물로 여겼으니 이는 상주심을 바라봄이라."

여기서 아주 중요한 단어는 '거절하고' 입니다. 그는 거절했습니다. 버리고 떠나갔습니다. 이 위대한 출발의 배후에 있었던 모세의 결단을 나타내는 단어는 바로 '거절하고' 입니다. 무얼 거절했습니까? "믿음으로 모세는 장성하여 바로의 공주의 아들이라 칭함을 거절하고."

첫째로, 그는 명예와 권세를 거절했습니다. 애굽 바로 왕의 공주의 아들, 이 얼마나 대단한 것입니까? 그 자체만으로도 그가 누릴 수 있는 특권과 명예가 얼마나 많습니까? "공주님의 아들 납신다" 그 하나만도 얼마나 대단한 것입니까? 우리 나라에서도 '폐하의 아들'이 자꾸만 문제되고 있습니다만, 로열 패밀리에 속한 아들이나 딸은 항상 사람들의 관심의 대상이 되기 마련입니다. 어쩔 수 없는 거예요. 그런데 모세는 바로의 공주의 아들이라 일컬음을 받는 그 명예를 거절했습니다.

이 공주가 누구냐 하는 것은 모세가 백성을 이끌고 출애굽한 연대와 그 시대를 통치했던 애굽 땅의 통치자 바로가 누구냐에 따라서 결정됩니다. 따라서 출애굽 연대에 대한 두 가지 설, 즉 주전 1500년대로 보는 조기설과 좀더 후에 떠났을 것으로 보는 후기설에 따라서 그 바로 왕의 정체와 공주의 정체는 좀 달라집니다.

그러므로 딱 집어서 어떤 공주라고 정확하게 말하기는 어렵습니다만, 일설(미확인된)에 의하면, 그 당시 바로에게는 이 공주 외에 아들이 없었고, 또 이 공주에게는 모세 외에 달리 아들이 없었다고 합니다. 그러면 바로 편에서 볼 때 어떻게 되겠습니까? 그의 위를 이을 수 있는 후계자가 모세밖에 없다는 말입니다. 그래서 가만히 있으면 모세는 자동적으로 무엇까지 될 수가 있었습니까? 바로의 후계자가 될 수 있는 가능성까지 안고 있었습니다. 왕이 될 수 있었던 것입니다. 그러나 모세는 당시 세계 최대 강국인 이집트 제국의 통치자가 될 수 있었던 이 놀라운 명예와 권세를 거절했습니다. 이것은 보통 결단이 아니지요? 이렇게 결단할 수 있었던 것은 '믿음으로' 입니다. 이 믿음의 정체가 뭐냐? 이것은 뒤에서 살펴보도록 하겠습니다.

둘째로, 그는 쾌락을 거절했습니다. 히브리서 11:25을 보세요.

"도리어 하나님의 백성과 함께 고난받기를 잠시 죄악의 낙을 누리는 것보다 더 좋아하고." 모세는 무엇보다 무엇을 선택했습니까? 그는 죄악의 낙을 누리는 것보다도 하나님의 백성과 함께 고난을 받는 길을 선택했습니다. 낙을 거절했습니다.

쾌락, 즐긴다는 것은 좋은 일입니다. 즐긴다는 것 자체가 나쁜 것은 아닙니다. 건강하게 인생을 즐기는 방법을 찾는 것, 저는 그것이 오늘을 살고 있는 크리스천의 삶의 과제 중 하나라고 생각합니다. 교회에서 하지 말라는 것은 많은데, 하라는 것은 별로 없는 것 같아요. 많은 경우, 즐거움의 배후에는 죄악이 관련되어 있는 것을 볼 수 있습니다. 그래서 즐기는 것 자체가 죄악은 아니지만, 우리가 때로 그 즐거움 자체를 경계해야 하는 이유는, 그것이 죄악과 관련된 경우가 많기 때문입니다. 사람들이 왜 죄를 지을까요? 죄를 짓는 이유는 간단합니다. 죄를 짓는 것이 즐겁기 때문입니다. 죄짓는 것을 좋아하기 때문에 죄를 짓는 것입니다. 아주 단순합니다.

우리 나라에서 유명한 가수 한 사람이 있는데, 제가 그 사람 이야기를 하면 여러분 가운데 모를 사람이 하나도 없을 겁니다. 저와 6개월 동안 왔다갔다했기 때문에 제가 너무나 잘 압니다. 한동안 사람들은 그를 크리스천이라고 생각했어요. 그러나 사실은 크리스천이 아니었어요. 그가 저한테 솔직하게 "나는 크리스천이 아닙니다"라고 이야기했는데, 그가 성가를 부르니까 사람들이 크리스천이라고 생각했던 거죠.

그런데 그가 그리스도를 자기 마음속에 받아들이지 못한 이유는 죄를 짓고 싶어서랍니다. 저한테 말하기를, 자기는 너무너무 죄

짓는 게 즐거워서 그걸 포기할 수 없다고 했습니다. 그래서 "당신이 나한테만이라도 솔직하게 얘기해 준 것에 관해서 감사하게 생각하고, 부탁하고 싶은 것은 다시는 성가를 부르지 말라"고 했습니다. 그는 왜 부르면 안되냐고 하면서 자신이 성가를 부르면서 사람들을 즐겁게 할 수 있다고 했습니다. 그래서 제가 '성가의 목적은 사람을 즐겁게 하는 것이 아니라 하나님을 기쁘시게 하는 것' 이라고 심각하게 이야기해 주었던 기억이 있습니다. 사람들이 죄악을 떠나지 못하는 단순하고도 직접적인 원인은 죄악에 낙이 있기 때문입니다. 죄악에는 즐거움이 있습니다.

그러나 히브리서 11:25에 붙어 있는 단서 하나를 주목해서 봐야 됩니다. "잠시 죄악의 낙을 누리는 것보다." 죄악의 낙이 얼마 동안 가는 줄 아십니까? 그 앞에 뭐라고 했나요? '잠시' 에요. 그게 문제입니다. 즐거운 것 같지만 죄는 언제나 쾌락을 수반합니다. 그리고 쾌락을 주는 것처럼 우리에게 환각적으로 다가옵니다. 그러나 이것은 잠시입니다. 거기서 깨어나면 죄값을 지불해야 하는 쓰리고 아픈 고통이 다가옵니다.

모세는 이 죄악의 정체를 꿰뚫어봤습니다. 죄악의 환각을 꿰뚫어봤습니다. 그리고 그 즐거움이 아무것도 아닌 것을 알았습니다. 그래서 그는 쾌락보다도 차라리 동족을 위해서 고난받는 삶이 훨씬 더 가치가 있다는 사실을 깨달았습니다. 그는 차라리 하나님의 백성과 더불어 고난을 받는 것이 더 존귀하고, 보람있고, 의미있는 삶이라는 것을 깨닫고 그것을 선택했습니다. 잠시 죄악의 낙을 누리는 것보다 하나님의 백성과 함께 고난을 받는 길을 선택한 것입니다. 그는 쾌락을 거절했습니다.

셋째로, 그는 부요함을 거절했습니다(히 11:26). 그는 부요해질 수 있는 애굽의 모든 보화를 거절했습니다. 그는 애굽의 모든 보화를 마음대로 떡 주무르듯 주무를 수 있었던 자리에 있었잖아요? 가만히 앉아 있으면 자동적으로 그 모든 것이 자기 것이 될 수 있었던 가능성 앞에 그는 서 있었습니다. 그러나 그것보다도 그는 무엇을 선택했나요? 그는 애굽의 모든 보화보다도 그리스도를 위해서 능욕을 받는 것을 더 기뻐했습니다.

아니, 그 당시에는 예수님이 계시지도 않았는데, 여기서 그리스도를 위해서 능욕을 받았다는 것은 무엇을 의미할까요? 여러분, 우리가 하나님을 위해서, 그리스도를 위해서 산다는 것은 추상적인 것이 아닙니다. 우리가 하나님의 백성들을 위해서 살 때, 그것이 하나님을 위해서 사는 것입니다. 우리가 그리스도께서 사랑하시는 사람들을 위해서 살 때, 그것이 그리스도를 위해서 사는 것입니다.

교회의 머리는 누구입니까? 예수님입니다. 교회를 형성하는 것은 누구입니까? 구원받은 백성들입니다. 주님은 사람들을 위해서 자신의 생명을 버리셨습니다. 주님이 사랑하는 사람들을 사랑하는 것이 주님을 사랑하는 것입니다. 주님이 사랑하는 사람들을 섬기는 것이 주님을 섬기는 것입니다. 모세는 그 당시 그리스도에 대한 약속은 알았지만, 구체적으로 역사적 그리스도는 알지 못하고 있었잖아요? 그리스도가 아직 오시지 않았을 때니까요. 모세는 그 백성을 위해서 살았습니다. 그러나 히브리서 기자는 모세의 일생을 정리할 때, 그가 그리스도를 위해서 능욕을 받았던 사람이라고 간

주합니다.

여러분, 사랑하는 주님을 위하여 산다는 것, 그것은 막연히 추상적인 것이 아닙니다. 기도할 때, '주님 사랑합니다', 찬양할 때, '주님 사랑합니다'라고 말하는 것으로 되는 것이 아니라, 주님이 사랑하는 사람들을 사랑하고, 주님이 사랑하는 사람들에게 관심을 갖고, 주님이 사랑하는 사람들을 위로하고, 격려하고, 돕고, 세워 주는 것이 주님을 위한 삶인 것을 기억하시기 바랍니다.

모세는 하나님의 백성들을 위해서 사는 것이 가장 부요한 인생을 사는 것임을 알았습니다. 인생의 진정한 부요함, 삶의 진정한 의미, 크리스천의 진정한 삶의 보람, 그것은 우리가 누리고 소유할 수 있는 재물에 있는 것이 아니라 하나님을 위해서, 하나님이 사랑하는 백성들의 삶을 위해서 투자하는 것이며, 천국에 가장 값진 보화를 쌓는 것입니다.

모세가 그렇게 할 수 있었던 것은 무엇 때문이라고 했습니까? "상주심을 바라"(히 11:26) 보았기 때문입니다. 이 땅에서 당장 주어지는 보상이 없다 해도 이렇게 하나님의 백성들을 사랑하고 그들을 위해 투자하는 삶을 살 때, 하나님이 알아주신다는 것을, 주님이 상주실 것임을 모세는 믿었습니다. 이 믿음이 모세로 하여금 명예를 거절하고, 권세를 거절하고, 쾌락을 거절하고, 애굽 땅의 모든 부요를 거절하고, 주의 백성들을 위해서 자신의 삶을 드리는 위대한 결단 가운데로 인도한 것입니다. 이것이 믿음입니다. 상주시는 하나님을 바라보았기 때문이에요.

히브리서 11:1을 보면, "믿음은 바라는 것들의 실상이요 보지 못하는 것들의 증거니"라고 했습니다. '내가 가치 있는 삶, 하나님이 기뻐하시는 삶을 살 때, 이 땅에서는 고난이어도, 아픔이어도, 고생이어도 주님 앞에 서는 날, 주님이 내가 살아 왔던 삶의 진가를 인정하시고, 나를 받아주시며 상주실 것이다.' 이렇게 주 앞에 부끄러움 없이 서는 날을 위하여 고난을 기쁘게 감수할 수 있었던 삶, 모세가 그런 삶을 살 수 있었던 것은 어느 날, 상급으로 갚아주실 하나님을 신뢰했기 때문입니다. 바로 그 믿음으로 모세는 세속적인 명예와 권세와 쾌락과 부요함을 거절하는 용기를 발휘했습니다. 그래서 애굽 땅을 뒤로 하고 적막한 미디안 광야를 향해 새로운 삶을 찾아 떠나가는 그의 위대한 출발이 시작됩니다. 그것은 정녕 위대한 출발이었습니다. 여기까지는 칭찬해 줘야 합니다.

위대한 실패

그러나 이 위대한 출발 다음에 모세를 기다리고 있었던 사건은 뭡니까? 위대한 실패입니다. 이제 그 실패의 정체를 살펴보겠습니다. 출애굽기 2:12-14을 보시기 바랍니다. "좌우로 살펴 사람이 없음을 보고 그 애굽 사람을 쳐죽여 모래에 감추니라 이튿날 다시 나가니 두 히브리 사람이 서로 싸우는지라 그 그른 자에게 이르되 네가 어찌하여 동포를 치느냐 하매 그가 가로되 누가 너로 우리의 주재와 법관을 삼았느냐 네가 애굽 사람을 죽임같이 나도 죽이려느냐 모세가 두려워하여 가로되 일이 탄로되었도다." 성공했습니까? 실패했습니까?

처음에는 위대한 출발이었습니다. 애굽의 부요를 뒤로 하고, 애굽의 쾌락을 뒤로 하고, 애굽에서의 위대한 성공을 뒤로 하고, 모세는 단순히 하나님을 신뢰하고, 하나님의 백성들의 편에 서서 그들을 섬기겠다고 결단했습니다. 그래서 그가 애굽 땅의 모든 부요를 거절한 그 선택은 위대한 선택이었고, 위대한 출발이었습니다.

그런데 어느 날 보니까, 자기 동족이 애굽 사람에게 괄시를 받고 고통을 당하고 있었습니다. '나는 내 백성이 고통받는 것을 그대로 두고 볼 수가 없다. 내가 내 백성을 위해서 살아야 할 때가 이때인 모양이다' 하고 그는 결심했습니다. 올바른 동기입니까? 잘못된 동기입니까? 올바른 동기입니다. '나는 내 사랑하는 백성들을 위해서 살겠다. 어쩌면 주께서 이것을 위해서 지금까지 내 삶을 기다리고 계셨는지도 모르겠다. 내가 이 백성을 위하여 정녕 내 인생을 드리리라. 그들을 섬기리라.' 이것은 올바른 동기였으며, 위대한 목표였습니다.

그래서 어떻게 했습니까? 자기 형제를 치는 애굽 사람을 쳐죽였습니다. 올바른 일입니까? 잘못된 일입니까? 올바른 동기와 올바른 목표로 시작했지만 올바른 방법을 사용했습니까? 아닙니다. 사람을 죽인 것은 잘못입니다. 아마 모세도 자기의 잘못을 알았던 것 같습니다.

그래서 어떻게 했습니까? 출애굽기 2:12에 보니까 "좌우로 살펴"라고 표현되어 있는데, 떳떳했으면 좌우로 살필 필요가 있었겠습니까? 한 성서학자는 이렇게 말합니다. "모세가 부지런히 좌우로 살펴보니 아무도 없어 '요놈을 때려죽여도 되겠다' 싶었을 것이다. 그러나 모세는 좌우만 살폈지, 하나님을 보지 못했다. '하나님은 어떻게 생각하실까? 에라 모르겠다, 때려죽이자.' 그리고 그는 시체를 모래 속에 감춰두었다."

"이튿날 다시 나가니 두 히브리 사람이 서로 싸우는지라 그 그른 자에게 이르되 네가 어찌하여 동포를 치느냐 하매 그가 가로되 누가 너로 우리의 주재와 법관을 삼았느냐 네가 애굽 사람을 죽임 같이 나도 죽이려느냐"(출 2:13-14). 모세가 애굽 사람을 쳐죽인 사실을 알고 있는 사람이 있었습니다. 죄는 숨길 수 없습니다. 순간, 직감적으로 모세는 무엇을 생각했을까요? '아, 이 소문이 바로 왕에게 들어갈 것이다. 그러면 더 이상 바로 왕은 나를 용납하지 않을 것이다.' 그래서 그는 어떻게 합니까? 떠나갑니다.

모세는 그 백성을 섬기고 그 백성을 위해서 살겠다는 올바른 목표를 가졌지만, 그 방법과 과정은 바르지 못했습니다. 여기서 우리는 매우 중요한 기독교적 삶의 원칙 하나를 확인할 수 있습니다. 역사적으로 크리스천들이 크리스천의 삶의 방법으로 매우 소중하게 고백해 온 크리스천의 윤리 가운데 하나는, 목적이 수단을 정당화시킬 수 없다는 것입니다. 목적은 수단을 정당화시키지 못합니다. 다시 말해, 올바른 목적을 가지고 있다고 해서 그 목적을 관철하기 위해 아무런 수단이나 사용할 수 없다는 것입니다.

올바른 목표를 가졌으면, 그 목표를 관철하는 방법도 올바라야 합니다. 잘못된 방법을 사용하면서 올바른 결과를 기대하는 것은 잘못입니다. 바른 목표, 고상한 목표, 위대한 목표를 수립하셨습니까? 그러면 그 목표를 수립해 나가는 과정과 방법도 선해야 합니다. 목적을 관철하기 위해서 수단과 방법을 가리지 않는 것은 기독교적인 것이 아닙니다.

    그런데 많은 크리스천들이 올바른 목표를 위해서는 어떤 수단이나 방법을 사용해도 좋다는 세속적인 철학과 윤리를 지니고 있는 것을 볼 수가 있습니다. 산업화의 과정에서, 부를 축적하는 과정에서 사람들은 '아무렇게나 벌어서 잘만 쓰면 되지'라고 생각합니다. 잘 쓰고자 하면 처음부터 잘 벌어야 합니다. 버는 과정도 중요합니다. 바른 방법으로 벌어야 합니다. 이것은 굉장히 중요한 것입니다. 그렇게 해서 일이 잘 될 리가 없지요. 모세의 행위는 그만 탄로가 났습니다. 여기서 우리는 모세의 이 위대한 실패의 원인을 두 가지로 정리해 볼 수 있습니다.

    첫째로, 아마 하나님의 때가 아직 이르지 않았을지도 모르겠습니다. 그 백성들을 이끌고 나갈 때가 말이죠. 그럼에도 불구하고 모세는 서둘러 행동한 것입니다. 그는 하나님의 때를 기다리지 못하고 성급하게 행동했습니다.

    둘째로, 하나님이 기뻐하시지 않는 방법으로 하나님의 뜻을 이루고자 했습니다. 순간적으로 모세는 이런 생각을 했을 수도 있습니다. '애굽 사람을 쳐죽이고, 비록 탄로가 나더라도 …, 여기 노예살이하는 우리 백성들이 내가 그들을 위해서 이런 억울함을 당하는 것을 보면, 다 나를 옹호하고 받들어주겠지. 그러면 내가 강력한 군대를 만들어 바로 왕과 대결해서 이 민족을 해방시켜야겠다.' 그러나 그것은 하나님이 기뻐하시지 않는 방법이었습니다. 그는 하나님이 기뻐하시지 않는 방법으로 하나님의 일을 수행코자 시도한 것입니다. 결과는 실패였습니다. 그러나 의미없는 실패는 아니었습니다. 모세는 실패 후에 아주 값진 교훈을 배우게 됩니다. 그래서 우리가 모세의 실패를 위대한 실패라고 부르는 것입니다.

위대한 교훈

위대한 출발과 위대한 실패 후, 마침내 모세는 위대한 교훈을 배우게 됩니다. 실패하고 나서 그 실패를 통해 아무것도 배우지 못하는 사람이 있습니다. 반성이 없는 사람, 실패하고도 실패를 통해서 깨닫지 못하는 사람의 인생은 더욱 비참해질 것입니다. 그러나 실패를 통해서 실패의 원인을 직시하고, 자신을 돌아보고, 돌이켜 하나님이 주시는 교훈을 받은 사람들에게 있어서 그 실패는 오히려 축복의 원인이 될 수 있습니다.

모세는 이 실패를 통해서 하나님의 아름다운 레슨을 배워가게 됩니다. 그 이후에 전개되는 과정을 보면, 이 실패가 모세에게 도움이 되었을까요, 안되었을까요? 도움이 되었으니까 물어보겠죠? 어떤 도움을 받았습니까? 그의 삶이 달라졌습니다. 이 사건을 통해서 그는 아주 놀라운 두 가지 삶의 길에 들어서게 됩니다. 그것은 섬기는 삶과 기다리는 삶입니다. 그는 섬길 줄 알고, 기다릴 줄 아는 사람으로 변화되었습니다.

출애굽기 2:17을 보세요. "목자들이 와서 그들을 쫓는지라 모세가 일어나 그들을 도와 그 양무리에게 먹이니라." 모세가 미디안으로 왔습니다. 미디안 땅이 어딥니까? 미디안 땅은 이스라엘 백성과 전혀 관련이 없는 땅이 아닙니다. 미디안은 아브라함의 후손 중에

한 사람이 가서 이룬 민족이기 때문에, 사실 이스라엘 백성과 연관이 있는 민족입니다.

창세기 25:1-2을 보세요. "아브라함이 후처를 취하였으니 그 이름은 그두라라 그가 시므란과 욕산과 므단과 미디안과 이스박과 수아를 낳았고." '아브라함이 후처를 취하였으니.' 이런 대목에서 감동을 받지는 마세요. 그 이름이 뭐라고 했습니까? 그두라입니다. 성경의 위대함이라고 할 수 있는 것은 아무리 위대한 사람이라고 할지라도 그의 생애 가운데 결점이 있으면 여지없이 폭로하는 것입니다. 성경은 인생의 진실 앞에 진실합니다. 그것이 성경의 위대함입니다. 그두라가 미디안을 낳았다고 했는데, 미디안 족속의 조상이 바로 미디안입니다. 그 조상으로 거슬러올라가면 누구와 관련이 있나요? 아브라함과 관련이 있습니다. 이제 자기 백성을 위해 살아야 할 모세를 하나님께서 직접 그의 백성의 땅으로 보내지는 않으셨지만, 그의 조상들과 어느 정도 관련이 있었던 미디안 땅으로 보내신 것은 매우 의미있는 사건입니다.

거기 가서 보니까 미디안 제사장의 일곱 딸들이 아비의 양무리에게 물을 먹이기 위해 물을 길어 구유에 채우고 있었습니다. "목자들이 와서"(출 2:17). 이들은 좋은 목자들이 아니에요. 깡패 목자들입니다. 이들은 미디안 제사장의 일곱 딸들이 물을 다 길어 놓으면 와서 쫓아버리고 자기 양무리에게 물을 먹이는 깡패 같은 목자들이었습니다.

그 광경을 지켜본 모세가 이제 간섭하게 됩니다. 모세가 어떻게 했습니까? 출애굽기 2:17에 보면, 매우 중요한 내용이 나옵니다.

"모세가 일어나 그들을 도와." 모세가 그들을 도와 양무리에게 물을 먹였습니다. 모세는 전에도 한 번 자기 동족을 도우려고 시도했다가 실패로 돌아간 경험을 갖고 있었습니다. 사람에게 한 번 당한 사람은 사람을 믿고 싶지 않은 불신의 상처를 안기 마련입니다. 이해할 수 있습니까?

내가 모세라면, 자기 백성에게 한 번 톡톡히 당했으니까 '내가 인간이란 존재를 다시 돕나 봐라' 하고 생각했을 가능성이 많습니다. 그러나 모세는 그렇게 하지 않았습니다. 모세는 여전히 자기를 필요로 하는 곳, 자기가 해야 할 일, 자기가 도와야 할 일, 자기가 섬겨야 할 일을 합니다. 그러나 옛날과 달라진 것이 있습니다. 옛날 같았으면 어떻게 했을까요? 때려죽였을 겁니다. 그러나 이번에는 그냥 쫓아버리기만 했습니다. 이게 달라진 겁니다. 그는 자기 방법을 수정했습니다. 이제 목적을 관철하기 위해서 수단과 방법을 가리지 않던 옛날의 모세가 아닙니다. 그는 달라진 자세로 사람을 섬깁니다.

여러분, 인생을 살다 보면 사람들에게 상처를 받을 수가 있습니다. '내가 다시는 사람들과 관계하지 않겠다' 고 결심한 사람이라면, 이런 사람은 지구를 떠나야 합니다. 어떻게 사람과 더불어 살지 않을 수가 있습니까? 사람을 피하고서는 인생을 살 수가 없습니다. 그럴 때는 자기 자신을 돌아보며, '혹시 내가 뭐가 잘못되어 그럴까? 다른 방법으로 사람들을 섬겨야겠다' 고 생각해야 합니다. 결코 섬기는 일 자체를 포기해서는 안됩니다.

우리는 좋은 일을 시도했다가 시험을 만나면 다시는 안하려고 합니다. 교회에서 좀 일하다가 시험을 당할 때도 '내가 다시는 그 놈의 교회 가서 일하나 봐라' 하는 식으로 해결하려고 합니다. 그런 사람은 주님 앞에 설 수가 없습니다. 다른 방법으로, 다른 태도로 주님을 섬기겠다고 자신의 방법을 수정하는 사람들에게 축복이 있을 것입니다. 우리는 여기서 새로운 방법으로 하나님을 섬기기로 결심하고, 새로운 삶 속에 들어가는 모세의 모습을 볼 수 있습니다. 이제 그에게 하나님의 백성답게 사는 삶이 시작됩니다. 이 삶을 배우는 여러분이 되시길 바랍니다.

이 사건이 인연이 되어서 모세가 누구에게 잘 보였습니까? 제사장입니다. 출애굽기 2:18에 보면, 그 제사장의 이름이 뭡니까? 르우엘입니다. 다른 성경에 보면, 뭐라고 되어 있습니까? 이드로입니다. 이드로와 르우엘은 같은 사람입니다.

당시 이스라엘 백성들은 여러가지 이름을 자유롭게 썼습니다. 아마 르우엘이 본명이고, 이드로는 그의 직위를 뜻하는 어떤 명칭이었을 가능성이 많습니다. 르우엘은 '하나님의 친구'라는 뜻입니다. '엘'은 언제나 하나님이에요. 그래서 '르우엘'은 '하나님의 친구'라는 뜻입니다. 그는 이스라엘 백성이라고 정확하게 말할 수는 없지만, 미디안 백성으로서 하나님을 경외하는 어떤 전통을 가진 사람이었습니다. 모세가 그에게로 인도함을 받은 것도 하나님의 섭리입니다.

결국 모세는 르우엘의 한 딸과 결혼을 하게 됩니다. 출애굽기 2:21에 보면, 그 딸의 이름이 뭡니까? 십보라입니다. 또 출애굽기 2:22을 보니 결혼을 한 후, 모세는 아들을 낳았습니다. 그 아들의 이름을 뭐라고 지었습니까? 게르솜입니다. "내가 타국에서 객이 되었음이라" (2:22). 게르솜이라는 말은 '나그네' (stranger)라는 뜻입니다.

얼마 전에 북녘 땅에서 왕자 비슷한 노릇을 하고 살다가 여기 와서 비명에 간 불쌍한 한 사람의 모습을 우리는 기억합니다. 이 땅에서 그가 삶을 살기란 참 어려웠을 것입니다. 모세를 한번 생각해 보세요. 왕자 노릇을 하던 사람이 미디안의 황막한 광야에서 양떼만 치고 살자니 얼마나 견디기 어려운 삶이었을까요? 그러나 그는 40년을 견뎠습니다. 모세는 자기 백성을 완전히 잊어버리지 않았을 것입니다. 간간이 소식은 들었을 것이라고 생각합니다. 그는 애굽 땅에서 아직도 핍박받고, 고통받고, 눈물을 흘리며 괴로워하고 있는 백성들의 모습을 보았을 것입니다.

그리고 이렇게 기도했을 가능성이 있습니다. "하나님, 언제까지 내가 이런 삶을 살아야 합니까?" 처음에는 그러다가 나중에는 "에라 모르겠다" 하고 포기했을 수도 있습니다. "하나님이 나를 잊으셨구나. 나는 더 이상 쓸모없이 이대로 끝나는 모양이다." 아마 이런 방황도 모세에게 있었을 것이라고 생각됩니다.

그럼에도 불구하고 모세는 끈질기게 기다렸던 것 같습니다. 변화되지 않았을 때의 모세였다면 40년씩이나 어떻게 참았겠습니까? '내가 나가서 다시 한 번 내 본연의 자리를 회복해 보리라.' 아니면 바로의 궁중을 탈환하기 위한 어떤 전략을 시도해 볼 수도 있었을 것입니다. 그러나 계속 버티고 살았던 것은 옛날의 모세가 아니었기 때문입니다. 적어도 그는 기다릴 줄 아는 사람이 된 것입니다.

옛날하고는 아주 많이 달라진 거죠.

그렇다면 하나님이 그 백성을 잊으셨을까요? 하나님이 모세를 잊으셨을까요? 본문의 마지막 부분을 보세요. 감동적인 장면입니다. "여러 해 후에 애굽 왕은 죽었고 이스라엘 자손은 고역으로 인하여 탄식하며 부르짖으니 그 고역으로 인하여 부르짖는 소리가 하나님께 상달한지라"(2:23). 이제 하나님의 때가 된 것입니다.

출애굽기 2:24-25을 보세요. "하나님이 그 고통 소리를 들으시고 아브라함과 이삭과 야곱에게 세운 그 언약을 기억하사 이스라엘 자손을 권념하셨더라." 여기 중요한 동사 몇 가지가 있습니다. 우선 24절에 어떤 동사가 있나요? '들으시고'와 '기억하사' 입니다. 하나님은 그 백성들이 부르짖는 고통의 소리를 들으셨습니다. 그리고 기억하셨습니다.

"이스라엘 자손을 권념하셨더라"(2:25). 이 번역이 아주 정확한 것은 아닙니다. 원문대로 번역을 하면, "이스라엘 자손을 보시고 이스라엘 자손을 돌아보셨더라" 입니다. 원문대로 하자면, 마지막 절에서 두 단어가 더 첨가되는데 '보셨다'와 '돌아보셨다' 입니다. 여기서는 '돌아보셨다' 라는 단어를 '권념' 이라는 말로 표현했는데, 이것은 옛날식 표현이기 때문에 얼른 실감있게 다가오지 않죠? 여기서 우리는 이 단어를 '들으시고', '기억하시고', '보시고', '돌아보셨다' 라는 네 가지 의미로 생각해 볼 수 있습니다.

그 40년 동안, 하나님이 이스라엘 백성들을 잊으셨을까요? 하나님이 모세를 잊으셨을까요? 하나님도 기다리셨습니다. 마침내 하나님의 때가 찼을 때, 하나님은 들으셨습니다. 하나님은 다 들으셨고, 다 알고 계셨습니다. 하나님은 마침내 그 기도를 들으셨습니다. 자신의 언약을 기억하셨습니다. 하나님은 그 백성들의 고통을 보셨습니다. 그리고 때가 찬 시각, 하나님은 그 역사 속에 간섭하셔서 그 백성을 출애굽시키시고, 그 백성을 통해서 하나님의 뜻을 이루시는 놀라운 하나님의 섭리의 역사를 펼쳐가는 일을 시작하셨습니다. 하나님은 그 백성을 잊지 않으셨습니다.

그 때까지 모세가 계속해서 배워야 했던 중요한 레슨은 오직 하나님을 신뢰하고 기다리는 것이었습니다. 기다리면서 그는 매일매일 하나님이 맡겨주신 아주 작은 일, 양떼를 돌보는 일을 했습니다. 한 마리 한 마리의 작은 양을 정성스럽게 돌보는 일 말입니다. 만약 모세가 "하나님, 내가 이런 일을 할 사람입니까? 내 인생이 이 것밖에 안됩니까?" 하고 하나님께 계속 항의했다면, 그런 삶을 어떻게 견딜 수 있었겠습니까?

요즘 명퇴, 조퇴 바람이 불어오면서 사람들의 직업이 확 바뀌고 있죠? 해 보지 않았던 장사를 하시는 분들이 많아졌습니다. 제가 이민목회를 해 보니까, 미국에 와서 사시는 우리 동포들 가운데는 두 부류의 사람들이 있습니다. 한 부류의 사람들에게 있어서 제일 큰 문제는 특수한 몇 가지 직업을 빼놓고서는 직업전환이 가장 큰 어려움입니다. 한국에서 하던 일을 미국에 가서 할 수는 없잖아요? 직업이 다 바뀝니다.

이민생활의 풍속도를 이런 풍자적인 이야기로 그릴 수가 있습니다. 제가 아는 한 집사님이 LA에 사시는데 LA에 오신 지 얼마 안 되었을 때, 제가 그분을 만났습니다. "집사님, 요즘 뭐 하세요?" 하고 제가 물으니까 "저요, 요즘 LA를 쓸고 다니죠" 하는 것이었습니다. 그래서 "뭘 하시는데요?" 하니까 "저 요즘 청소하고 다녀요"라고 말했습니다. 그리고 몇 년 후에 다시 만났습니다. "집사님, 요즘은 뭐 하세요?" "저요, 요새는 LA를 누비고 다녀요." "뭘 하시는데요?" "봉제공장에 다녀요. 봉제공장에서 하루종일 누비는 일을 해요"라고 말했습니다. 그리고 몇 년 후에 또 만났습니다. "집사님, 요즘은 또 뭘 하세요?" "목사님, 제가 요즘은 LA를 주름잡게 되었어요. 그게 뭔지 궁금하시죠? 세탁소에요. 세탁소에서 하루 종일 주름잡는 일을 하거든요."

그것보다 좀더 이민생활이 나아지면, 그 다음에는 주유소와 모텔을 경영합니다. 이것이 한국인들이 이민생활에서 올라갈 수 있는 최선의 삶의 방법이고 과정입니다. 그런데 그 과정에서 보면, 어떤 사람은 직업이 전환되어도 그 일을 즐겁게 합니다. "비록 작은 야채과일가게이지만 하나님이 내게 이 일을 맡기셨으니 잘 해봐야지!" 기쁨으로 아주 즐겁게 하면서 또 이것이 선교의 장이라고 생각하여 외국 사람들에게 웃음을 주고, 사랑을 주고, 차도 대접하고, 전도도 하면서 즐겁게 사는 사람들을 보면 틀림없이 사업이 잘 됩니다. 그런데 이민생활하면서 늘 "울려고 내가 왔던가"라는 노래만 하루 종일 부르는 사람들이 있습니다. "내가 이 짓 할려고 미국에 왔나?" 이런 사람은 틀림없이 사업이 안됩니다. 반면에 좀 바뀌어도 그 일을 즐겁게 하는 사람을 보면 너무너무 좋습니다.

서현역에서 동태찜을 하시는 우리 최 집사님, 저는 그 집사님 댁에 갈 때마다 너무너무 기분이 좋습니다. 그분의 삶의 태도가 너무 아름답습니다. 그분은 옛날에 어떻게 사셨든지 상관없이 새롭게 하시는 식당운영에 대단한 프라이드를 갖고 계십니다. "목사님, 우리 집이 최고에요" 하며 오는 사람들을 얼마나 재미있게 해 주시는지 모릅니다. 그러니 그 식당이 안될 턱이 없습니다. 저는 그 댁에 갈 때마다 아주 많이 축복해 주고 싶습니다. 하나님인들 저하고 생각이 다르겠어요? 하나님이 내게 주신 현재의 삶을 즐거워하는 것, 이것은 참 중요한 일입니다.

잘 모르지만, 모세도 틀림없이 "하나님, 주께서 저에게 이 일을 맡기셨다면 제가 이 일을 잘 하겠습니다"라고 생각하면서 양떼를 돌봤을 겁니다. 그리고 기다리는 거예요. 모세의 일생이 이렇게 끝날까요? 아니에요. 때가 되매 하나님은 마침내 불러내십니다. 기다릴 줄 알았던 모세, 하나님을 의지하는 것을 배웠던 모세 그리고 하나님의 방법대로 사는 것을 배웠던 모세. 이제 쓸 만하다고 판단하신 결정적 시점에서 하나님은 모세를 불러내십니다. 그리고 출애굽의 황홀한 역사를 이제 시작하십니다. 이 하나님이 여러분의 하나님이 되시기를 바랍니다.

묵상과 기도

오늘, 하나님께서 여러분에게 양을 치는 일을 맡기셨다면, 그 일을 투정하지 마십시오. 그 일을 인해서 불평하지 마십시오.

"하나님, 감사합니다. 주님이 인도하신 것이, 주님이 주신 것이 언제나 최선입니다. 기뻐하며 살겠습니다. 즐거워하며 살겠습니다. 내가 서 있는 이 자리가 언제나 하나님이 주신 최선의 자리인 것을 고백합니다.

기다리는 사람, 하나님을 신뢰하는 사람 그리고 하나님이 기뻐하시는 방법으로 맡겨주신 일을 수행할 줄 아는 사람, 하나님은 이런 사람들을 때가 찬 시각에, 아름답게 주의 도구로 쓰실 것입니다. 주께서 오늘 기다리라고 말씀하셨다면, 하나님 기다리겠습니다. 불평하지 않겠습니다. 하나님보다 앞서가지 않겠습니다. 서두르지 않겠습니다. 성급하게 활동하지 않겠습니다. 좋은 목표를 가졌으나 잘못된 방법을 사용하지 않겠습니다.

하나님, 주님의 백성다운 방법으로 맡겨주신 일들을 수행하겠습니다. 그리고 끝까지 주 앞에 아름다운 모습으로 설 수 있기를 소원합니다. 오, 하나님! 모세를 받아주신 것처럼 저를 받아주시고, 저의 삶을 사용해 주시옵소서. 예수님의 이름으로 기도합니다. 아멘."

제 4 장

모세의 소명

소명이란 말은 우리가 생각하는 것보다
훨씬 더 넓은 의미에서 광범위하게 쓰여지고 있습니다.
저마다 무엇을 하기 위해 태어났습니다.
그러므로 그 일을 아는 것이 내 삶의 존재 이유요,
목적이라고 할 수 있습니다.

모세의 소명

출애굽기 3:1-10

전통적으로 신학교 시험을 치를 때 가장 중요하게 고려되는 요소는 소위 소명감입니다. 소명감이 있어서 신학교에 오느냐 안 오느냐 하는 것입니다. 요즘 이런 것을 중요하지 않게 취급하는 신학교도 없지 않아 있다고 합니다. 이것이 바로 신학교의 위기라고 생각됩니다. 소명이 없는 사람들이 하나님의 일을 할 때 그 결과를 짐작할 수 있지 않습니까? 공부를 잘하거나 능력이 있다는 사실보다도, 하나님의 일을 하는 사람들에게 훨씬 더 중요한 것은 바로 이 '소명감'(Sense of Calling)입니다.

일반적으로 신학교에서 이런 소명감의 문제를 다루다 보니까, 보편적인 인식 가운데 하나가 목사님, 전도사님 혹은 선교사님들에게는 소명이 중요하다고 인식되어 있지만, 일반 평신도들과는 상관이 없는 것처럼 생각하는 경향이 있습니다. 평신도의 소명의 문제가 한국교회에서는 확실히 평가절하된 것이 현실입니다.

그러나 성경을 공부해 보면, 소명(부르심)이란 결코 목사님, 전도사님, 선교사님에게만 해당되는 편협하고 협소한 개념이 아닙니다. 물론 그들에게 소명감은 매우 중요합니다. 그러나 이것은 그들에게만 중요한 것이 아니라 구원받은 모든 성도들에게 다같이 중요합니다. 저와 여러분을 구원하시는 것만이 하나님의 목적은 아닙니다. 지옥 안 가고 천국만 가면 되는 게 아닙니다. 그것도 매우 중요한 문제이지만, 하나님은 우리가 이 땅에 사는 동안 우리를 사용하시고자 하는 계획이 있어서 우리를 구원하신 것입니다. 그렇다면 '내가 구원받은 자로서 한평생 주를 위하여 어떤 일로 내 인생을 소모할 것인가?' 하는 것은 매우 중요한 질문입니다.

사실 이 소명, 부르심이란 단어는 성경에 보면 상당히 보편적으로 광범위하게 쓰여지는 개념입니다. 고린도전서 7:15-17을 보시기 바랍니다. 제가 이 구절을 특별히 지적하는 이유는 '아, 이런 데도 소명 혹은 부르심이라는 단어가 쓰여질 수가 있구나' 하는 사실을 여러분에게 보여드리기 위해서, 평범한 사건이 아닌 예외적인 예를 여기서 드는 것입니다.

"혹 믿지 아니하는 자가 갈리거든 갈리게 하라 형제나 자매나 이런 일에 구속받을 것이 없느니라 그러나 하나님은 화평 중에서 너희를 부르셨느니라 아내 된 자여 네가 남편을 구원할는지 어찌 알 수 있으며 남편 된 자여 네가 네 아내를 구원할는지 어찌 알 수 있으리요 오직 주께서 각 사람에게 나눠 주신 대로 하나님이 각 사람을 부르신 그대로 행하라 내가 모든 교회에서 이와 같이 명하노라." 믿지 않는 남편과 혹은 믿지 않는 아내와 더불어 한평생을 살 때 고통이 많을 수밖에 없습니다.

오늘날의 교회에도 그런 분들이 적지 않습니다. 예수 믿는 것 때문에 배우자가 나를 버릴 경우에는, 그것으로 인해 이혼했다고 해서 하나님 앞에 특별히 죄가 될 것은 없습니다. 배우자가 나를 버릴 경우에 그렇습니다. 그러나 사도 바울은, 배우자가 신앙을 갖지 않았기 때문에 살 수 없다고 스스로 말할 필요는 전혀 없다고 여기서 말합니다.

"아내 된 자여 네가 남편을 구원할는지 어찌 알 수 있으며 남편 된 자여 네가 네 아내를 구원할는지 어찌 알 수 있으리요 오직 주께서 각 사람에게 나눠 주신 대로 하나님이 각 사람을 부르신 그대로 행하라"(고전 7:16-17). '부르신 그대로', 즉 믿지 않는 남편이나 믿지 않는 아내를 주셨다면, 한평생 그 사람의 영혼을 구원하기 위해서 주님이 나를 부르셨다는 소명을 가지고 살라는 것입니다.

여러분, 천하보다도 더 귀한 한 영혼을 그리스도 앞으로 인도할 수 있다는 것은 우리 인생에서 매우 중요한 소명입니다. 그러나 믿지 않는 사람을 구원하기 위해 결혼하면 안됩니다. 결혼은 구원하기 위해서 하는 것이 아닙니다. 결혼은 같이 살라고 하는 것입니다. 하지만 두 사람이 살다 보니 한 사람은 신앙인이 되었고, 한 사람은 신앙인이 되지 않았을 경우에 그것을 꼭 이혼의 사유로 고집할 필요는 없습니다. 오히려 소명감을 가지고 배우자를 사랑하고, 한평생 자신을 통해서 그가 주님을 알게 되도록 섬기면서 구원의 길로 인도할 때, 그것이 바로 소명을 이루는 삶이라고 바울은 가르치고 있습니다.

제가 예외적인 부르심이란 용어를 쓰는 이유는, 부르심, 즉 소명이란 단어가 우리가 생각하는 것보다 훨씬 더 넓은 의미에서 쓰여지고 있다는 사실을 강조하기 위해서입니다. 저마다 무엇인가를 하기 위해서 태어났습니다. 그러므로 그 일을 아는 것이 내 삶의 존재 이유요, 목적이라고 할 수 있습니다.

본문에는 모세의 소명 사건이 기록되어 있습니다. 하나님이 왜 모세를 부르셨습니까? 하나님은 이스라엘 백성들을 출애굽시키는 사명을 이루시기 위한 목적으로 모세를 부르신 것입니다. 본문에서는 모세를 부르시는 하나님의 소명이 특별히 세 단계로 나타나 있습니다. 우리는 모세가 소명을 받는 장면을 관찰해 보면서, 하나님이 우리 각자를 어떻게 소명하실까? 또 소명하실 때 그 소명, 부르심 앞에 우리가 어떻게 응답해야 되는지에 대한 교훈을 나누고자 합니다.

하나님의 준비

첫번째 단계는 하나님의 준비입니다. 하나님은 우리를 부르시기 전에 먼저 준비를 시키십니다. 준비하신 다음에 부르십니다. 그냥 부르시면 당황할 수밖에 없죠. 모세의 경우 어떤 준비를 시키셨습니까? 모세가 쓰임받는 사람이 될 수 있도록 혹은 모세가 쓰임받는 환경과 주변의 역사가 되도록 하나님이 먼저 준비작업을 하셨어요.

세 가지 준비를 하셨는데, 첫번째로 때를 준비하셨습니다. 앞에서 살펴본 출애굽기 2:23을 보세요. "여러 해 후에 애굽 왕은 죽었고 이스라엘 자손은 고역으로 인하여 탄식하며 부르짖으니 그 고역으로 인하여 부르짖는 소리가 하나님께 상달한지라." '여러 해 후에 애굽 왕은 죽었고' 어떤 애굽 왕이죠? 이스라엘 백성들을 잔인하게 탄압했던 바로, 그 애굽의 지도자가 죽었다는 것입니다. 이런 지도자가 죽으면 주변환경은 새롭게 변할 수밖에 없죠. 하나님은 마침내 그 타이밍을 포착해서 이제 모세를 부르시는 것입니다. 애굽 왕이 죽은 것은 하나님의 섭리입니다. 하나님은 모세로 하여금 그 때를 기다리게 하신 것입니다.

　마태복음 2장을 보면, 예수님의 경우에도 사실 예수님이 기다리셨다기보다는 예수님의 부모, 요셉과 마리아가 기다린 경우이지만, 애굽 땅에 가 있을 때에 언제 다시 가나안 땅으로 돌아가도록 하셨나요? 헤롯 왕이 죽었을 때, "이제는 상황이 달라졌다. 이제 일어나서 그 땅으로 가도 좋다"는 하나님의 허락이 떨어집니다. 이 경우에서도 볼 수 있는 것처럼, 하나님이 그 때를 주관하십니다. 그러므로 우리는 하나님의 때가 이르기 전에 경거망동하는 것을 언제나 삼가야 합니다. 주님이 언제나 때를 준비하시기 때문에 그렇습니다.

　두번째로, 때를 준비하셨을 뿐만 아니라 이스라엘 백성들 마음 속에 해방의 열망을 준비하셨습니다. '우리가 자유했으면 좋겠다. 우리가 해방되었으면 좋겠다. 애굽 땅에서 이제 벗어났으면 좋겠다. 우리 하나님이 언약하신 약속의 땅으로 이제는 가야만 하겠다'는 마음을 준비시켜 주셨습니다.

　지금의 역사적 시점에서 40년 전으로 돌아가겠습니다. 그 때 모세는 어떤 시도를 했습니까? 그는 애굽 사람을 하나 때려죽인 후, 자기 동족들이 자기를 영웅으로 삼고 어떤 행동을 할 것을 기대했습니다. 성공했습니까, 실패했습니까? 실패했습니다. 그 당시 이스라엘 백성들은 아직 애굽 땅을 떠나갈 준비가 되어 있지 않았어요.

그러나 지금은 어떻습니까? "여호와께서 가라사대 내가 애굽에 있는 내 백성의 고통을 정녕히 보고 그들이 그 간역자로 인하여 부르짖음을 듣고 그 우고를 알고"(출 3:7). 이스라엘 백성들이 뭘 했습니까? 부르짖기 시작했어요. '아, 이제는 더 이상 못살겠다. 이제 그만 떠나자' 하는 고통의 신음소리를 내면서 부르짖기 시작했습니다. 떠나갈 준비가 된 것입니다. 이스라엘 백성들이 떠나갈 준비가 되었을 때, 하나님은 그들을 인도할 리더로 누구를 부르셨습니까? 모세를 부르셨습니다. 그 백성의 마음을 하나님이 준비시켜 놓으신 것입니다.

세번째로, 하나님은 모세 자신을 준비시키셨습니다. 40년 전, 모세가 자기 동족들의 싸움에 개입했을 때, 그들이 모세에게 어떤 반응을 보였습니까? "우리가 언제 너를 우리의 리더로 세웠느냐? 네가 언제부터 우리의 재판장이냐?" 이런 싸늘한 반응을 보였던 일들을 우리는 기억합니다. 그 당시 이런 일이 있기 전에는 모세가 굉장히 자신만만했을 겁니다. '내가 애굽에서 배운 학술과 무술이 얼만데 …' 그는 상당히 자기 자신에 대해 자신만만했을 것입니다.

그런데 하나님은 절대로 자신만만한 사람을 쓰시지 않습니다. 자신만만한 것이 좋은 게 아니에요. 주신(主信)만만해야지 자신(自信)만만해서는 안됩니다. 자신을 믿는 사람은 예수를 믿을 필요가 없는 사람입니다. 자신을 믿는 사람은 하나님을 믿을 필요가 없는 사람입니다. 40년 전에 모세는 자신만만했습니다. 그러나 지금은 미디안의 적막한 광야에서 40년의 세월을 보냅니다.

지난번 성지순례를 갔을 때, 이집트로부터 이스라엘까지 가는 동안에 그 황막한 광야를 통과했습니다. 자동차를 타고 가면서도 그 광야가 얼마나 적막한지 보기만 해도 오싹할 정도의 넓고 황량한 빈 들인 것을 경험했습니다.

그런 광야에서 40년을 지내면서 모세는 무엇을 느꼈을까요? 우선 시간적으로 40년에서 40년을 더하면 모세의 나이가 몇 살이 되었을까요? 80세의 노인이 되었단 말이죠. 그래도 자신만만했을까요? 이제 거의 포기한 상태였을 거예요. "이제 나는 아무것도 할 수가 없다." 그 때 하나님은 오세요. 그런데 아무것도 할 수 없다는 고백만으로는 안돼요. 하나님은 하나님을 의지하지 않고는 아무것도 할 수 없다는 생각으로 하나님을 의지하고 신뢰하는 사람을 쓰십니다.

우리가 그 증거를 어디에서 볼 수 있습니까? 모세가 미디안 광야에서 장가들고 두 아들을 낳았죠? 출애굽기 2:22에 보면, 첫째 아들의 이름이 게르솜이라고 했습니다. "그가 아들을 낳으매 모세가 그 이름을 게르솜이라 하여 가로되 내가 타국에서 객이 되었음이라 하였더라." 직설적으로 말하면 게르솜이란 단어는 '나그네', '객' 이란 뜻입니다. 모세는 아들의 이름을 '나그네' 라고 지어놓고 거기서 자기의 존재를 확인한 것입니다. '내가 어쩌다 이 빈 들에 와서 나그네로 살게 되었는가?' 나그네 된 자신의 모습을 그 아들의 이름을 통해서 조명하고 있는 것입니다.

출애굽기 18:2-4을 보세요. "모세의 장인 이드로가 모세가 돌려보내었던 그의 아내 십보라와 그 두 아들을 데렸으니 그 하나의 이름은 게르솜이라 이는 모세가 이르기를 내가 이방에서 객이 되었다 함이요 하나의 이름은 엘리에셀이라 이는 내 아버지의 하나님이 나를 도우사 바로의 칼에서 구원하셨다 함이더라." 둘째 아들의 이름은 뭡니까? 엘리에셀입니다. '내 아버지의 하나님이 나를 도우사 바로의 칼에서 구원하셨다' 는 뜻에서 그 이름을 붙였다고 했습니다. 단순하게 엘리에셀이란 말은 '나의 하나님이 나의 도움이 되신다' 라는 뜻입니다.

그는 광야에서 두 가지를 깨달은 거예요. 첫째는 뭐에요? "내가 어찌하여 여기서 나그네가 되었는고? 어찌하여 내가 여기 미디안의 적막한 광야에서 살게 되었는가?" 그는 나그네 된 자신의 모습을 보면서 한없는 인생의 고독과 적막감과 별 볼일 없는 자신의 존재를 확인했을 것입니다.

여러분, 광야에서 40년을 산다고 생각해 보세요. 아무것도 없는 빈 들, 별밖에 보이지 않는 황막한 들, 거기서 모세는 자신이 얼마나 별 볼일 없는 존재인지를 거듭 확인했을 것입니다. 그와 동시에 압도해 오는 우주의 찬란한 별들을 바라보면서 이 모든 것의 창조주가 되시는 하나님을 의지하지 않고는 하루 한순간도 살 수 없는 자신의 모습을 확인했을 것입니다. 그것이 둘째 아들의 이름을 짓는 데 나타납니다. 뭐라고 했죠? "나의 하나님이 나의 도움이 되신다."

그는 하나님을 의지하는 것을 배웁니다. 이것은 중요한 것입니다. 하나님은 하나님을 의지할 준비가 되어 있는 사람을 부르십니다. 자기 마음대로 자기 고집대로 하겠다는 사람을 하나님이 어떻게 쓰실 수가 있겠습니까? 두 손 들고 "하나님, 나는 아무것도 할 수가 없어요" 하고 항복하는 때가 소명이 가까운 때입니다. 그러나 그것만 가지고는 안됩니다. 한 걸음 더 나아가 "나는 아무것도 할 수 없기 때문에 주님을 의지하고자 하나이다" 하고 전능하신 하나님을 참으로 신뢰할 준비가 되어 있을 때, 주께서 내게 오십니다. 그리고 부르십니다.

하나님은 세 가지를 준비시키셨어요. 때를 준비시키셨고, 이스라엘 백성의 마음속에 해방과 자유의 열망을 준비시키셨으며, 모세 자신을 준비시켜 주셨어요. 하나님의 준비, 이것이 모세의 소명의 첫번째 단계입니다.

하나님의 은혜

두번째 단계는 하나님의 은혜입니다. 하나님은 부르시기 전에 은혜를 주십니다. 어떤 은혜를 주셨습니까? 두 가지로 생각해 볼 수 있는데, 이스라엘 민족에게 주신 은혜와 모세에게 주신 은혜입니다. 이것은 본질적으로 같은 것입니다.

이스라엘 민족은 애굽 땅에서 말할 수 없는 고난을 받고 있었습니다. 그들은 이스라엘 민족을 철저하게 죽이려는 바로 왕의 탄압으로 말미암아 아들만 낳으면 다 나일 강가에 버려야 되는 상황 속에서 얼마나 고통스러운 세월을 지냈을까요? 그럼에도 불구하고 이스라엘 민족은 어떻게 됩니까? 전멸하지 않고 계속 번식했습니다. 고난과 핍박과 환난에도 불구하고 그들은 보존되고 있었습니다. 이것이 바로 하나님의 은혜입니다.

또 모세를 생각해 보세요. 적막한 미디안 광야생활을 통하여 모세는 서서히 잊혀지고 있었습니다. 모세 자신도 자기 삶에 대한 모든 것을 포기했을지 모릅니다. 그러나 모세를 잊지 않으신 분이 계십니다. 누구십니까? 하나님이십니다. 하나님은 보이지 않게 모세를 차근차근히 준비시키고 계셨습니다. 이것이 바로 하나님의 은혜에요.

여러분, 구원받고 나서 작은 일이지만 하나님의 일 가운데 쓰임 받기 시작하면서 돌이켜보면, '아, 하나님이 그래서 이렇게 이렇게 나를 준비해 주셨구나' 하는 생각이 안드십니까? 저의 아버님은 무녀독남이십니다. 거기에서 제가 장남으로 태어났으니까 얼마나 귀한 아들입니까? 귀한 아들같이 생겼잖아요. 저는 초등학교에 다닐 때까지 바깥을 나가보지 못했어요. 나무에 올라가면 떨어져 죽는다, 밖에 나가면 자동차에 치어 죽는다고 했기 때문입니다. 저는 자전거 타는 것을 고등학교 3학년 때 배웠어요. 수영은 지금도 못해요.

과보호 속에서 햇볕 구경도 못하고 할 줄 아는 운동이 아무것도 없었어요. 그저 집 안에 꼭 붙들려서 초등학교 시절을 보냈어요. 그러다 보니 방 안에서 내 세계를 개척해야 했습니다. 그래서 방 안에다 책을 잔뜩 쌓아놓고 초등학교 시절에 이미 사르트르와 까뮈와 프랑소와 사강의 책을 읽었습니다. 삼국지와 수호지는 기본이었습니다. 그래서 저는 지금도 아무 데도 나가지 않고 아무것도 하지 않고 하루종일 기도하고 책만 읽으라고 하면 문제가 하나도 없습니다.

그런데 가만히 생각해 보니까 하나님이 저를 그렇게 준비시켜 주셨다는 생각이 듭니다. 저는 너무나도 책 읽는 것이 좋아서 중학교, 고등학교를 다닐 때도 학교공부는 하나도 안하고 책만 읽었습니다. 그래서 제가 학교공부는 그렇게 잘하지 않았지만 온갖 잡동사니는 많이 압니다. 사실 목사는 하나만 알면 안되고 잡동사니를 많이 알아야 돼요. 돌이켜 생각해 보면, 하나님이 제 인생의 길을 하나하나 준비해 주신 것 같아요. 이것이 다 은혜라고 생각합니다. "나의 나 된 것은 다 하나님의 은혜입니다." 그런데 제 옆에서 같이 사는 사람도 늘 하나님의 은혜라고 말합니다. 우리는 하나님의 은혜 때문에 살고 있습니다. 하나님은 우리를 소명하시기 전에 먼저 은혜를 주는 분이십니다.

하나님의 계시

세번째 단계는 하나님의 계시입니다. 첫번째는 하나님이 준비시켜 주시고, 두번째는 하나님이 은혜를 주시고, 마지막으로 결정적인 타이밍에 하나님은 자신을 나타내 보여주십니다. 그러면서 소명이 시작되는 겁니다. 하나님이 스스로 나타나셔서 우리를 부르심으로써 우리가 소명을 받게 되는 것입니다. 하나님의 부르심을 접하게 되는 것입니다. 하나님은 스스로를 계시하십니다. 그런데 어떻게 계시하십니까? 하나님의 계시를 세 가지로 나누어 볼 수 있습니다.

첫번째로, 하나님은 평범한 삶의 장에서 자신을 모세에게 보여주셨습니다. 어디에서 보여주셨나요? 평범한 삶의 장에서입니다. 저는 이것을 굉장히 강조하고 싶습니다. 매우 중요하기 때문입니다. 우리는 흔히 삼각산에 올라가야만 계시를 받고 부르심을 듣는 것으로 생각합니다. 저도 그런 이야기를 많이 들어왔고, 옛날에 한참 산에 올라가서 소리도 많이 질러보고 그랬습니다. 막 소리지르다가 누가 소리지르면 그것이 하나님의 소리 같기도 하고, 아닌 것 같기도 하고, 마구 헷갈리는 바람에 얼마나 혼났는지 모릅니다. 그렇게도 하나님이 우리를 부르실 수는 있습니다. 그러나 많은 경우, 하나님의 부르심은 아주 평범한 환경, 평범한 삶의 장에서 일상적인 일을 하고 있을 때 일어납니다. 성경에 보면, 이것이 보편적인 부르심의 한 방법입니다. 가장 보편적인 방법입니다.

예수님의 제자들은 뭘 하고 있을 때 부르심을 받았습니까? 어디 산에 가서 기도하고 있을 때 부르심을 받은 사람은 한 사람도 없어요. 다 일상의 직업에 충실할 때, 즉 자기 일을 열심히 하고 있을 때 부르심을 받았습니다. 베드로는 고기를 열심히 잡고 있을 때였고, 마태는 세관에서 세리의 직무를 열심히 수행하고 있을 때, 예수님의 부르심을 받았어요. 이제껏 저는 땡땡이 칠 때, 부름받은 사람을 못 봤어요. 공통된 사실은 일상적 삶의 환경에서 열심을 다하고 있을 때, 하나님의 부르심이 있다는 것입니다.

본문이 어떻게 시작되는지 출애굽기 3:1을 보세요. "모세가 그 장인 미디안 제사장 이드로의 양무리를 치더니 그 무리를 광야 서편으로 인도하여." 모세도 날마다 하는 일을 열심히 하기 위해서 양무리를 데리고 가다가 부르심을 받은 거예요. 그러니까 "이제 하나님의 소명을 받아야겠다"고 하면서 산에 가서 받아 가지고 오는 사람은 나중에 보면 대부분 이상하게 됩니다. 그러나 자기의 일상적 삶의 장에서 현재 맡겨진 일을 하고 있을 때, 어느 날 주님의 부르심이 들려옵니다. 일상적 삶의 장에서 말입니다.

모세가 양을 치다가 양무리를 데리고 호렙산으로 갔습니다. 호렙산이 어딥니까? 호렙산은 시내산과 같은 산이라고 쉽게 생각하시면 됩니다. 혼동이 되실 텐데 여기에 대한 두 가지 설이 있습니다. 호렙은 본래 전체가 큰 산맥인데, 그 중에 제일 높은 산이 시내산이었다는 것이 한 가지 설이고, 또 한 가지 설은 본래는 시내산이라고 불렸는데, 그 중에서 서쪽 부분을 호렙산이라고 불렀다는 것입니다. 그러나 일반적으로 호렙산이 시내산이고, 시내산이 호렙산이라고 생각하시면 혼동이 안될 거예요.

지난번에 성지순례 팀이 거기에 갔었습니다. 저도 시내산에 올라갔습니다. 낙타를 타고 올라갔지만 말이죠. '제벨무사'(모세의 산), 즉 시내산은 높이가 2,285미터인 상당히 높은 산입니다. 그래서 우리는 성 캐더린(St. Catherine)이라는 수도원까지 자동차로 갔습니다. 희랍 정교회에서 운영하는 수도원이에요. 수도원에서부터 산까지의 거리는 약 750-800미터 정도 됩니다. 그 거리를 사람들이 주로 걸어 올라가거나 걸어 올라갈 기력이 없는 사람들은 낙타를 타고 올라가는데 바로 그 산이에요.

모세는 그 산의 꼭대기에 올라간 것이 아니라 그 산의 기슭에 올라갔습니다. 바로 그곳이 모세가 하나님을 만난 곳이 아니었을까 하여, 그것을 기념하기 위해 그곳에 수도원을 지어놓았어요. 수도원 안에 들어가면 떨기나무 채플도 있고 거기에 떨기나무도 하나 있어요. 그게 꼭 그 떨기나무는 아니지만 아마도 그런 떨기나무 같은 데서 만났을 것이라고 생각합니다.

출애굽기 3:1-2을 보세요. "양무리를 치더니 그 무리를 광야 서편으로 인도하여 하나님의 산 호렙에 이르매 여호와의 사자가 떨기나무 불꽃 가운데서 그에게 나타나시니라 그가 보니 떨기나무에 불이 붙었으나 사라지지 아니하는지라." 일상적 삶의 환경이었지만 그 날따라 모세의 눈을 잡아 끄는, 주목하게 하는 사건이 일어났습니다.

광야에서 떨기나무는 아주 흔합니다. 이 나무는 어디든지 있어요. 본래는 가시떨기나무에요. 가시 하면 한국 가시를 생각하는데, 한국 가시보다는 훨씬 큰 나무입니다. 목재용으로도 쓸 수 있는 나무인데, 이 떨기나무가 굉장히 많이 있습니다. 우리가 자동차로 지나가면서도 여러 번 볼 수가 있었어요. 굉장히 흔한 나무에요.

날마다 하는 일, 날마다 보는 나무. 그런데 그 날따라 이상한 것은 나무에 불이 붙었는데 나무가 타지 않고 그대로 있는 거예요. '어, 이상하다.'

하나님이 어느 날, 일상적 삶의 환경에서 평소와 다르게 여러분에게 어떤 느낌을 주실 수가 있습니다. 하나님의 부르심은 일반적으로 그렇게 다가옵니다. 일상적 삶의 환경, 평범한 삶의 환경이지만 평범 속에 느낄 수 있는 어떤 비범한 부르심이 있습니다. 잡아당

기심이 있습니다. 우리를 향한 어떤 이끄심이 있습니다. 보통 하나님의 부르심은 그런 식으로 나타납니다.

두번째로, 이 계시는 개인적이고 반복적인 계시였습니다. "여호와께서 그가 보려고 돌이켜 오는 것을 보신지라 하나님이 떨기나무 가운데서 그를 불러 가라사대 모세야 모세야 하시매 그가 가로되 내가 여기 있나이다"(출 3:4). 항상 보는 떨기나무인데 불이 붙어도 타지 않았습니다. 그러니까 '어, 이상하다. 왜 그럴까?' 하고 주목하게 됐어요. 그 때 그 가운데서 하나님의 음성이 들려온 것입니다. "모세야, 모세야!" 하나님이 모세를 한 번만 부르셨으면 어떻게 됐을까요? '내가 잘못 들었나?' 하고 그것을 무시해 버릴 수도 있어요. 그러나 반복적으로 들려왔습니다. 그러니까 '아, 정말 하나님이 나를 부르고 계시구나' 하고 반응한 것입니다.

이것도 성경에서 하나님이 사람들을 부르시는 보편적인 한 방법입니다. 예컨대, 사무엘을 부르실 때에도 한 번이 아니었어요. 두 번, 세 번 "사무엘아, 사무엘아, 사무엘아!" 하고 부르셨습니다. 그러니까 '하나님이 정말 부르시는구나' 하고 반응하게 됩니다. 주께서 우리를 부르실 때, 개인적으로 그리고 반복적으로 부르심으로써 '아, 하나님이 정말 이 일을 하도록 나를 부르시는구나' 하고 깨닫게 되는 것입니다. 하나님은 그렇게 우리에게 다가오십니다.

세번째로, 이것은 거룩을 요구하시는 하나님의 계시였습니다. 저는 하나님이 특별히 이 떨기나무를 선택하셔서 그 가운데 불로 나타나신 이유가 어디에 있을까 생각해 보았습니다. 그 불은 바로 거룩하신 하나님의 임재입니다. 어쩌면 이 떨기나무는 이스라엘 민족의 상징이고, 모세 자신의 상징이었을 가능성이 많습니다. 떨기나무 같은 이스라엘 민족, 천하고 천한 나무입니다. 특별한 것이 아니에요. 아주 흔하고 천한 것입니다.

그런데 그 가운데 누가 임하셨습니까? 하나님이 임하셨습니다. 모세가 거기서 그것을 봤을 때 얼마나 인상적이었을까요? 어쩌면 그 나무 속에서 모세는 자기 민족의 자화상을 그리고 자기 자신의 모습을 확인하고 있었을지도 모릅니다. '저런 천한 나무도 거룩하신 하나님이 임하실 때 저렇게 쓰실 수가 있구나. 그렇다면 나도 하나님이 쓰실 수 있겠구나.' 이런 강렬한 어떤 시청각적인 교훈을 경험하는 순간이었을 가능성이 많습니다.

그 때 하나님이 계속 말씀하십니다. "하나님이 가라사대 이리로 가까이하지 말라 너의 선 곳은 거룩한 땅이니 네 발에서 신을 벗으라"(출 3:5). 이것은 거룩을 요구하시는 하나님의 계시였습니다. 그런데 서양 사람들은 이런 것을 잘 이해하지 못합니다. 왜 이해하지 못할까요? 신발을 벗지 않고 사는 '상민족'이어서 잘 이해를 못합니다. 그러나 우리는 항상 신발을 벗고 집 안에 들어가죠? 신발에 더러운 것이 묻기 때문입니다. 거룩하신 하나님을 만나고자 하는 모든 사람들에게 하나님은 거룩을 요구하십니다.

더구나 이 광야에서는 우리와 같은 신발도 아니고 뭡니까? 샌들이죠. 샌들을 신고 다니니까 얼마나 더러운 먼지가 묻겠습니까? 주께서 모세를 쓰시기 위해 자신을 계시하시면서 그에게 첫번째로 요구하신 것은 거룩함이었습니다. 이것은 지금도 하나님이 그의 백성을 만나서 쓰시고자 하실 때, 동일하게 자신을 계시하시는 방법입니다. "내가 거룩하니 너희도 거룩하라."

출애굽기 29:44-45을 보세요. "내가 그 회막과 단을 거룩하게 하며 아론과 그 아들들도 거룩하게 하여 내게 제사장 직분을 행하게 하며 내가 이스라엘 자손 중에 거하여 그들의 하나님이 되리니." 이것은 제사장 직분을 행하게 하기 위해 아론과 그 아들들을 선택하셨을 때, 하나님이 주신 말씀입니다. 하나님이 그들에게 첫 번째로 요구하신 것은 거룩함입니다. 구약에서는 제사장과 같은 특수한 사람들에게 요구했지만, 신약시대에는 모든 하나님의 백성들에게 요구되는 보편적 요구입니다. 목사에게만 요구되는 것이 아니라 모든 그리스도인들에게 요구됩니다.

우리가 로마서를 공부해 보면, 크게 두 부분으로 나눌 수가 있습니다. 로마서 1-11장은 교리편입니다. 죄 있는 인간이 하나님과의 관계 속에서 어떻게 의롭다함을 얻을 수 있는가? 다만 예수 그리스도를 믿음으로써 의롭다함을 얻을 수 있다는 것이 1-11장의 내용입니다. 12-16장은 예수 믿고 의롭다함을 얻어 하나님의 자녀가 된 사람들의 생활편, 윤리편에 대한 내용입니다. 이것이 두번째 부분입니다. 그래서 로마서는 크게 교리와 생활편으로 나누어집니다.

하나님과의 바른 관계라는 중요한 교리를 강조한 후에, 바른 관계 속에서 이제부터 어떻게 살아야 하느냐를 강조하고 접속하는 부분이 바로 로마서 12:1입니다. "그러므로 형제들아 내가 하나님의 모든 자비하심으로 너희를 권하노니 너희 몸을 하나님이 기뻐하시는 거룩한 산 제사로 드리라." 이것이 그리스도인의 삶의 기본이고 시작입니다. 우리는 우리 자신을, 우리 몸을 하나님이 기뻐하시는 거룩한 산 제물로 드려야 합니다. 주님이 쓰실 수 있는 대상이 되어야 합니다.

우리 가운데는 큰 그릇도 있고 작은 그릇도 있습니다. 여러분, 주방에서 어떤 그릇이 쓰임을 받나요? 사실 큰 그릇은 별로 쓰임을 받지 못해요. 잔치 때나 큰일이 있을 때 쓰임을 받죠. 그러나 평소에 많이 쓰임을 받는 그릇은 작은 그릇이에요. 작은 그릇이 얼마나 소중한지 몰라요. 이것들이 얼마나 나름대로 귀하고 아름답게 쓰임을 받습니까? 큰 그릇도 작은 그릇도 다 쓰임을 받습니다. 그러나 쓸 수 없는 그릇이 한 가지 있는데, 그것은 더러운 그릇입니다. 쓰임받기 위해서는 먼저 씻어야 합니다. 깨끗함을 얻지 않고는 쓰임받을 수 없어요.

먼저 하나님이 자신을 나타내시고 어떤 사람을 부르실 때, 항상 요구하시는 것은 거룩함입니다. "내가 거룩하니 너희도 거룩하라." "너의 선 곳은 거룩한 땅이니." 그 땅이 특별히 귀해서가 아니에요. 하나님을 만난 땅이기 때문에 그렇습니다. 하나님을 만난 곳은 어디든지 거룩한 곳입니다. 그곳이 바로 거룩한 땅이에요. 거룩하신 하나님이 나타나셔서 거룩을 요구하실 때, "주여, 내가 여기 있나이다"라고 모세가 응답했습니다. 바로 그 순간 모세를 쓰시는 하나님의 사역이 시작됩니다. 소명이 시작됩니다. 역사가 달라집니다. 출애굽의 무대가 열립니다. 이제 위대한 일이 시작됩니다.

묵상과 기도

"하나님 아버지, 저도 한평생 쓰임받고 싶습니다. 나머지 생애 동안 큰 그릇이 아니고 작은 그릇일지라도 소중히 쓰임받고 싶습니다. 주님이 맡겨주시는 어떤 일이든지 그 일을 성실하고 겸손하게 수종들며, 보람있고 의미있게 살다가 주 앞에 서고 싶습니다.

하나님, 주께서 부르실 때 쓰시기에 합당하도록 제 자신을 끊임없이 준비하게 도와주시옵소서. 무엇보다도 주여, 제 삶이 거룩하게 성별되어 주께 바쳐지게 하옵소서. '내가 여기 있나이다. 나를 써주소서.' 예수님의 이름으로 기도합니다. 아멘."

제 5 장

모세의 변명

나를 알고, 하나님을 알면 백전백승입니다.
먼저 내가 얼마나 연약한 존재인가를 알아야 합니다.
그러나 내 연약함 때문에 절망하는 것이 아니라 나의 하나님,
여호와를 의지하는 자, 전능하시고, 영원하신 하나님을
나의 하나님으로 신뢰하는 자는 승리할 것입니다.

모세의 변명
출애굽기 3:11-22

마크 트웨인(Mark Twain)은 "인류의 역사는 변명의 역사다"라는 유명한 말을 남겼습니다. 왜 변명합니까? 우리는 그 이유를 크게 두 가지로 나눌 수 있습니다. 첫번째는 과거의 실패를 정당화하려고 할 때 변명합니다. 과거의 실패를 정당화하기 위해서 "내가 이러고 저래서 그랬다" 하고 변명하는 거죠. 두번째는 미래의 과제를 회피하고자 할 때입니다. 다시 말해, 우리 앞에 기다리고 있는 미래의 어떤 과제를 피하려고 할 때, 우리는 변명하게 됩니다. "하나님, 저는 할 수 없어요. 도저히 자신이 없어요"라고 말입니다.

두 가지 변명 다 좋지 않은 것이지만, 두번째 경우가 첫번째 경우보다 훨씬 더 나쁜 결과를 가져올 수 있습니다. 과거의 실패에 대한 변명이야 이미 지나간 일에 대한 것이지만, 해 보지도 않고 포기하게 만드는 변명은 미래의 과제 앞에서 회피하려고 할 때 우리가 종종 취하는 삶의 방편이라고 할 수 있습니다. 이제 위대한 미래를 향해 나아가고자 하는, 즉 하나님이 주신 복된 삶의 미래를 향해 나아가고자 하는 모든 사람들이 반드시 극복해야 할 과제가 있다면, 그것은 변명하고 싶은 유혹을 극복하는 것입니다.

출애굽기 3:1-10에 의하면, 모세는 하나님께 소명을 받았습니다. 하나님이 호렙산에서 모세에게 나타나셔서 그를 부르시며, 그를 쓰시겠다고 말씀하십니다. 이 소명과 함께 모세는 새로운 미래를 향한 출발의 자리에 서게 된 것입니다. 그런데 느닷없이 자기 안에서 변명이 튀어나옵니다. 그는 두 가지 변명을 합니다. 그리고 하나님이 모세의 변명에 대해서 응답하십니다.

본문에 나타난 모세의 변명을 두 가지로 간단히 요약한다면, 첫번째 변명은 "하나님, 내가 나를 몰라요"이고, 두번째 변명은 "하나님, 내가 당신을 잘 모릅니다. 당신이 나보고 가라고 하시는데, 내가 당신을 잘 모르지 않습니까? 또 우리 백성들도 마찬가지로 당신이 누구인가를 아직 확실히 모릅니다"예요. "내가 나를 몰라요", "내가 하나님을 몰라요" 이 두 가지입니다.

모세의 변명 — 내가 나를 모릅니다

"내가 나를 모릅니다." 이것은 출애굽기 3:11에 나타난 모세의 첫번째 변명입니다. 바꿔 말하면, "하나님 나 자신 없어요. 내가 어떻게 내 백성을 애굽 땅에서 인도해 낼 수가 있겠습니까?"입니다. "모세가 하나님께 고하되 내가 누구관대 바로에게 가며 이스라엘 자손을 애굽에서 인도하여 내리이까"(3:11). 여기 무슨 말이 나옵니까? "내가 누구관대." "하나님, 내가 도대체 누구입니까?"라는 말이에요.

건강한 삶을 살려면 가장 필요한 것이 건강한 자아상(Self Image)입니다. 건강한 자아상을 가진 사람만이 건강한 미래를 향해 나아갈 수 있습니다. 그러나 우리는 종종 왜곡된 두 가지의 극단적 자아상을 갖기가 쉽습니다. 이 두 가지는 다 나쁜 것인데, 우리는 이 두 가지의 극단적 자아상에 빠질 수 있는 가능성이 많습니다. 하나는 아주 교만한 자아상이고, 또 하나는 자학하는 자아상입니다.

이 두 가지는 자기 자신을 제대로 수용하지 못한 사람들이 가질 수 있는 극단적인 자아상입니다. 하나는 아주 교만한 자아상을 가진 사람, 또 하나는 늘 자학을 하면서 사는 사람입니다. "나 같은 건 죽어야 해" 하면서 말이죠. 흔히 교만한 자아상을 가진 사람들의 배후에는 우월감이 도사리고 있습니다. 우월감의 소산, 그것이 교만한 자아상을 만드는 원인이라고 할 수가 있겠죠? 그리고 자학하는 사람들의 배후에는 흔히 열등감이 자리잡고 있습니다. 따라서 이것은 '열등감의 소산'이라고 말할 수 있습니다.

지금 모세가 하나님 앞에서 소명을 받고 있습니다. 그런데 지금으로부터 40년 전의 모세는 어떤 모습이었나요? 아주 당당한 모습이었습니다. 그것은 차라리 교만에 가까운 모습이었습니다. 이런 모세의 모습을 성경의 역사가 어떻게 증언하고 있는지 살펴보겠습니다. "나이 사십이 되매 그 형제 이스라엘 자손을 돌아볼 생각이 나더니 한 사람의 원통한 일당함을 보고 보호하여 압제받는 자를 위하여 원수를 갚아 애굽 사람을 쳐죽이니라 저는 그 형제들이 하나님께서 자기의 손을 빌어 구원하여 주시는 것을 깨달으리라고 생각하였으나 저희가 깨닫지 못하였더라"(행 7:23-25).

모세가 애굽 사람을 쳐죽이고 자기 백성 이스라엘 편에 섰을 때, 그 백성들에게 가졌던 기대가 어떤 것이었는지 여기서 볼 수가 있죠? 사도행전 7:25에 보면, "그 형제들이 하나님께서 자기의 손을 빌어 구원하여 주시는 것을 깨달으리라고 생각하였으나"라고 표현되어 있습니다. 즉 "모세 당신은 우리의 구원자요, 우리 민족의 영웅이며, 당신을 통해서 하나님이 우리를 구출할 것입니다"라고 모세를 추앙하고, 리더로 부상시킬 것으로 생각했단 말이죠.

그런데 그러지 않았습니다. 25절이 아주 재미있는 구절인데, 다시 한 번 보시기 바랍니다. "저는 그 형제들이 하나님께서 자기의 손을 빌어 구원하여 주시는 것을 깨달으리라고 생각하였으나 저희가 깨닫지 못하였더라." 모세는 자기를 통해서 하나님이 굉장한 일을 하실 것이라고 생각했고, 또 자기 백성들이 자기를 그렇게 인정해 줄 것이라고 기대했습니다. 이것이 40년 전의 모세의 모습입니다.

그것이 뜻대로 됐습니까? 안됐습니다. "넌 도대체 누구냐? 우리가 언제 너를 우리의 재판장으로 세웠느냐?" 이렇게 그 동족들은 모세를 싸늘히 냉대했습니다. 결국 그 일이 탄로나자 모세는 애굽 땅을 지배하던 바로에 의해 곤경에 처할 것을 알고, 모세는 부득불 애굽을 떠나 미디안 광야로의 여정을 시작합니다.

그리고 나서 40년의 세월이 흘렀습니다. 이제 모세도 80세의 노인이 되었습니다. 출애굽기 3:10을 보세요. "이제 내가 너를 바로에게 보내어 너로 내 백성 이스라엘 자손을 애굽에서 인도하여 내게 하리라." 그랬더니 "모세가 하나님께 고하되 내가 누구관대 바로에게 가며 이스라엘 자손을 애굽에서 인도하여 내리이까"(출 3:11) 하고 응답합니다.

여러분, 40년 전의 모세 같으면 이와 똑같은 하나님의 말씀에 어떻게 응답했을까요? "내가 너를 통해서 이스라엘 백성을 구원하리라"고 하나님이 말씀하실 때, "물론이죠. 하나님! 저 아니면 누가 하겠습니까?"라고 응답했을 것입니다.

그러나 미디안에서 40년 동안 사막생활을 하고 난 후, 모세는 달라졌습니다. 나이가 80이 되니까 많이 달라진 것입니다. "하나님, 잘못 보셨어요. 저는 그 일을 할 사람이 아니에요. 이제 저는 못해요." 40년 동안에 모세는 완전히 변했습니다. 40년 전에는 당당했던 아니 교만에 가까웠던 모세의 모습이 어디로 갔을까요? 모세는 지금 깊은 열등감 속에 빠져 있습니다. 이것도 건전한 자아상이 아니에요.

교만한 사람 못지않게 열등감에 빠져 있는 사람도 큰 문제입니다. "전 못해요. 전 본래 그런 모양이에요." 제 아내에게도 이런 자학증세가 좀 있습니다. 그래서 제가 늘 격려를 합니다. "아니, 그렇지 않다. 당신은 할 수 있다. 당신은 개발되지 않은 천재다"라고 말입니다.

진정한 겸손은 자신의 연약함과 무력함을 인정하되 그 무력함 때문에 열등감에 빠지는 것이 아니라, 전능하신 하나님 앞에 나아와 하나님을 의지하는 것입니다. 이것이 바로 성경적인 겸손의 모습입니다. 우리는 자신의 무력함과 연약함과 과오를 알아야 합니다. 또 자신의 부족함이 무엇인지 알아야 합니다. 그러나 그것 때문에 실망하는 것이 아니라 자신의 연약함을 알기에 강하신 하나님 앞에 나오며, 무력함을 알기에 전능하신 하나님 앞에 나와야 합니다. 그리고 겸허히 하나님을 의지하는 사람, 하나님은 이런 사람을 쓰십니다. 건강한 성경적 자아상은 이 두 가지 사이에 있습니다. 교만한 사람도 아니며, 열등감에 빠져 있는 사람도 아닙니다. 하나님은 자신의 연약함을 알되, 그것 때문에 하나님 앞에 나아와 하나님을 의지하는 사람을 쓰실 것입니다.

"저는 못해요"라고 말하는 모세에게 하나님이 어떻게 말씀하십니까? 열등감에 빠져 있는 모세에게 하나님이 어떤 처방을 내리십니까? 그것은 하나님의 약속이라고도 할 수 있는데, 하나님이 어떤 약속을 하십니까? "하나님이 가라사대 내가 정녕 너와 함께 있으리라 네가 백성을 애굽에서 인도하여 낸 후에 너희가 이 산에서 하나님을 섬기리니 이것이 내가 너를 보낸 증거니라"(출 3:12). 여기서 하나님은 두 가지 약속을 하십니다.

첫번째는 하나님의 임재를 약속하십니다. "하나님이 가라사대 내가 정녕 너와 함께 있으리라." "하나님, 제가 누굽니까? 저는 못해요"라고 말할 때, 하나님의 처방은 "내가 너와 함께하마" 였습니다. 전지전능하신 하나님이 함께하신다면 어떻게 될까요? 우리는 약하나 전능하신 하나님과 함께할 때 강해지는 줄로 믿습니다.

성경에 나타난 모든 하나님의 사람들이 뛰어난 사람들이기 때문에, 타고난 사람들이기 때문에, 놀라운 사람들이기 때문에 하나님의 일을 행했다는 기록은 성경에 없습니다. 성경에 나타난 하나님이 쓰신 모든 사람들은 자신의 연약함 때문에 늘 주님을 의지하는 사람들이었습니다.

지난번에 어떤 사람이 책 한 권을 가지고 왔어요. 한국교회 성장 세미나 내용이었는데, 어떤 목사님이 그 강의 가운데 제 얘기를 했더라구요. 뭐, "이동원 목사의 설교를 본받으려고 하면 안된다. 그 사람은 타고난 사람이다"라는 것이었어요. 그것을 읽고 저는 혼자서 웃었습니다. 저는 너무너무 말을 못하던 사람이에요. 그래서 말을 굉장히 잘하고 싶었어요. 고등학교 1학년 때, 한번은 큰 용기를 내어 웅변대회에 나갔는데 5분쯤 하다가 다 잊어버리고 그냥 내려왔어요. 고등학교 때 제 별명이 '계집애'였습니다. 너무너무 수줍어서 사람 앞에 고개를 들 수가 없었고, 제대로 설 수도 없었습니다.

처음에 설교를 시작할 때는 너무너무 떨려 가지고 새까맣게 설교원고를 써서 10시간씩, 20시간씩 읽고 또 읽고, 외우고 또 외우고 거울 앞에서 연습을 했습니다. 절대로 저는 타고난 게 아닙니다. 저는 두렵고 떨림으로 늘 주님을 의지합니다. 저는 지금도 설교하기 전에 늘 떨려요. 제 아내가 증인이에요. 아직도 저는 설교에 자신이 없어요. 늘 무력해요. 그래서 토요일 밤은 제게 고통스러운 밤입니다. 그런 가운데 저는 하나님을 의지합니다.

하나님이 쓰시는 사람들에게는 공통점이 하나 있는데, 그것은 하나님을 의지하는 것입니다. 자신의 연약함을 알기 때문입니다. 요셉의 생애를 읽어보면, 아주 흥미있는 표현이 그의 생애 속에 반복적으로 등장하는 것을 발견합니다. "그 주인이 여호와께서 그와 함께하심을 보며 또 여호와께서 그의 범사에 형통케 하심을 보았더라"(창 39:3). 보디발이 자기 집에 들어온 요셉을 가만히 보면서 뭐라고 증언했습니까? "하나님이 그와 함께하시는구나."

창세기 39:21을 보세요. "여호와께서 요셉과 함께하시고 그에게 인자를 더하사 전옥에게 은혜를 받게 하시매." 이번에는 감옥에 들어갔는데, 거기서도 하나님이 함께하셨습니다. "전옥은 그의 손에 맡긴 것을 무엇이든지 돌아보지 아니하였으니 이는 여호와께서 요셉과 함께하심이라"(창 39:23). '하나님이 함께하시더라.' 이것이 요셉의 삶의 비밀입니다.

당당한 삶, 순결한 삶, 겸허한 삶, 온유한 삶 그리고 어디서든지 형통할 수 있었던 삶, 또 그 발걸음이 닿는 모든 곳에 복의 근원이 될 수 있었던 요셉의 삶 가운데는 하나님의 함께하심이 있었습니다. 주께서 여러분과 함께하시기를 바랍니다. 모세도 얼마나 하나님의 임재를 사모합니까? 출애굽기 33장에 보면, 모세는 무엇보다도 하나님의 함께 가심을 간구합니다(출 33:15).

주께서 지상명령의 위대한 과제를 우리에게 맡기실 때에도 어떤 말씀을 하셨습니까? "하늘과 땅의 모든 권세를 내게 주셨으니 그러므로 너희는 가서 모든 족속으로 제자를 삼으라." 어떻게 이 어마어마한 과제를 감당하나요? "가서 세상의 모든 족속으로 내 제자를 삼으라." "전세계를 상대로 그들 가운데 그리스도의 제자를 만드는 위대한 사역 앞에 도전하라." 이 말씀만 주셨다면, 우리는 이 말씀 앞에 그냥 손을 들고 말았을 거예요. 그러나 이 지상명령의 위대한 과업 중에는 어떤 말씀이 포함되어 있습니까? "볼지어다 내가 세상 끝 날까지 너희와 항상 함께 있으리라"(마 28:20). 함께하시는 주님 때문에 이 과업이 가능한 줄로 믿습니다.

두번째는 하나님의 임재와 함께 하나님의 인도를 약속하셨습니다. 출애굽기 3:12을 다시 한 번 보세요. "하나님이 가라사대 내가 정녕 너와 함께 있으리라 네가 백성을 애굽에서 인도하여 낸 후에 너희가 이 산에서 하나님을 섬기리니 이것이 내가 너를 보낸 증거니라." '섬기리니', 이 단어를 '하나님을 경배하리니' 라고 번역해도 괜찮습니다. 지금 모세는 어디에서 하나님을 만나고 있습니까? 호렙산입니다. 이 호렙산을 다른 말로 하면, 무슨 산이라고 했습니까? 시내산입니다. 나중에 그 약속대로 됐습니까, 안됐습니까? 모세가 애굽 땅에서 이스라엘 백성들을 이끌고 나와 홍해바다를 건너 어디로 왔습니까? 시내산에 왔습니다. 그리고 거기서 하나님을 경배합니다. 그 약속대로 이루어진 것입니다. "이것이 내가 너를 보낸 증거니라."

하나님은 함께하실 것과 인도하실 것을 약속하셨습니다. "내가 너와 함께할 것이고 지금 너와 대화를 나누고 있는 이 자리에 네가 그 백성들과 함께 서게 될 것이니라." 이렇게 하나님의 임재를 약속하시고, 그 다음에 하나님의 인도를 약속하셨습니다. "하나님, 저는 못해요. 제가 누구입니까?" 라고 변명하는 모세에게 하나님은 두 가지를 약속하셨어요. "내가 너와 함께하느니라. 그래도 못하겠니? 내가 너를 인도하리라. 그래도 못하겠니?" 라고 말입니다. 이제 "주님이 함께하시면, 주께서 인도하시면 하겠나이다." 이것이 저와 여러분의 응답이 되시길 바랍니다.

모세의 변명 — 내가 당신을 모릅니다

두번째 변명은, "내가 하나님을 모릅니다" 입니다. 모세가 지금 하나님과 만나고 있지만 하나님을 잘 모르잖아요. 특별히 모세는 여기서 "내 백성들, 내가 인도할 그 백성들이 하나님을 잘 모르잖습니까? 하나님, 당신은 누구십니까?"라고 묻는 것입니다. 본문의 표현을 빌리면, "당신의 이름은 도대체 무엇입니까?"라는 말입니다. "모세가 하나님께 고하되 내가 이스라엘 자손에게 가서 이르기를 너희 조상의 하나님이 나를 너희에게 보내셨다 하면 그들이 내게 묻기를 그의 이름이 무엇이냐 하리니 내가 무엇이라고 그들에게 말하리이까"(출 3:13).

저는 모세가 이 질문을 한 데는 두 가지 이유가 있을 것이라고 생각합니다. 첫번째는, 모세 자신이 하나님에 대한 확신을 갖고 하나님을 깊이 알고자 하는 의도가 내포되었을 것이라는 사실입니다. 하나님을 알아야만 하나님을 믿고, 신뢰하고, 섬기고, 증거할 수 있지 않겠습니까?

또 하나는, 이스라엘 백성들이 애굽 땅에 와서 살다 보니 처음에는 유일하신 여호와 하나님에 대한 확실하고 분명한 신앙을 가졌지만, 애굽 땅의 우상문화 속에 살면서 점차 유일하신 참 하나님에 대한 확신이 흐려져 갔을 것입니다. 더러는 많은 사람들이 우상숭배 속에 빠졌을 거예요. 그래서 하나님이 잊혀져 가고 있었을 거예요. 이런 애굽 땅에 살고 있던 이스라엘 백성들에게 "내가 하나님을 어떤 분이라고 소개할 수 있을까요?" 하는 의미에서 모세가 이 질문을 던졌을 것이라고 생각합니다.

그런 증거가 성경에 있습니다. 여호수아 24:14을 보세요. "그러므로 이제는 여호와를 경외하며 성실과 진정으로 그를 섬길 것이라 너희의 열조가 강 저편과 애굽에서 섬기던 신들을 제하여 버리고 여호와만 섬기라." 그들은 나중에 가나안 땅에 들어갔습니다. 그런데 팔레스타인 땅에 들어간 후에도 애굽 신을 섬기던 습관을 버리지 못했던 사람들이 있었던 것 같습니다. 여기 무슨 말이 나옵니까? "애굽에서 섬기던 신들을 제하여 버리고." 사람들은 별 수 없이 환경의 영향을 받습니다. 이스라엘 백성들이 애굽 땅에 살면서 애굽문화, 애굽 우상 신의 영향을 받지 않을 수 없었던 것입니다.

우리가 자녀들을 키우면서 가장 걱정이 되는 것은 오늘 이 시대의 문화가 자꾸만 세속문화, 하나님이 없는 우상문화로 변질되고 있다는 사실이에요. 그래서 우리는 이 시대를 위해 기도할 때, 이 시대의 우상문화가 깨지고 유일하신 하나님만을 섬기는 영적 부흥이 회복될 수 있도록 기도해야 합니다. 우리가 아무리 자녀를 잘 기른다고 할지라도 그들은 별 수 없이 주변의 영향을 받기 때문입니다.

모세는 점차 하나님에 대한 신앙이 흐려져 가고 있는 애굽 땅의 이스라엘 백성들을 인도할 때, 그들이 하나님에 대해서 물으면 하나님을 어떻게 소개해야 하는지, 하나님의 이름을 뭐라고 말해야 하는지를 묻고 있는 것입니다. 이것은 단순히 이름을 묻는 게 아닙니다. 하나님의 본질을 묻는 것입니다. 이름은 그 사람을 대표하는 것입니다.

이 질문 앞에 하나님은 어떤 대답을 주셨습니까? "하나님이 모세에게 이르시되 나는 스스로 있는 자니라 또 이르시되 너는 이스라엘 자손에게 이같이 이르기를 스스로 있는 자가 나를 너희에게 보내셨다 하라"(출 3:14). "하나님, 당신의 이름은 무엇입니까? 하나님, 당신은 누구십니까?'에 대한 하나님의 대답이 뭡니까? "나는 스스로 있는 자니라."

본래 이것은 영어로 말하자면 'to be' 동사인데, 이 동사는 세 가지 시제를 다 내포하고 있습니다. '나는 있었던 자' 라는 뜻도 되고, '있는 자' 라는 뜻도 돼요. 이 번역이 참 힘든 번역이에요. 그러므로 '스스로 있는 자' 라는 번역에는 이런 뜻이 다 내포되어 있지 못해요. 하나는 또 '있을 자' 그래서 '나는 있어서 있다' 도 맞지만, '나는 지금 있는 자일 뿐만 아니라 앞으로도 있을 자, 과거에도 있었고 지금도 있고 앞으로도 있을 자' 란 말입니다. 이것은 어떤 의미를 갖습니까? "하나님은 과거에도 계셨고, 지금도 계시고, 또 앞으로도 계십니다."

이것은 하나님의 어떤 속성을 말하고 있습니까? 영원하시다는 말입니다. 또 하나님은 한 번 약속하시면 변함없이 그것을 기억하셨다가 관철하시는 분입니다. 바로 이 이름에는 언약에 성실하신 하나님의 속성도 포함되어 있습니다. 하나님은 과거와 현재와 미래를 주관하실 뿐만 아니라 전능하신 분입니다. 더 중요한 것은, 그분은 스스로 계시기 때문에 누구에게 의존할 필요가 없는 분이십니다. 독립적인 존재인 것입니다. 그러나 우리는 하나님을 의존하지 않고는 살 수가 없는 존재입니다. 이것을 겸손하게 인정해야 됩니다. 그것이 피조물입니다. 우리는 의존되어 있는 존재이고, 의존하지 않고는 살 수가 없는 존재입니다.

'나는 스스로 있다'라는 말이 영어로는 '아이 엠'(I am)이라고 번역되어 있습니다. 사도 바울이 유명한 고백을 하죠? "나의 나 된 것은 하나님의 은혜다", "내가 있는 것은 하나님의 은혜 때문이다"라는 말입니다. 하나님은 "나는 있다"고 말씀하셨고, 바울은 "나는 하나님의 은혜 때문에 있다"고 말했습니다. 아주 재미나는 말이죠? 우리는 누구 때문에 존재합니까? 하나님 때문에 존재합니다. 하나님은 스스로 계시지만 우리는 스스로 계신 하나님 때문에 존재하는 것입니다. 우리는 하나님을 의존하지 않고는 살 수가 없는 사람들입니다.

하나님은 홀로 스스로 계십니다. 그는 영원하십니다. 그는 약속을 성실히 지키십니다. 그는 전지하시며 전능하십니다. '스스로 있어서 있는 자', 그 이름을 다른 말로 하면 '여호와', '야훼' 입니다. 하나님은 "'누가 너를 보냈느냐?'라고 묻거든 '하나님'이라고 대답하라, '하나님이 누구냐?'라고 묻거든 '하나님은 스스로 있어서 있는 자니라'고 대답하라"고 말씀하십니다.

우리가 믿는 하나님, 그분은 여호와이십니다. 내가 그 여호와를 아는 자가 되었다는 사실을 인해서 하나님을 찬양하시기 바랍니다. 여러분, 스스로 계신 그분, 우주창조의 근원이 되신 그분이 바로 나의 하나님, 우리의 하나님이 되신다는 이 놀라운 사실을 인해서 주 앞에 기뻐하십시오. 이 하나님을 안다는 것이 얼마나 놀라운 특권인가요?

시편 9:10을 보세요. "여호와여 주의 이름을 아는 자는 주를 의지하오리니 이는 주를 찾는 자들을 버리지 아니하심이니이다." 내가 하나님의 이름을 알게 되었습니다. 스스로 있어서 있는 자, 영원하신 그분, 약속에 성실하신 그분, 내가 그분을 알았사오매 그분을 의지하지 않을 수가 있겠습니까? 그래서 우리는 시편 기자와 더불어 이렇게 고백합니다. "여호와여 주의 이름을 아는 자는 주를 의지하오리니."

다니엘 11:32을 보세요. "그가 또 언약을 배반하고 악행하는 자를 궤휼로 타락시킬 것이나 오직 자기의 하나님을 아는 백성은 강하여 용맹을 발하리라." 내가 믿고 있는 하나님, 그분이 여호와이십니다. 그분은 스스로 계십니다. 그분은 과거에도 계셨고, 지금도 계시고, 앞으로도 계십니다. 그분은 시간의 창조자, 역사의 주재자, 전지전능하신 분, 약속을 성실히 지키시는 나의 하나님이십니다. 그 여호와가 나의 하나님이 되셨다는 사실이 얼마나 놀라운 특권입니까? 그 하나님을 아는 백성은 강할 것입니다. 그들은 용기백배할 것입니다. 그들은 인생의 싸움에서 승리할 것입니다.

모세의 앞길에 어려움이 많았어요. 하나님은 그것을 예고하셨습니다. 출애굽기 3:18을 보세요. "그들이 네 말을 들으리니." 결국은 "그들이 네 말을 들을 것이다." 그렇다고 해서 모세가 걸어가는 길이 결코 쉬운 것만은 아닐 것이라고 하나님이 예언하십니다. "도전이 있을 것이다. 어려움이 있을 것이다. 바로가 처음에는 허락지 아니할 것이나 내가 이적으로 너와 함께할 것이다. 결국 그는 너희들을 보낼 것이다. 그리고 너를 통해서 이 위대한 출애굽의 역사는 실현될 것이다. 내가 너와 함께하기 때문이다." 그래서 모세는 소명을 감당하기 위한 위대한 역사의 여정에 오르게 됩니다.

지금도 각 사람을 향한 소명이 있습니다. 여러분과 저의 인생을 향한 소명이 있습니다. 그 소명을 제대로 감당하면서 인생의 싸움에서 승리하려면 중요한 것이 두 가지 있습니다. 나를 알고 하나님을 알아야 합니다. 손자병법에 전쟁에서 이기려면 뭘 알아야 된다고 되어 있나요? 적을 알고 자기를 알면 백전백승입니다.

성서의 병법에는 어떻게 되어 있나요? 나를 알고 하나님을 알면 백전백승입니다. 나를 알아야 돼요. 내가 얼마나 연약한 존재인가를 알아야 돼요. 그러나 내 연약함 때문에 절망하는 것이 아니라 나의 하나님, 여호와이신 하나님을 의지하는 자, 전능하시고 영원하신 하나님을 나의 하나님으로 신뢰하는 자는 승리할 것입니다.

특별히 신앙을 고백하고 침례를 받으신 여러분, 앞으로의 신앙생활이 결코 평탄할 것이라고만은 기대하지 마십시오. 새 사람이 되었지만 내 안에는 아직도 옛 성품이 남아 있습니다. 구원받은 사람임에도 불구하고 언제든지 넘어질 수 있는 자신의 연약한 모습을 아셔야 합니다.

날마다 매순간순간 하나님을 의지하십시오. 부활하신 우리 주님을 의지하십시오. 그때에만 승리의 삶이 여러분 앞에 펼쳐질 것입니다. 그리고 소명을 성취하는 삶이 이루어질 것입니다. 오늘 위대하신 하나님이 여러분의 하나님이 되신 것을 인해서 기뻐하시길 바랍니다.

묵상과 기도

"하나님, 나 자신의 연약함을 알기에 주 앞에 나와서 주님을 의지하는 자가 되게 하옵소서. 하나님, 늘 하나님만을 의지하며 바라보겠습니다. 함께해 주십시오. 도와주십시오.

하나님 아버지, 감사합니다. 이 시간에도 예수 그리스도를 만나고 새로운 사람이 된 형제 자매들을 인해서 기뻐하며, 그들이 주의 말씀에 순종하여 침례를 받고 신앙을 고백하는 모습에 증인이 될 수 있는 축복을 주신 것을 감사합니다. 하늘 문을 여시고, 각 사람에게 이 음성을 들려주옵소서. '너는 내 사랑하는 아들이요, 딸이요, 내 기뻐하는 자니라.' 이제 저들과 함께하시고 저들을 인도해 주시옵소서. 저들을 통해서 영광을 받아주시옵소서. 우리 한평생의 삶이 하나님과 함께하는 삶이요, 하나님의 인도를 경험하는 삶이 되었음을 기뻐합니다. 주를 의지합니다. 주를 높여드립니다. 주와 함께 걷겠습니다. 예수님의 이름으로 기도합니다. 아멘."

제 **6** 장

계속되는 모세의 변명

하나님은 우리에게 없는 것을 가지고 일하시는 분이 아니라,
있는 것을 가지고 일하십니다. 아무리 작고, 평범하며,
하찮은 것일지라도 내 손에 있는 것을 주께 드릴 때, 그것이
하나님께 붙잡히면 놀라운 일을 행하게 되는 것입니다.
오늘 주께서 "네 손에 있는 것이 무엇이냐?"고 우리에게 물으십니다.

계속되는 모세의 변명

출애굽기 4:1-17

불신자들 가운데 어떤 사람이 가장 전도하기 어려운 사람일까요? 전도를 하다 보면 믿지 않기로 결심한 것 같은 사람이 있습니다. 이런 사람은 무슨 소리를 해도 소용이 없습니다. 예수님 당시에도 이런 사람들이 있었습니다. 요한복음 5:38 이하에 보면, 흥미있는 기사가 있습니다. "그 말씀이 너희 속에 거하지 아니하니 이는 그의 보내신 자를 믿지 아니함이니라." 왜 믿지 않는지 그 다음에 설명되고 있습니다. "너희가 성경에서 영생을 얻는 줄 생각하고 성경을 상고하거니와 이 성경이 곧 내게 대하여 증거하는 것이로다 그러나 너희가 영생을 얻기 위하여 내게 오기를 원하지 아니하는도다 나는 사람에게 영광을 취하지 아니하노라 다만 하나님을 사랑하는 것이 너희 속에 없음을 알았노라" (요 5:39-42).

신앙인의 불신앙, 불순종

사람들은 주님 앞에 나오기를 원치 않습니다. 또 주님을 통해서 변화되기도 원치 않습니다. 이것은 불신앙입니다. 그러나 우리는 이 불신앙의 문제가 믿지 않는 사람들만의 문제라고 생각해서는 안됩니다. 신앙인들에게도 이 불신앙의 문제는 있습니다. 우리가 예수 그리스도를 구세주로 영접하고 믿음으로 구원받았다고 해서 신앙의 문제가 다 해결된 것으로 생각해서는 안됩니다. 물론 가장 중요한 죄사함의 문제나 영생의 문제가 해결되었기 때문에 하나님 앞에 갈 수는 있지만 이것으로 신앙의 문제가 다 끝난 것은 아닙니다.

사실 예수님을 믿는 그 순간부터 주님 앞에 가는 순간까지 우리 인생의 행로 전체가 믿음으로 걸어야 할 길입니다. 다시 말해, 우리가 예수 믿고 구원받음으로 믿음의 문제가 끝난 것이 아니라 평생 동안 그 믿음을 실천해 가야 하는 삶의 과제가 우리 앞에 놓여 있는 것입니다. 신앙생활은 한마디로 말하면, '믿음에서 믿음으로 나아가는 것' 이라고 할 수 있습니다.

로마서 1:17에 보면, "복음에는 하나님의 의가 나타나서 믿음으로 믿음에 이르게 하나니"라고 말씀하고 있습니다. 신학자들은 '처음 믿음은 무엇을 의미하며 나중 믿음은 무엇을 의미하느냐' 에 관해 여러가지 토론을 벌이고 있습니다. 토론할 필요가 전혀 없는데 말입니다. 답은 간단합니다. 처음 믿음도 믿음을 의미하고, 두 번째 믿음도 믿음을 의미합니다. 믿음에서 믿음으로 나아가는 것, 그것이 바로 신앙생활입니다.

누가복음에 보면, 예수님과 함께 배를 타고 가던 제자들이 풍랑이 일었을 때, 당황하여 주무시고 계시던 예수님을 깨우자 예수님께서는 파도를 잠잠케 하신 후, 제자들을 책망하시며 이렇게 말씀하셨습니다. "너희 믿음이 어디 있느냐?" 또 다른 복음서에서는 "믿음이 적은 자들아"라고 말씀하시는데, 그들이 결코 믿음이 없는 사람들은 아니었습니다. 그들은 예수님이 메시야라는 것을 믿었음에도 불구하고 풍랑이 이는 삶의 현장 한복판에서만큼은 자신들의 믿음을 적용하는 것에 실패하고 만 것입니다. 풍랑 가운데서도 주님을 의지할 때 주님으로 말미암아 능히 그것을 헤치고 나아갈 수 있다고 믿으면 되는데 믿지 못한 것입니다. 이것이 신앙인의 불신앙입니다.

예수를 안 믿는 것도 아니고, 믿음이 있음에도 불구하고 특수한 삶의 어떤 환경에 부딪칠 때, 문제를 풀어가는 과정에서 하나님을 의지하지 못하는 순간들이 우리에게 얼마나 많이 있습니까? 평생 동안 이 믿음의 문제는 우리를 따라다니는데, 믿음으로 싸워야 하는 것, 그것이 바로 인생입니다. 지속적으로 믿음을 적용하며 살아야 하는 것이 우리의 과제인 것입니다.

이스라엘 백성들은 하나님을 믿는 사람들이었기 때문에 모세의 인도로 애굽을 떠날 때, 전능하신 하나님을 의지하였으며 하나님의 말씀을 믿었습니다. 그리고 하나님의 보호를 받았습니다. 그러나 광야생활 전체가 보여주는 것은 무엇입니까? 그것은 끊임없는 불신앙의 문제입니다. '삶의 행로에서 어떻게 하나님을 계속적으로 신뢰하느냐?' 하는 문제가 계속해서 이 백성들을 괴롭히고 있는 것을 볼 수 있습니다.

이 불신앙과 불순종의 문제는 하나님의 백성인 그리스도인들이 삶 가운데서 한평생 싸워야 하는 두 가지 과제입니다. 모세에게도 처음부터 이런 문제가 있었습니다. 모세가 계속 하나님께 변명하는 이유도 결국 불신앙과 불순종 때문입니다. 그것이 모세로 하여금 변명을 낳게 한 것입니다. 하나님은 지금 모세를 애굽으로 보내 그 백성 이스라엘을 출애굽시키는 놀라운 역사를 행하기를 원하십니다. 그런데 모세는 계속 변명을 합니다. 3장에 보면, 두 가지 변명이 있습니다. 첫번째 변명은 "하나님, 내가 도대체 누구입니까? 내가 과연 그 일을 할 수 있겠습니까?" 였고, 두번째 변명은 "내가 아직도 하나님을 잘 모르잖아요. 또 이스라엘 백성들에게 가서는 당신의 이름을 무엇이라고 소개할까요?" 였습니다.

모세의 변명 — 그들이 나를 믿지 아니하며

출애굽기 4장에서는 세 가지 변명이 더 계속되는데, 1절에 세번째 변명이 있습니다. "모세가 대답하여 가로되 그러나 그들이 나를 믿지 아니하며 내 말을 듣지 아니하고 이르기를 여호와께서 네게 나타나지 아니하셨다 하리이다." 모세는 이스라엘 백성들이 자신을 믿어주지 않을 것이라고 변명하고 있습니다.

출애굽기 3장에서 하나님은 누누이 모세를 설득하셨습니다. 하나님은 모세에게 하나님 자신의 임재를 기적적인 방법으로, 초자연적인 방법으로 보여주셨습니다. 어떻게 나타나셨습니까? 가시떨기 불꽃 가운데 나타나셨습니다. 그리고 하나님의 이름을 계시하셨습니다. "나는 스스로 있는 자니라"(출 3:14). 영원하시고 언약에 신실하신 하나님 자신의 하나님 되심을 모세에게 계시하신 것입니다.

뿐만 아니라 하나님은 분명한 약속을 하셨습니다. "하나님이 가라사대 내가 정녕 너와 함께 있으리라 네가 백성을 애굽에서 인도하여 낸 후에 너희가 이 산에서 하나님을 섬기리니 이것이 내가 너를 보낸 증거니라"(출 3:12). '내가 정녕 너와 함께 있으리라,' 전능하신 하나님이 친히 함께 있겠다니 이 얼마나 놀라운 약속입니까? 또 "네가 백성을 애굽에서 인도해 낼 것이다. 그리고 지금 내가 너와 더불어 대화를 나누고 있는 이 호렙산에서 하나님을 경배하는 날이 올 것이다. 네가 다시 한 번 이 자리에 우뚝 설 것이다." 이 분명한 하나님의 약속과 보증에도 불구하고 모세는 왜 이렇게 변명을 계속하고 있을까요?

물론 우리는 40년 전에 모세가 겪었던 악몽 같은 사건을 생각해 볼 수 있습니다. 40년 전 모세가 자기 백성을 애굽 땅에서 구출하려고 시도했을 때, 백성들은 그를 푸대접했습니다. "누가 너를 우리의 재판장으로 세웠으며 너에게 그런 권위를 주었느냐? 너는 도대체 누구냐? 궁중에서 잘 먹고 잘 살다가 언제부터 네가 우리 백성이라고 우리 편에 서서 우리의 일을 하려고 하느냐?' 하는 것이었습니다.

백성의 영웅으로, 백성의 해방자로서 그 백성을 돕는 일을 시도했다가 받았던 그 싸늘한 냉대는 분명 모세에게 상처였을 것입니다. 아니 악몽이었을 것입니다. 자기 동족, 자기 백성에게 받았던 그 싸늘한 냉대와 상처를 모세는 마음속에서 지울 수가 없었을 것입니다. '내가 다시 가서 그 백성들을 어떻게 설득해서 끌고 나온단 말인가?' 우리는 이런 모세의 심정을 어느 정도 공감할 수 있습니다.

그러나 궁극적인 원인은 하나님의 말씀에 대한 불신입니다. "내가 너와 함께한다. 너는 이 일을 해낼 것이다"라고 말씀하셨으면 믿어야 합니다. 그러나 모세는 그 말씀을 불신했습니다. 말씀을 불신하는 것은 궁극적으로 하나님을 불신하는 것입니다.

우리는 또한 모세가 왜 하나님을 불신하게 되었는지 물어야 합니다. 물론 궁극적인 변명의 이유는 모세가 이 일을 하고 싶지 않은 거예요. 한편으로는 모세가 하고 싶었다고 할지라도 그의 마음속에는 사람에 대한 큰 두려움이 있었을 것입니다. 인간을 두려워하면 결국 하나님의 일을 할 수 없습니다. 사람에 대한 두려움, 그는 하나님을 두려워하기보다 사람들의 눈치를 더 살피고 있는 것입니다. 사람들의 비위를 맞추는 것, 사람들의 인정을 받는 것이 하나님의 인정을 받는 것, 하나님의 신뢰를 얻는 것 그리고 하나님이 함께하시는 사실보다 더 중요하다고 생각될 때, 우리 신앙의 걸음은 흔들릴 수밖에 없습니다.

그럼에도 불구하고 하나님의 반응은 어떻습니까? 제가 하나님 같으면 "넌 희망이 없다" 하고 포기했을 것 같습니다. 그러나 하나님은 이런 모세를 책망하고 포기하며 비난하는 대신에 오래 참으면서 그의 불신을 도와주십니다. 그리고 그가 그 일을 해낼 수 있다는 것, 백성들이 그를 신뢰하고야 말 것이라는 증거를 보여주십니다. 뭘로 보여주십니까? 세 가지 기적으로 보여주십니다. 이 때부터 모세를 통한 하나님의 기적이 시작됩니다. 아마도 모세는 구약에서 본격적으로 기적의 시대를 연 첫번째 사람일 것입니다. 하나님의 사랑이며 은혜죠.

주님께서 제자들에게 놀라운 부활의 기적을 나타내신 것을 통해서도 우리는 제자들의 믿음이 좋아서가 아니라, 믿음이 좋지 않은 사람일수록 하나님께서 더 기적을 나타내셨음을 볼 수 있습니다. 요한복음 20장에서 부활을 체험한 사람들을 보면, 점점 더 믿음이 없는 모습을 보이는데, 그 중 제일 믿음이 없었던 도마에게 제일 큰 기적을 체험케 하셨습니다. 그것은 하나님의 전적인 은혜입니다. 우리의 믿음이 적다고 하나님은 우리를 버려두지 않으십니다. 한 번 손댄 백성들을 끝까지 책임져주시는 하나님을 찬양하십시오.

세 가지 기적 중 첫번째 기적은 지팡이가 뱀으로 변한 기적입니다. 왜 이런 기적을 행하게 하셨을까요? "여호와께서 그에게 이르시되 네 손에 있는 것이 무엇이냐 그가 가로되 지팡이니이다 여호와께서 가라사대 그것을 땅에 던지라 곧 땅에 던지니 그것이 뱀이 된지라 모세가 뱀 앞에서 피하매 여호와께서 모세에게 이르시되 네 손을 내밀어 그 꼬리를 잡으라 그가 손을 내밀어 잡으니 그 손에서 지팡이가 된지라"(출 4:2-4).

왜 이런 표적을 행하게 하셨을까요? 성서학자들은 이 뱀을 애굽 왕권의 상징으로 봅니다. 물론 사단의 상징으로도 볼 수 있겠지만 말입니다. 그 당시 바로가 쓰고 있는 두건 비슷한 왕관에는 항상 코브라가 새겨져 있거나, 바로가 죽은 코브라를 붙이고 다녔다고 하는데, 이것은 애굽 왕권의 상징이었다고 합니다.

뱀이 나타나자마자 모세는 순간적으로 피했습니다. 아마도 40년 전의 모세를 상징하는 것 같습니다. 히브리 백성 편에 서서 일하려고 했던 사실이 탄로나자 바로를 두려워한 나머지 그의 저주와 복수를 피해서 도망치던 모세의 모습 말입니다. 하나님께서는 모세에게 이렇게 말씀하십니다. "꼬리를 잡으라." 사실 저는 뱀을 잡아본 적은 없지만 뱀을 제대로 죽이려면 모가지를 잡아야 할 것이라고 생각합니다. 모르긴 몰라도 꼬리를 잡으면 위험할 것이라고 추측되기 때문입니다. 이렇듯 꼬리는 위험한 부분인데 하나님께서는 하필이면 위험한 바로 그 부분을 잡으라고 하시는 것입니다. 저는 하나님이 이렇게 명령을 하시는 데는 반드시 순종을 요구하는 뜻이 있다고 생각합니다. 어떻게 할까 주저하면서 잡는 순간, 놀랍게도 그것은 다시 지팡이로 변했습니다. 뱀을 잡을 수 있다는 것은 모세로 하여금 애굽을 정복하고 타도할 수 있다는 믿음을 주었습니다. 우리는 여기서 이스라엘 민족을 애굽에서 해방시키는 해방자로 모세를 다시 돌려보내시기를 기뻐하시는 하나님의 모습을 볼 수 있습니다.

그런데 여기서 흥미있는 것은 맨 처음 이 기적이 시작되는 장면입니다. 기적이 어떻게 시작됩니까? 그것은 "네 손에 있는 것이 무엇이냐?"라는 질문과 함께 시작됩니다. 하나님은 모세에게 "네 손에 없는 것이 무엇이냐?"고 묻지 않으시고, "네 손에 있는 것이 무엇이냐?"고 물으셨습니다. 하나님은 우리에게 없는 것을 가지고 일하시는 분이 아니라 우리에게 있는 것을 가지고 일하십니다. 내가 가진 것이 아무리 작고 평범하며 하찮아 보일지라도 내 손에 있는 것을 주께 드릴 때, 그것이 하나님께 붙잡히면 놀라운 일을 행하게 되는 것입니다. "네 손에 있는 것이 무엇이냐?" 이것은 오늘 주께서 우리에게도 똑같이 하시는 질문입니다.

벳새다 들판에서 예수님은 제자들에게 명령하셨습니다. "네 손에 있는 것이 무엇이냐? 그것을 내게 가져오라." "보리떡 다섯 개와 물고기 두 마리밖에는 없습니다." "그것을 내게 가져오라." 주님께서는 없는 것을 요구하지 않으셨습니다. "있는 것을 내게 가져오라." 그것이 주님 손에 붙잡히자마자 오천 명을, 만 명을 그리고 수많은 군중들을 먹이는 놀라운 양식의 기적이 일어났습니다.

"네 손에 있는 것이 무엇이냐?" 무엇이 있었습니까? 지팡이입니다. 양치기 목자였던 모세에게 있어서 지팡이는 일상생활의 평범한 도구에 불과했어요. 그것은 평범하고 하찮은 것이었으며 날마다 가지고 다니는 것이었습니다. 그러나 그것이 하나님 앞에 드려져 하나님께 붙잡힌 순간 기적을 행하는 도구가 되었습니다. 여러분, 내가 가진 재능이나 자원이 아무리 적어 보일지라도 그 적은 것이 주 앞에 드려질 때, 하나님의 기적을 행하는 도구가 될 것을 믿으시기 바랍니다.

하나님은 지금도 묻습니다. "네 손에 있는 것이 무엇이냐?" "하나님, 지팡이 하나밖에 없어요." "그것을 내 명령에 순종하여 한 번 던져보라." 하나님의 명령에 순종하여 그것을 하나님이 원하시는 대로 써볼 용의가 있습니까? 여러분의 재능이 쓰임을 받고, 목소리가 쓰임을 받고, 봉사가 쓰임을 받고, 자산이 하나님의 영광을 위해서 쓰임을 받는 기적을 체험해 보셨습니까?

모세가 주께 드렸던 지팡이를 하나님은 출애굽기 4:20에서 이렇게 부르십니다. "모세가 그 아내와 아들들을 나귀에 태우고 애굽으로 돌아가는데 하나님의 지팡이를 손에 잡았더라." 그 지팡이가 이제 무슨 지팡이가 되었습니까? 하나님의 지팡이가 되었습니다. 여러분의 재능이 주께 드려지면 그 재능이 뭐가 될까요? 하나님의 재능이 됩니다. 여러분의 몸이 주께 드려지면 뭐가 될까요? 하나님의 몸, 성전이 되는 것을 믿으시기 바랍니다. 이 평범하고 하찮은 지팡이가 주께 드려지는 순간, 하나님의 손에 잡힌 지팡이로 변신하는 이 놀라운 모습을 보십시오. 주님은 지금도 우리를 통하여 이런 기적을 행하기를 기뻐하십니다.

두번째 기적은 무엇입니까? "여호와께서 또 가라사대 네 손을 품에 넣으라 하시매 손을 품에 넣었다가 내어보니 그 손에 문둥병이 발하여 눈같이 흰지라"(출 4:6). 모세가 그 손을 품에 넣으니 문둥병이 생겼습니다. 이 얼마나 놀라운 일인가요? 그 다음에 하나님이 뭐라고 말씀하셨습니까? "다시 넣어보라." 다시 넣었다가 꺼내어 보니 이번에는 깨끗해졌습니다.

성서학자들의 의견이 다 일치하는 것은 아니지만 대부분의 성서학자들은 아마도 모세를 이스라엘 민족의 치유자로 쓰기를 원하신다는 하나님의 표적, 메시지였을 것으로 추측합니다. 문둥병은 아마도 절망적인 처지, 희망이 없이 애굽 땅에서 고통스럽게 살고 있던 이스라엘 민족의 상징이었을 것입니다. 그러나 "네 손을 다시 넣어보라"는 하나님의 명령에 순종하여 문둥병이 생긴 그 고통의 손, 절망의 손을 넣는 순간 이내 깨끗해졌습니다. 부패하고 더럽혀졌던 그 손이 하나님의 말씀에 순종하는 순간 변하게 된 것입니다.

그 손은 바로 모세의 삶을 상징하는 것이자 이스라엘 민족의 상징이기도 했습니다. 또한 하나님의 말씀에 순종하는 순간 고통과 절망 가운데서도 이웃을 치료하고, 역사를 치료하고, 민족을 치료하는 치유자로 우리 삶이 다시 태어날 수 있는 가능성에 대한 표시였습니다.

세번째 기적은 무엇입니까? 어떤 표적을 하나님께서 보이시도록 했습니까? 출애굽기 4:9에 보면, "너는 하수를 조금 취하여다가 육지에 부으라 네가 취한 하수가 육지에서 피가 되리라"고 했습니다. 세번째 기적의 대상은 뭡니까? 나일강입니다. 사실 이 세 가지 기적의 대상은 당시 애굽 사람들이 가장 두려워하는 것이었습니다. 그들은 뱀을 너무 두려워한 나머지 나중에는 그것이 존경의 대상, 즉 숭배의 대상이 되었고, 또 문둥병을 너무 두려워한 나머지 문둥병을 고칠 수 있는 신들을 숭배했습니다. 세번째로 나일강은 그들에게 있어서 두려움과 사랑의 대상이었습니다. 왜 그랬을까요? 나일강은 애굽 사람들에게 있어서 생명의 젖줄이었습니다. 따라서 나일강이 마르는 것은 그들에게 죽음을 의미하는 것이었습니다. 그래서 그들은 나일강을 신으로 섬겼습니다. 그들에게는 이렇게 여러가지 신들이 섬김의 대상, 즉 숭배의 대상이 되었습니다.

바로 그 나일강의 하수를 취하여 육지에 부으니 그것이 뭐가 되었어요? 피가 되었습니다. 그것은 모세가 애굽의 정복자일 뿐만 아니라 애굽의 심판자로서 드러날 사실에 관한 하나님의 예언적 기적이었다고 볼 수 있습니다. "이 세 가지 기적을 통해서 사람들은 너를 믿을 것이다. 그리고 내가 너를 보냈다는 사실을 알게 될 것이다. 그러니 핑계대지 말아라. 변명하지 말아라." 이것이 하나님의 메시지였습니다.

모세의 변명 — 하나님! 저는 말을 못해요

그 다음 변명은 무엇입니까? 순서상으로는 네번째 변명입니다. "모세가 여호와께 고하여 가로되 주여 나는 본래 말에 능치 못한 자라 주께서 주의 종에게 명하신 후에도 그러하니 나는 입이 뻣뻣하고 혀가 둔한 자니이다."(출 4:10). 네번째 변명을 한마디로 요약하면 무슨 말입니까? "하나님, 저는 말을 못해요. 제가 리더역할을 하려면 백성들을 설득해야 하는데, 저는 말을 할 줄 몰라요."

우리 가운데도 교회학교 교사를 하라고 하면 똑같은 변명을 하는 사람들이 많이 있습니다. 우선 모세를 생각해 보세요. 모세가 정말 말을 못하는 사람이었을까요? 그렇지 않습니다. 이에 대한 증거가 있습니다. 사도행전 7:22을 보세요. "모세가 애굽 사람의 학술을 다 배워 그 말과 행사가 능하더라." 말을 잘했어요, 못했어요? 성경이 분명히 말과 행사가 능한 사람이었다고 했어요. 그런데 그는 말을 못한다고 변명하고 있습니다. 마찬가지로 교회학교 교사를 못하겠다고 하는 사람들도 보면 이웃집에 가서 수다는 아주 잘 떱니다. 수다 떨 입술을 하나님께 드리면 말씀을 가르치는 영광스런 도구로 쓰임받을 수 있음에도 불구하고 말입니다.

물론 40년 동안의 미디안 광야생활 가운데 말이 아둔해지거나 언어감각이 좀 상실될 수도 있습니다. 오랫동안 외국생활을 하다 보면 한국말도 둔해질 수가 있습니다. 이렇듯 언어감각은 둔화될 수도 있고 상실될 수도 있죠. 그런 면에서 저는 조금은 모세를 이해해 주고 싶어요. 그렇다고 하더라도 우리가 능변으로 하나님의 일을 하는 것은 아닙니다. 하나님의 나라는 말에 있는 것이 아니라 하나님의 능력에 있습니다. 하나님의 능력이 함께하지 않는 한, 단순한 말로써는 하나님의 일을 할 수 없습니다. 하나님이 함께하실 때, 진정한 감동과 설득력이 있는 것입니다.

미국의 제1차 영적 각성운동 때, 크게 쓰임을 받았던 조나단 에드워즈(Jonathan Edwards) 목사는 설교를 잘 하시는 분이 아니었다고 합니다. 그래서 그는 써 가지고 온 원고를 죽 읽었다고 합니다. 그런데도 그 메시지를 들은 사람들은 당장 지옥으로 떨어질 것 같아서 기둥뿌리를 붙잡고 벌벌 떨면서 하나님의 진노를 두려워했습니다. 주의 능력이 함께하시면 이처럼 다릅니다.

하나님께서는 모세의 이 변명을 설득하기 위해서 또 어떻게 말씀하십니까? "여호와께서 그에게 이르시되 누가 사람의 입을 지었느뇨 누가 벙어리나 귀머거리나 눈 밝은 자나 소경이 되게 하였느뇨 나 여호와가 아니뇨"(출 4:11). 하나님께서는 어떤 일을 맡기실 때, 반드시 그 일을 감당할 수 있는 능력을 주신다는 사실을 믿어야 합니다. 하나님께서는 능력을 주시지 않고 일을 시키는 법이 없으십니다. 따라서 하나님께서 명하실 때는 무조건 해야 합니다.

출애굽기 4:12을 보면, 하나님께서는 또 이렇게 약속하십니다.

"이제 가라 내가 네 입과 함께 있어서 할 말을 가르치리라." 무슨 얘기입니까? 하나님께서 말할 수 있는 능력과 메시지를 주시겠다는 말씀입니다. "내가 창조자가 아니더냐? 내가 너와 함께 있어서 할 말을 가르치리라."

주께서 제자들을 전도하러 내보내실 때도 똑같은 말씀을 하셨습니다. "네가 가서 사람들을 만날 때, 무슨 말로 전도할까 걱정하지 말아라. 두려워하지 말아라. 성령이 말할 것을 주시리라." 메시지를 주신다고 약속하셨습니다. 물론 전도훈련을 받으면 더 잘할 수가 있어요. 그러나 전도훈련을 받아야지만 전도하는 것은 아닙니다. 마음속에 불타는 열정만 있으면 전도할 수 있습니다. 또 기도하면 적절한 말이 생각납니다. 메시지를 주시는 하나님을 찬양하시기 바랍니다. 변명하지 마십시오. 주의 일에 몸을 던지십시오. 주께서 쓰실 것입니다.

모세의 변명 — 보낼 만한 자를 보내소서

마지막 변명은 무엇입니까? 지금까지의 변명이 다 안 통하니까 이제 최후의 변명을 시도해 봅니다. 뭐라고 말했습니까? 사실상 이 변명은 모세가 본색을 드러내는 것입니다. "모세가 가로되 주여 보낼 만한 자를 보내소서"(출 4:13). 이 말은 곧 가기 싫다는 말입니다. 비로소 벌거벗은 진실을 드러내는 것입니다. "여호와께서 모세를 향하여 노를 발하시고"(출 4:14 상). 결국 하나님도 참다못해 화를 내셨어요. "가라사대 레위 사람 네 형 아론이 있지 아니하뇨 그의 말 잘함을 내가 아노라 그가 너를 만나러 나오나니 그가 너를 볼 때에 마음에 기뻐할 것이라"(출 4:14 하).

모세가 다른 사람을 보내 달라고 하니까 하나님께서 혼자는 못 가겠다는 그의 마음의 의도를 간파하신 것 같습니다. "그렇다면 네 형과 같이 가라 그가 너를 만나러 나오나니." 때를 맞춰 그 형 아론이 모세를 만나러 나옵니다. 아마도 아론은 그 때 애굽 땅에 있다가 모세의 생명을 추적하던 바로가 죽은 소식을 전하러 미디안 광야로 모세를 찾아오는 길이었을지도 모릅니다.

그러나 이 모든 상황의 배후에는 하나님의 섭리하심이 있었습니다. "너는 그에게 말하고 그 입에 말을 주라 내가 네 입과 그의 입에 함께 있어서 너의 행할 일을 가르치리라 그가 너를 대신하여 백성에게 말할 것이니 그는 네 입을 대신할 것이요 너는 그에게 하나님같이 되리라"(출 4:15-16). 모세가 비록 동생이었지만 그가 직접 하나님께 말씀을 받아서 형에게 전달하므로 형과의 관계에 있어서 그가 하나님 같은 존재가 될 것이라고 말씀하셨습니다. 이것은 최선이 아니고 차선입니다. 모세 혼자서도 할 수 있었는데, 모세가 자꾸만 핑계를 대니까 하나님께서 차선으로 섭리하신 것입니다.

사실 아론과 함께 간 것이 모세에게 꼭 도움만 되었다고 할 수는 없습니다. 나중에 그 형 때문에 얼마나 고생을 합니까? 그러나 하나님께서는 그렇게 해서라도 모세를 보내기를 원하셨습니다. 이제 모세에게는 변명의 여지가 없습니다. 그는 갈 수밖에 없습니다. 하나님은 쓰시고자 하는 자를 쓰시고야 말 것입니다. 그러나 최선으로 쓰임을 받는 자가 되시기를 바랍니다.

하나님은 지금도 쓰실 사람을 찾으십니다. 하나님이 지금 구인 광고를 낸다면, 어떤 식으로 광고를 내실까요? 유능한 사람을 쓰실까요? 직장에서 사람을 구할 때는 그 직업에 적합한 유능한 사람을 찾습니다. 그러나 하나님이 사람을 쓰시는 기준은 반드시 유능한 것만은 아닙니다. 그렇다고 해서 무능이 선택의 조건도 아닙니다. 하나님께는 유능이나 무능이 문제가 아닙니다. 오히려 자기의 부족함을 알고 겸손히 하나님을 의지할 수 있는 자 그리고 주께서 부르실 때, 기쁘게 자기 손에 있는 것을 내어놓고 기꺼이 쓰임받기를 원하며, 순종함으로 '예스'(yes) 할 수 있는 사람, 하나님은 그런 사람을 찾으십니다.

오늘 이 시대에도 하나님은 사람을 찾으십니다. 출애굽 이상의 산적한 삶의 과제 속에서, 우리 한 사람 한 사람을 이 땅에서 귀하고 아름답고 보배롭게 쓰시기 위해 찾으십니다. 손에 있는 지팡이를 주께 드려 하나님의 지팡이가 되게 하고, 하나님의 영광을 위해서 살 자들을 말입니다. 찾으시는 하나님 앞에 오늘 당신의 변명은 무엇입니까? 왜 변명하십니까? 왜 주저하십니까?

묵상과 기도

"하나님, 때때로 나는 내 자신의 내면을 들여다보며, 나의 부족함 때문에 울며 좌절합니다. 너무나 무능하고, 너무나 부족함을 느낍니다.

그러나 우리의 무능이나 부족이 주님이 쓰실 수 없는 조건은 아니라는 사실을 오늘 모세를 부르시던 하나님의 손길에서 발견합니다. 주께서 나를 부르신다면, 일할 수 있도록 능력도 주시고, 환경도 주시고, 삶의 모든 조건도 주실 줄 믿습니다.

하나님, 겸손히 내 손에 있는 비천한 지팡이를 주 앞에 드릴 수 있도록 도와주시옵소서. 내 재능과 육체와 시간을 주께 드리어 하나님의 영광을 위하여, 하나님의 나라를 위하여, 복음사역을 위해서 쓰임받는 인생을 살아가게 해 주시옵소서.

오, 하나님! 우리를 불쌍히 여겨주시옵소서. 우리를 통해 주의 놀라운 일들을 펼쳐주시는 하나님의 은혜를 경험하게 도와주시옵소서. 나를 통해서 이웃들 가운데 누군가가 주의 사랑을 경험하게 하시고, 하나님을 알게 하시며, 삶의 용기를 얻게 하시고, 좌절을 딛고 일어서는 생명의 역사가 일어나게 도와주시옵소서. 또한 나를 통해서 우리 역사와 사회가 달라지는 일들도 펼쳐주시옵소서.

모세를 쓰시던 하나님, 모세의 변명을 친히 가로막아주시고 그를 설득하시던 하나님, 오늘 우리를 설득해 주시니 감사합니다. 이제 기쁨으로 주께 자신을 드려 믿음과 순종으로 응답하는 우리 삶이 되게 해 주시옵소서. 예수님의 이름으로 기도합니다. 아멘."

제 7 장

모세의 순종

주님께 순종하는 삶을 살기 원하십니까?
그렇다면 완전한 순종을 구하십시오.
하나님은 순종의 길에 나서는 모든 사람들에게
보이지 않는 작은 부분의 순종까지도 요구하십니다.

모세의 순종

출애굽기 4:18-31

우리가 하나님의 자녀가 되는 날부터 한평생 배워야 할 가장 중요한 교훈이 있다면, 그것은 순종의 교훈이라 할 수 있습니다. 앤드류 머레이(Andrew Murray)는 "예수를 믿는 그 순간 우리는 모두 순종의 학교에 입학한다"라는 유명한 말을 했습니다. 히브리서 5:8-9에서 히브리서 기자는 예수 그리스도의 생애를 묘사하면서 이렇게 말합니다. "그가 아들이시라도 받으신 고난으로 순종함을 배워서 온전하게 되었은즉." 예수님은 하나님의 아들이시지만 순종의 교훈을 배우셨고, 이 순종을 통해서 온전한 삶을 살 수 있었다고 성경은 기록하고 있습니다.

이 장에서 우리는 모세의 순종에 대해서 생각해 보려고 합니다. 앞장에서 우리는 하나님의 부르심에도 불구하고 주저하고 변명하면서 그 부르심을 피하려고 했던 모세의 모습을 살펴보았습니다. 이제 모세는 순종을 배우게 됩니다. 아니 배워야만 했습니다. 그가 얼마나 주저하고 변명했습니까? 그러나 하나님은 결국 그를 설득하셨습니다. 그리고 그로 하여금 순종의 길을 가게 하십니다. 하나님은 그 백성을 애굽에서 구속하기 위하여 모세를 선택하시고 부르신 후, 마침내 그로 하여금 백성을 구원하러 미디안 광야에서 애굽으로 가는 순종의 길에 오르게 하십니다.

모세가 하나님께 순종했을 때, 어떤 일을 경험했습니까? 바꾸어 말해, "오늘 우리가 하나님께 순종할 때, 어떤 일들을 경험하게 될까요?" 하나님께 순종하기로 결단할 때, 우리는 어떤 일을 기대할 수 있습니까? 우리의 생애 가운데 임할 예측 가능한 하나님의 역사는 어떤 것일까요?

형통한 길을 허락하심

첫번째로, 우리가 하나님께 순종할 때, 기대할 수 있는 일은 우리의 환경 가운데 하나님께서 형통한 길을 허락하신다는 것입니다. 이것이 출애굽기 4:18-19 말씀입니다. 물론 예외 없는 법칙은 아닙니다. 다시 말해, 우리가 순종할 때도 무지무지한 고난이 올 수 있어요. 그러나 하나님의 백성들의 보편적인 경험에 의하면, 우리가 하나님께 순종하기로 결단할 때, 하나님은 형통한 길을 주십니다.

본문에 보면, 그것이 두 가지로 나타나 있습니다. 우선 하나님께서는 모세의 장인 이드로로 하여금 모세가 그의 가족들을 데리고 애굽으로 떠나가는 것을 허락케 하십니다. "모세가 장인 이드로에게로 돌아가서 그에게 이르되 내가 애굽에 있는 내 형제들에게로 돌아가서 그들이 생존하였는지 보려 하오니 나로 가게 하소서 이드로가 그에게 평안히 가라 하니라"(출 4:18). 하나님께서 이미 모세에게 "너로 내 백성 이스라엘 자손을 애굽에서 인도하여 내게 하리라"고 직접 말씀하셨기 때문에 모세는 가족들을 데리고 그냥 떠나도 되었을 것입니다. 그러나 그는 인간으로서 해야 할 자신의 모든 도리를 다 합니다. 이것은 필요한 것입니다.

우리는 때때로 신앙은 좋은데 매우 상식적이지 않은 사람들을 보게 됩니다. 물론 하나님께서 어떤 비상한 상황 속에서 너무 급하신 나머지 "너 급하니까 가족들에게 얘기하지 말고 그냥 가라"고 하실 수도 있지만, 이것은 일반적인 상황은 아닙니다. 일반적으로 하나님께서 어떤 사람을 쓰실 때는 그 주변 사람들을 통하여 축복을 받고 떠나가게 하십니다. 이것이 일반적인 하나님의 섭리의 방법입니다.

바울은 선교사로 부르심을 받았을 때, 그냥 가지 않고 출석하던 교회에 보고를 하고 또한 지역교회의 파송을 받은 후 축복을 받고 떠나갑니다. 이것은 필요한 일입니다. 모세는 이제 장인에게 가서 신세를 많이 진 것에 대해 감사를 표합니다. 미디안 광야에 와서 장가들고, 자식 낳고, 얼마나 장인의 신세를 많이 졌습니까? 그러니까 그냥 가면 안되죠! 우리 그리스도인들도 상식적인 삶의 영역에서 모본이 되었으면 좋겠습니다. 때때로 어떤 사람은 신앙이 무지무지 좋은 것 같은데 무지무지 비상식적이고 비윤리적이에요. 이것은 건강한 그리스도인의 삶의 모습이 아닙니다.

그런데 여기서 매우 흥미로운 사실은, 모세가 미디안 광야를 떠나서 애굽으로 가야 할 이유를 장인에게 말하고 있는 내용입니다. 뭐라고 말했습니까? "내가 애굽에 있는 내 형제들에게로 돌아가서 그들이 생존하였는지 보려 하오니 나로 가게 하소서"(출 4:18). 물론 그런 마음도 있었겠죠. 그러나 지금 모세가 애굽으로 가는 가장 중요한 이유는 무엇입니까? 노예상태에 있는 이스라엘 백성을 구원하기 위해서 가는 것 아닙니까? 그런데 모세는 그 이야기를 직접적으로 하지 않습니다. 너무 큰 임무이기 때문에 혹시 그렇게 말했다가 '장인이 처자식 고생시킬까봐 허락하지 않으면 어떻게 하나' 하는 여러가지 인간적인 생각들이 그의 마음 속에 작용했을 가능성도 많습니다.

이것은 우리 마음속에 있는 어떤 두려움이에요. 이 두려움 때문에 정직하기를 거부하는 삶의 상황들이 많이 연출되는 것입니다. 우리가 정직할 수 없을 때 보면, 대부분 우리 마음속에 두려움이 있어요. 모세의 이런 마음을 우리는 이해할 수 있습니다. 하나님께서도 별로 책망하지 않으셨어요. 좋으신 하나님이에요. 하나님이 어떻게 역사하셨습니까? 장인을 통해서 들려온 대답이 뭐에요? '평안히 가라'였습니다.

여러분, 하나님을 너무 무서운 하나님으로 생각하지 마세요. 일반적으로 하나님의 백성들이 가지고 있는 하나님의 이미지는 마치 숨어서 지켜보다가 교통을 위반하면 벌금 물리는 경찰처럼, 잘못하면 '너 이놈' 하고 나와서 꿀밤 주는 그런 하나님이십니다. 그러나 그렇지 않아요. 물론 심판의 측면도 있지만 대체로 성경에 나타나는 하나님의 전체적인 이미지는 긍휼이 많으시며 자비로우신 분이라는 것입니다. 그런 하나님이 우리 아버지가 되신 사실을 인하여 기뻐하시기 바랍니다.

'평안히 갈지어다.' 모세에게 순순히 길이 열렸습니다. 하나님이 기뻐하시는 일일 때, 하나님은 대체로 이렇게 길을 평탄케 하십니다. 교회역사나 성경의 역사를 보면, 하나님의 백성들이 하나님의 뜻을 분별하는 가장 좋은 방법 중 하나는 "하나님, 이것이 하나님이 원하시는 길이라면 평탄케 해 주세요"라고 기도하는 것이었습니다.

예를 들어 창세기 24장을 보면, 아브라함이 자기 아들 이삭의 아내를 구하려고 가장 신임하는 종 엘리에셀을 자기 고향으로 보냈습니다. 그 종에게 있어서 주인인 아브라함의 명령은 하나님의 뜻이었고 또 하나님의 명령이었습니다. 이제 주인을 통해 임한 하나님의 명령을 실행하기 위해, 즉 주인의 며느리감, 이삭의 신부감을 구하기 위해서 떠나는 종이 도상에서 어떻게 하나님의 뜻을 분별하고 순종하는지 주목해 보세요.

"그가 가로되 우리 주인 아브라함의 하나님 여호와여 원컨대 오늘날 나로 순적히 만나게 하사 나의 주인 아브라함에게 은혜를 베푸시옵소서"(창 24:12). 종이 우물가에서 뭐라고 기도했습니까? 주인의 며느리감을 순적히 만날 수 있게 해 달라고 기도했죠? 또 24:21을 보세요. "그 사람이 그를 묵묵히 주목하며 여호와께서 과연 평탄한 길을 주신 여부를 알고자 하더니." 24:40은 마침내 그 종이 이삭의 아내 될 사람을 만나고 나서 고백하는 내용입니다. "주인이 내게 이르되 나의 섬기는 여호와께서 그 사자를 너와 함께 보내어 네게 평탄한 길을 주시리니 너는 내 족속 중 내 아비 집에서 내 아들을 위하여 아내를 택할 것이니라."

하나님께서 원하신다면, 어떤 길을 주신다고 했습니까? 평탄한 길을 주신다고 했습니다. "내가 오늘 우물에 이르러 말씀하기를 나의 주인 아브라함의 하나님 여호와여 만일 나의 행하는 길에 형통함을 주실진대"(창 24:42). "그 사람이 그들에게 이르되 나를 만류치 마소서 여호와께서 내게 형통한 길을 주셨으니 나를 보내어 내 주인에게로 돌아가게 하소서"(창 24:56). 여러 번 강조되고 있죠? 하나님의 백성들이 하나님의 뜻을 분별하는 데 보편적으로 사용했던 방법 중 하나는 이 기도였습니다. "하나님 뜻이라면 평탄한 길을 주시옵소서!"

저는 지난 두 달 동안 성전건축 문제 때문에 날마다 이 기도를 했습니다. "하나님, 이것이 하나님이 기뻐하시는 일이라면 형통한 길을 주시고, 뜻이 아니라면 막아주시옵소서. 순적히 인도해 주시면 주의 뜻으로 알겠습니다." 이에 주께서 제 마음 가운데 큰 평안을 주셨습니다.

두번째로, 하나님께서 환경 가운데 형통한 길을 어떻게 허락하셨느냐 하면 말씀을 통해서 확신을 주셨습니다. 본문 출애굽기 4:19을 보세요. "여호와께서 미디안에서 모세에게 이르시되 애굽으로 돌아가라 네 생명을 찾던 자가 다 죽었느니라." 장인이 모세에게 가도 좋다고 허락했지만 모세가 상당한 기간 동안 떠나지 못하고 있었던 것 같습니다. 그러던 어느 날, 하나님의 음성이 들려 왔습니다. "네 생명을 찾던 자가 죽었다 안심하고 가라." 애굽 땅의 바로 왕이 죽었음을 알려주시는 것입니다. 하나님께서는 모세의 마음을 아셨습니다. 모세의 마음 속에는 애굽 땅에 갔다가 잡혀 죽을지도 모른다는 두려움이 있었습니다. 그 때 하나님께서 바로 왕이 죽었음을, 길이 뚫렸음을 말씀해 주시는 것입니다. 이것은 하나님이 보편적으로 역사하시는 방법입니다. 요셉이 아기 예수를 데리고 애굽 땅에 갔을 때도 하나님께서는 "이 아기의 생명을 찾던 자가 죽었다"고 말씀하심으로 헤롯의 죽음을 알리셨습니다.

예외가 없는 원칙은 아니지만 일반적으로 하나님의 백성들을 인도하시는 하나님의 방법 중 하나는, 그것이 하나님의 뜻이라면 평탄한 길이 주어진다는 것입니다. 우리가 순종할 때 어떤 일이 일어납니까? 우리가 주의 뜻 앞에 순종하기로 결단하면, 주께서 우리 앞길을 평탄케 해 주실 것을 믿으시기 바랍니다. 이것이 첫번째로 기대할 수 있는 것입니다.

일상적 도구를 하나님의 도구로

두번째로, 우리가 순종할 때 어떤 일이 일어납니까? 우리의 일상적 도구를 하나님의 도구로 쓰실 것입니다. 이것이 출애굽기 4:20-23 말씀입니다. 특별히 20절 말씀을 보세요. "모세가 그 아내와 아들들을 나귀에 태우고 애굽으로 돌아가는데 하나님의 지팡이를 손에 잡았더라."

제가 이미 출애굽기를 공부하면서 이 사실을 지적해 드렸습니다마는 여기 출애굽기 기자가 사용하고 있는 독특한 단어 '지팡이'에 대한 묘사를 보세요. 그 지팡이를 무슨 지팡이라고 했습니까? '하나님의 지팡이'라고 했습니다. 그 지팡이는 본래 뭐하던 지팡이였습니까? 양떼를 몰던 지팡이였습니다. 어디서나 흔하게 볼 수 있는 그런 지팡이, 그것은 일상적인 삶의 자리 어디에서나 볼 수 있는 삶의 도구였습니다. 그러나 모세는 그 지팡이를 하나님께 드렸습니다. "네 손에 있는 것이 무엇이냐? 그것을 내 명령대로 써 보겠느냐?" "어떻게요? 하나님!" "한번 던져보겠느냐?" 이렇게 하나님의 말씀에 의지하여 지팡이를 던졌을 때, 그 순간부터 그 지팡이는 모세의 지팡이가 아니라 하나님의 지팡이가 되었습니다.

단순히 내 목적을 위해서만 지식을 사용하면 그것은 나의 지식입니다. 그러나 하나님의 말씀대로 내 지식을 주께 바칠 때, 그 지식은 하나님의 영광을 위해서, 하나님의 나라를 위해서 사용되는 하나님의 지식이 될 것을 믿으십시오. 내 재능을 단순히 내 이기적인 만족과 목적을 위해서만 사용하면 그것은 내 재능입니다. 그러나 그 재능이 주께 드려지면, 하나님의 영광과 하나님의 나라를 위해서 쓰여지는 하나님의 재능이 될 것입니다.

재물도 마찬가지입니다. 재물을 내 마음대로 쓰면, 그것은 내 재물입니다. 별로 의미없는 내 재물입니다. 그러나 그것을 주께 드려서 하나님의 뜻대로 사용하면, 그것은 하나님의 나라를 확장하고, 하나님의 영광을 위해서 쓰여지는 소중한 하나님의 도구가 될 것입니다.

이제 모세의 지팡이가 어떻게 쓰임을 받습니까? 놀라운 기적의 지팡이가 됩니다. 능력의 지팡이가 됩니다. 하나님의 능력을 나타내는 놀라운 도구로 쓰임을 받기 시작합니다. "여호와께서 모세에게 이르시되 네가 애굽으로 돌아가거든 내가 네 손에 준 이적을 바로 앞에서 다 행하라"(출 4:21 상). '내가 네 손에 준 이적'이 뭡니까? 지팡이를 가지고 이제부터 나타낼 기적을 말씀하시는 것입니다. 이제 그의 지팡이는 기적의 도구가 될 것입니다.

한 사람밖에 먹을 수 없는 보리떡 다섯 개와 물고기 두 마리를 어린 아이가 주께 바쳤을 때, 그것은 일만 명이 넘는 벳새다 광야의 수많은 군중을 먹일 수 있는 기적의 도시락이 되었습니다. 모세의 지팡이도 하나님께 바쳐졌을 때, 기적의 지팡이, 능력의 지팡이로 쓰임을 받기 시작합니다. 이것은 비단 하나님의 능력을 나타내는 도구였을 뿐만 아니라 하나님의 메시지를 나타내는 도구로도 쓰임을 받게 됩니다. "내가 네 손에 준 이적을 바로 앞에서 다 행하라 그러나 내가 그의 마음을 강퍅케 한즉 그가 백성을 놓지 아니하리니"(출 4:21 하). 이 말씀은 모세가 기적을 행하는 과정에 있어서 하나님께서 바로의 마음을 강퍅케 하심으로 바로의 저항이 있을 것임을 일러주시는 것입니다.

하나님께서 바로의 마음을 강퍅케 하셨다고 했는데, 여기서 우리는 하나님께서 '나쁜 사람을 만드시는 게 아닌가' 하는 의문을 갖게 됩니다. '강퍅케 한다'는 말은 하나님의 의도적 행동보다는 결과적 행동을 뜻합니다. 다시 말해, 바로는 스스로 자기 마음을 강퍅케 했습니다. 하나님께서는 단지 그대로 놔두셨을 뿐입니다. 결과적으로 하나님의 허용에 의해서 그의 마음이 강퍅케 된 것이므로 하나님이 강퍅케 하신 것이나 마찬가지입니다. 그러나 그 시작은 바로 자신에게 있었습니다.

이런 예는 구약뿐만 아니라 신약에도 많이 나타나 있는데 로마서 1:28을 보세요. "또한 저희가 마음에 하나님 두기를 싫어하매 하나님께서 저희를 그 상실한 마음대로 내어버려두사 합당치 못한 일을 하게 하셨으니." 여기서도 하나님께서 죄짓는 사람들을 그 상실한 마음대로 내어버려두셨다고 하셨습니다. 그러면 하나님이 그렇게 하신 것입니까? 그에 앞서서 뭐가 강조되고 있죠? 그들이 먼저 마음에 하나님 두기를 싫어했다고 했습니다. 그러므로 하나님께서 "그럼 니들 마음대로 해!' 하고 내버려두신 것입니다. 이런 맥락에서 이해하시면 어려움이 없을 것입니다.

또 어떤 일을 예고하십니까? "너는 바로에게 이르기를 여호와의 말씀에 이스라엘은 내 아들 내 장자라 내가 네게 이르기를 내 아들을 놓아서 나를 섬기게 하라 하여도 네가 놓기를 거절하니 내가 네 아들 네 장자를 죽이리라 하셨다 하라 하시니라"(출 4:22-23). 하나님은 이스라엘 민족이 하나님의 장자와 같은 존재임을 말씀하시면서, 바로가 이스라엘 백성들을 놓아주지 않으면 모세를 통해 심판할 터인데, 그 심판의 증거 중 하나가 바로의 장자를 죽이겠다는 것입니다.

여기서 우리는 하나님이 모세를 통하여 심판의 메시지를 전달하시는 것을 볼 수 있습니다. 어쨌든 미디안 광야의 목자로 전락해서 평범한 삶을 살아가던 모세가 순종을 결심했을 때, 그리고 그의 삶의 평범한 도구였던 지팡이가 하나님 앞에 드려졌을 때, 일상적 존재, 일상적 도구는 하나님의 영광을 나타내고, 하나님의 심판을 나타내며, 하나님의 능력을 나타내는 도구로 쓰임을 받았습니다.

오늘 우리도 삶의 현장에서 내 자신과 내가 가진 모든 것을 주 앞에 바칠 때, 나라는 존재, 내가 가진 모든 것이 하나님의 영광을 나타내는 도구로 쓰임받을 수 있음을 믿으시기 바랍니다. 다만 우리가 순종할 때 기대할 수 있는 일입니다.

보다 철저한 순종을 요구하심

세번째로, 우리가 하나님께 순종할 때, 어떤 일이 일어납니까? 우리가 순종할 때, 하나님은 우리에게 보다 철저한 순종을 요구하십니다. 이것이 출애굽기 4:24-26의 내용입니다. 24절 이하에 보면, 모세가 하나님께 순종하여 애굽 땅으로 가겠다고 결심을 하자마자 이상한 사건 하나가 발생하죠? 어떤 사건이 발생합니까? "여호와께서 길의 숙소에서 모세를 만나사 그를 죽이려 하시는지라." 순종하기로 결심하고 애굽으로 가는 모세를 하나님이 죽이려고 하신 것입니다.

하나님이 왜 그렇게 역사하셨습니까? 이 때 옆에 있던 모세의 아내가 지혜롭게 원인을 발견하고 그 문제를 해결합니다. "십보라가 차돌을 취하여 그 아들의 양피를 베어 모세의 발 앞에 던지며 가로되 당신은 참으로 내게 피 남편이로다 하니"(출 4:25). '양피를 벤다는 것'은 오늘날의 포경수술을 의미합니다. 왜 이런 사건이 발생했습니까?

할례는 하나님의 백성이 되는 언약의 표시였습니다. 모세의 어떤 아들이었는지는 잘 모르겠지만 아마도 둘째 아들이었을 가능성이 많아요. 미디안 광야에서 얻은 모세의 첫아들 게르솜은 상당히

나이를 먹었기 때문에 이미 할례를 받았을 것이고, 엘리에셀이라는 둘째 아들일 가능성이 큰 것입니다. 아마도 이 사건이 일어났을 때, 출생한 지 며칠이 안되었을지도 모릅니다. 그런데 애굽으로 떠나가는 모세가 경황이 없다 보니 그 아들에게 할례를 행하지 못했던 것 같습니다. 하나님께 순종하여 하나님의 일을 하기 위해 떠나가는 그가 바로 눈 앞에서 순종해야 할 일 하나를 순종하지 않고 지나친 것입니다. 이 일은 기왕 순종의 길에 나선 모세에게 보다 철저하고 완전한 순종을 요구하시는 하나님의 뜻으로 이해할 수 있습니다.

아들에게 할례를 행하자마자 모세는 생명을 구하게 됩니다. 어떻게 죽이시려고 했는지 그 상황은 우리가 알 수 없으나 아마도 모세가 갑작스럽게 죽을 병이 걸린 것 같습니다. 그렇지 않다면 모세가 자기 손으로 할례를 행하지 않았을까요? 그런데 아들에게 할례를 행할 경황이 없었고 그럴 힘이 없었던 것 같습니다. 아내 십보라가 대신한 것을 미루어 보아서 죽을 병에 걸린 것 같은데, 할례가 끝나자마자 소생됩니다. 그러자 십보라가 뭐라고 외칩니까? "당신은 내 피 남편이로다." 할례 때문에 피 남편인 것입니다. 즉 할례를 하는 과정에서 피를 많이 흘렸을 것이고, 그게 이루어지자마자 모세가 살아난 것입니다. 아마 "피흘리는 순종으로 당신의 생명을 구할 수가 있었소"라는 뜻으로 그렇게 말했을 것입니다.

여러분, 주님께 순종하는 삶을 살기 원하십니까? 그렇다면, 보다 완전한 순종을 구하십시오. 하나님은 순종의 길에 나서는 모든 사람들에게 아직도 순종하지 못한 어떤 부분의 순종을 요구하십니다. 여러분 삶의 어떤 일, 어떤 부분에서 아직도 순종하지 못하고 있는 것이 있습니까? 순종하겠다고, 선교사로 가겠다고, 위대한 일을 하겠다고 하면서도 막상 눈 앞에 전개되는 일상적 삶의 상황 속에서 작은 일 같지만 주 앞에 순종하지 못하는 어떤 부분은 없는지요? 하나님은 이렇게 요구하십니다. "너 정말 순종하기를 원해? 그러면 이것부터 순종해!" 이렇게 요구하시는 오늘 일상적 삶의 순종의 부분은 없는가를 주 앞에서 점검해 보십시오.

우리가 순종할 때, 하나님은 보다 완벽한 도구로 우리를 쓰시기 위해서 보다 철저한 순종을 요구하십니다. 이 물음 앞에, 그리고 이 하나님의 요구 앞에 보다 성실한 응답을 드리시는 저와 여러분이 되시길 바랍니다.

사역의 첫걸음을 격려하심

마지막으로 우리가 순종할 때, 어떤 일이 일어납니까? 우리 사역의 첫걸음, 즉 쓰임을 받는 삶의 첫걸음을 하나님이 격려하십니다. 이것이 모세가 체험한 거예요. 처음부터 어려우면 "하나님, 나 이거 못하겠어요" 하고 말할 수 있잖아요? 어떤 일이든지 하나님이 기뻐하시는 일에 보면, 고난도 있지만 고난보다도 훨씬 더 놀라운 격려가 있습니다. 만약 하나님의 사람들이 지속적으로 견디기 어려운 고통만 당해야 한다면, 어떻게 하나님의 일을 수행할 수 있겠습니까?

목회사역도 쉽지 않습니다. 어려울 때가 많습니다. 개인적으로 제가 성경에서 제일 좋아하는 인물은 요나에요. 요나가 '요! 나!

같기 때문에 도망가고 싶을 때가 있습니다. 그럴 때 하나님이 늘 하시는 일이 있습니다. 누군가를 통해서 격려해 주시는 것입니다. 아주 따뜻한 격려입니다. 모든 하나님의 사람들이 삶의 현장에서 하나님의 일을 견고하게 감당할 수 있는 이유는, 고난이 전혀 없기 때문이 아니라 고난 가운데서, 어려움 가운데서, 시련과 폭풍우 가운데서 하나님의 격려가 함께하기 때문입니다.

어떻게 격려하셨습니까? 두 가지로 하셨는데, 우선 아론을 보내주셨죠? 이것은 하나님이 이미 예언하신 것입니다. "여호와께서 아론에게 이르시되 광야에 가서 모세를 맞으라"(출 4:27 상). 한편에서는 모세에게 아론을 동역자로 주겠다고 약속을 해 놓으시고, 또 아론을 불러내시어 만나게 하십니다. "그가 가서 하나님의 산에서 모세를 만나 그에게 입맞추니"(출 4:27 하). 오랜만에 형제를 만난 모세와 아론의 기쁨이 얼마나 컸겠습니까? 그러나 그들은 형제로만 만난 것이 아닙니다. 이제 이들은 하나님의 일을 수종들기 위한 동역자로 만납니다. 삶의 현장에 견고하게 함께 설 수 있는 동역자로 형을 얻었다는 사실이 모세에게 얼마나 큰 격려가 되었을까요? 하나님의 일은 고독한 것 같지만, 하나님은 고독하게 내버려두지 않으십니다. 그 일을 감당할 수 있도록 동역자를 보내주십니다.

제가 처음에 주의 일을 하겠다고 헌신했을 때, 저희 집 근처에 또는 친인척 중에 예수 믿는 사람이라고는 하나도 없었습니다. 그저 막막하기만 했습니다. 그래서 저 혼자 이 길을 가야 한다는 것이 얼마나 외로웠는지 모릅니다. '내가 이 길을 감당할 수 있겠는가?' 하고 고민하고 있을 때, 하나님께서 너무 너무 좋은 동역자를 붙여

주셨습니다. 하나님은 그렇게 격려하십니다.

이스라엘 백성의 반응도 모세에게 얼마나 격려가 되었을까요? 모세는 두려워하며 갔을 것입니다. 비록 아론이 함께하기는 했지만 그래도 과거에 자신을 박대하고 배신했던 백성들, 그는 그들을 위해 살고자 했지만 그 백성들이 그를 몰라라 했고 오히려 그를 고발했던 이스라엘 백성들, 그는 자기 동족에 대한 공포감이 있었을 것입니다. 그러나 출애굽기 4장 마지막 절을 보세요. "백성이 믿으며 여호와께서 이스라엘 자손을 돌아보시고 그 고난을 감찰하셨다 함을 듣고 머리 숙여 경배하였더라"(출 4:31). "모세와 아론이 가서"(출 4:29). 도착하자마자, 하나님이 말씀하신 사역의 분류에 따라서 모세는 아론에게 이야기하고, 아론은 백성들에게 이야기합니다. "아론이 여호와께서 모세에게 명하신 모든 말씀을 전하고 백성 앞에 이적을 행하니"(출 4:30). 백성이 어떤 반응을 보였습니까? "백성이 믿으며"(출 4:31). 어떤 백성이었습니까? 과거에 모세를 거절했던 백성, 과거에 하나님의 말씀을 불신했던 백성 그러나 이제는 그 백성이 하나님을 믿었어요.

여러분, 사람이 달라질 수 있다는 사실을 믿으시기 바랍니다. 나를 배척했던 사람들이 나를 사랑하게 될 수 있는 것도 믿으시기 바랍니다. '저 인간은 평생 내 원수다. 영원히 변치 않을 것이다.' 이렇게 생각하지 마세요. 하나님이 함께하시면, 하나님께 순종하면, 원수도 변하여 든든하고 아름다운 동역자가 되게 하십니다.

"목사님, 제 남편은 절대로 안 변할 거예요." 어떤 자매가 와서 저에게 이렇게 말하더군요. "그러지 말고 믿으세요. 여태까지 안된 일 당신이 그렇게 믿어서 그래요." 하나님이 원하시면, 남편도 변할 수 있습니다.

잠언서에 참 아름다운 말씀이 있습니다. 우리가 잘 알고 있는 말씀인데, 저는 이 구절과 다음에 말하고자 하는 구절이 모세의 이때의 상황과 심정을 잘 묘사해 주는 말씀이라고 생각합니다. "너는 마음을 다하여 여호와를 의뢰하고 네 명철을 의지하지 말라 너는 범사에 그를 인정하라 그리하면 네 길을 지도하시리라"(잠 3:5-6). 하나님이 지도하셨나요, 안 하셨나요? 하셨죠? 잠언 16:7을 보세요. "사람의 행위가 여호와를 기쁘시게 하면 그 사람의 원수라도 그로 더불어 화목하게 하시느니라." '사람의 행위가 여호와를 기쁘시게 하면', 하나님이 어떻게 역사하신다구요? 원수라도 그와 더불어 화목하게 하십니다.

한때 모세를 배척하고 냉대했던 이스라엘 백성들이 이제는 모세를 환대하며, 그를 믿어주고, 그를 지도자로 세우는 놀라운 일이 일어났습니다. 우리 가운데도 동일한 사건이 일어날 것을 믿으시기 바랍니다. 우리가 순종하면 하나님이 그렇게 하실 것입니다. 순종하는 백성들의 앞길에 형통한 길을 주실 것을 믿으시기 바랍니다. 하나님이 우리를 쓰실 것을 믿으시기 바랍니다. 그리고 우리를 격려해 주실 것입니다.

그러나 이 순종의 길로 들어선 사람들이 더 깊이 살펴야 할 것이 있습니다. 혹시 내 삶의 장에 순종하려고 그러는데 어려움이 찾아오면, 아직도 내가 순종하지 못한 부분은 없는지 반드시 질문을 해 보아야 합니다. "하나님, 아직도 순종하지 못한 어떤 부분이 있나요? 이것을 통해서 나를 깨트리시고 나를 보다 순종하는 완벽한 존재로 세우시기 위해 내 삶의 장에 이 폭풍우와 이 시련과 이 어려움을 허용하셨다면, 하나님, 제가 기쁘게 감당하겠습니다. 저를 만들어 주십시오." 우리의 모든 불순종의 견고한 진들이 깨트려지고 순종의 아름다운 모습으로 일어날 때, 우리 삶의 장에 펼쳐질 만사형통의 아름다운 길, 하나님이 쓰시는 기적의 드라마는 시작될 것입니다.

마침내 모세는 이스라엘 백성들을 이끌어내는 출애굽의 드라마를 시작합니다. 어떻게 계속될까요?

묵상과 기도

우리가 순종하면 주께서 우리를 쓰십니다. 그리고 우리 앞길에 형통한 길을 주실 것입니다. 오늘 내 삶의 길이 형통하지 못하다면 불평만 하지 마시고 하나님께 물으십시오. "하나님, 제가 아직 순종하지 못한 어떤 부분이 있습니까? 저를 깨뜨려주시기 위해서, 온전한 순종의 사람이 되게 하기 위해서 이 시련을 허용하셨다면, 제가 기쁘게 받겠습니다. 하나님, 저를 만들어주세요. 예수님의 이름으로 기도합니다. 아멘."

제 **8** 장

역사를 치유하는 예배

살아 있는 예배는 역사를 바꿉니다. 역사를 치료합니다.
우리 민족이 다시 한 번 주 앞에 엎드릴 수 있다면,
예배의 자리에 전 민족이 설 수 있다면,
오늘 우리 민족의 고통을 하나님이 치유해 주시리라 믿습니다.

역사를 치유하는 예배
출애굽기 5:1-23

　제2차 세계대전이 발발했을 때, 대영제국의 국민들은 극도의 혼란과 절망 속에 빠졌습니다. 사람들은 당황했고, 예측할 수 없는 내일 앞에 허둥대고 있었습니다. 그나마 다행스러웠던 것은, 그들에게는 믿을 수 있는 두 사람의 지도자가 있었습니다. 한 사람은 우리가 잘 알고 있는 탁월한 정치가였던 윈스턴 처칠 경이었고, 또 한 사람은 존경받는 종교지도자였던 윌리엄 템플 주교였습니다.

　전쟁 즈음에 대영제국의 여왕은 영국 국민들이 가장 신뢰하는 이 두 사람에게 라디오 연설을 의뢰했습니다. 허무와 절망 가운데 빠졌던 대영제국의 온 국민들은 라디오 볼륨을 높이고, 그들이 사랑하고 존경하는 이 두 지도자의 연설에 귀를 기울이고 있었다고 합니다. 그런데 서로 짜고 한 것도 아닌데 두 사람의 연설의 마지막 부분이 똑같았다고 합니다. 처칠 경도 윌리엄 템플 주교도 마지막 부분에서 똑같은 이야기를 한 것입니다.

"여러분, 지금이야말로 우리가 하나님을 바라볼 때입니다. 우리가 지금 무엇보다 먼저 할 일이 있다면, 그것은 전능하신 하나님 앞에 나아가 예배하는 일입니다. 우리 모두 경건히 무릎꿇어 전능하신 하나님을 바라봅시다."

아마 전쟁이라는 비상 사태 앞에서 두 사람의 얘기가 믿음 없는 사람들의 안목에서 볼 때는 매우 추상적인 얘기로 들렸을지도 모릅니다. 그러나 성령께서는 그 때 온 국민들의 마음을 감화하셨다고 합니다. 그들은 일제히 다음 날 같은 시각에 모든 교회당의 종을 울리기로 했고, 교회당 종소리와 함께 전 국민의 70% 이상이 삼삼오오 짝을 지어 가까운 교회에 몰려들었습니다. 그리고 그들은 하나님을 예배했습니다. 국민들의 마음은 안정되었고, 전쟁에 대처할 수 있는 국민적 용기가 용솟음쳤다고 영국 역사의 한 페이지에 기록되어 있습니다.

오늘 모세와 아론, 하나님이 선택하신 이 두 지도자는 자기 백성을 애굽 땅에서 이끌어내기 위한 출애굽의 미션을 수행하기 위해 마침내 이집트에 도착하여 애굽의 통치자인 바로 앞에 섭니다. 그리고 입술을 열어 민족을 위한 요청을 말합니다. 출애굽기 5:1에 보면, 그 메시지는 우리가 기대했던 메시지가 전혀 아닙니다. "이제는 그만 내 민족을 탄압하시고 자유를 주십시오"라는 단순한 정치적 메시지가 아니었다는 사실이 매우 흥미롭습니다. "그 후에 모세와 아론이 가서 바로에게 이르되 이스라엘 하나님 여호와의 말씀에 내 백성을 보내라 그들이 광야에서 내 앞에 절기를 지킬 것이니라 하셨나이다"(5:1). "내 백성들을 보내주소서 그러면 애굽 땅을 떠나겠습니다"라고 말한 것이 아니라 "그러면 광야에 가서 절기를 지키겠습니다"라고 말했습니다. 이것은 막연히 절기를 지키겠다는 것이 아니라 여호와께 희생을 드리겠다는 것입니다.

출애굽기 5:3을 보세요. "그들이 가로되 히브리인의 하나님이 우리에게 나타나셨은즉 우리가 사흘 길쯤 광야에 가서 우리 하나님 여호와께 희생을 드리려 하오니." 희생이라는 말은 영어로 '새크리파이스'(sacrifice)인데, 이 단어는 하나님을 향한 예배의 제물을 뜻하는 것이기도 합니다. "우리 백성을 보내소서 우리가 광야에 가서 전능하신 여호와를 예배하고자 합니다."

어떤 성서학자들은, 모세의 이 요청에 대해 "바로 앞에서 정말로 하고 싶은 말은 마음 속에 숨기고 표면적으로 한 얘기다, 모세는 정직하지 못했다"고 말합니다. 그러나 저는 그것이 절대로 공정한 관찰이나 해석은 아니라고 생각합니다. 저는 아마도 모세와 아론이 하나님께서 말씀하신 그대로 전했을 것이라고 생각합니다. 왜냐하면 출애굽기 5:1에 "그 후에 모세와 아론이 가서 바로에게 이르되 이스라엘 하나님 여호와의 말씀에"라고 한 것으로 보아 하나님의 말씀을 전달하고 있는 것을 알 수 있습니다. "내 백성을 보내라" 거기까지 하나님이 말씀하신 것이 아니라 "내 백성을 보내라 그들이 광야에서 내 앞에 절기를 지킬 것이니라"고 말씀하셨습니다. "광야에 나가 우리 하나님을 예배할 수 있도록 보내주소서." 이것은 단순한 정치적 요구가 아니라 예배의 특권을 요구하고 있는 것입니다.

사실 이스라엘 백성들이 애굽 땅을 떠난다는 게 무슨 의미가 있습니까? 물론 노예상태에서 자유로워진다는 것은 굉장한 사건이지만 자유를 얻어서 무엇을 하겠다는 말입니까? 이것은 훨씬 더 중요한 것입니다. 많은 경우, 사람들은 곤궁과 역경 속에 있을 때, 그것에서 빠져 나오는 일에는 열중하지만 무엇을 해야 할지에 대한 대안이나 삶의 궁극적인 비전은 갖지 못할 때가 있습니다. 그런 경우 고통에서 헤어나와도 그것이 인생에 대한 어떤 해답이 될 수 없다는 사실을 우리는 종종 발견합니다.

여기서 중요한 것은, 하나님이 이스라엘 백성들을 출애굽시키고자 하는 궁극적인 목적은 그들을 노예상태에서 자유케 하는 것만이 아니라, 그들이 다시 한 번 영광의 하나님을 예배하는 백성이 되도록 하는 것입니다. 우리가 한국 민족의 통일을 놓고 기도할 때도 마찬가지입니다. "하나님, 통일을 주시옵소서." 이것은 통일 지상주의입니다. 물론 통일되는 것이 통일되지 않고 사는 것보다는 낫습니다. 그러나 통일의 궁극적인 목적이 뭡니까? 우리가 그리스도인으로서 통일을 소망하는 궁극적인 이유가 어디에 있느냐는 것입니다. 통일되어 "이제 너 일본, 꼼짝 마라. 대한민국 나가신다!" 뭐 이 정도의 비전이라면, 크리스천의 통일의 비전치고는 너무나 취약한 것입니다. "하나님, 통일된 한국에서 남북한 동포가 함께 어우러져 전능하신 하나님을 예배하고 전세계에 복음을 전하는 민족이 될 꿈을 꿉니다." 이것은 바람직한 비전입니다.

저는 여기서 모세와 아론이 바로에게 요청한 것은 보다 궁극적인 비전, 하나님으로부터 받은 그대로를 전달한 것이라고 생각합니다. "하나님께서는 이 백성을 자유케 하실 것입니다. 이제 바로에게 가겠습니다. 가서 뭐라고 말할까요?' 이 때 하나님이 정확하게 이 말씀을 주셨을 거예요. "가서 바로에게 여호와의 백성을 데리고 광야에 나가 전능하신 여호와를 예배하겠다고 선포하라." 그들은 이 메시지를 그대로 전한 것입니다.

애굽 땅을 떠나가는 출애굽 역사의 서두에서 예배를 요청했던 모세와 아론은 살아 계신 하나님을 예배하는 것만이 민족과 역사의 운명을 바꿀 수 있는 비전이라고 확실히 믿었을 것입니다. 참된 예배는 우리를 죄와 어둠에서 자유케 할 뿐만 아니라 살아 계신 하나님을 섬기는 놀라운 능력을 가져다줍니다.

제가 과거 우리 나라의 정부 수반을 비판하는 것은 아니지만 그분이 우리와 같은 그리스도인이었기 때문에 참으로 마음 속에 안쓰러움과 안타까움이 있었습니다. 한번은 조찬기도회가 있었는데, 저는 내심 그분의 입에서 "민족 앞에서 제 죄를 참회합니다. 우리 함께 주 앞에 엎드려 회개합시다" 하는 말이 나오기를 고대했습니다. 그러나 그분은 계속 '우리 민족의 최대 위기는 경제'라고 강조했습니다. 그러나 저는 경제적 위기가 최대의 위기는 아니라고 생각합니다. 물론 경제적으로 곤란한 것은 사실이지만 우리가 직면하고 있는 위기의 본질은 그것이 아닙니다. 우리가 하나님을 떠나려고 하는 것, 하나님을 반역하는 불순종 그것이 문제입니다.

저는 그분이 적어도 크리스천들에게만이라도 금식을 요청하면서 주 앞에 엎드려 함께 전능하신 하나님을 예배하기를 바랐습니다. 오늘 이 민족의 위기 앞에서 우리 온 민족은 주 앞에 나와 살아 계신 하나님, 역사를 주장하시는 하나님을 예배해야 합니다. 이것은 감상이 아닙니다. 우리 민족이 다시 한 번 엎드릴 수 있다면, 정말 예배의 자리에 전 민족이 설 수 있다면, 저는 하나님이 오늘 우리 민족의 고통을 치유해 주시리라 믿습니다.

출애굽의 서두에 모세와 아론이 예배의 특권을 요청했다는 사실은 매우 흥미로운 것입니다. 단순히 "자유를 주십시오"가 아니라 "우리로 예배할 수 있게 하십시오"라고 말한 것입니다. 그렇습니다. 살아 있는 예배는 역사를 바꿉니다. 역사를 치료합니다. 그러면 어떤 예배가 살아 있는 예배일까요? 우리는 출애굽기 5장을 연구하면서 하나님이 모세와 아론에게 요청하셨던 예배에서 중요한 세 가지 특성을 볼 수 있습니다.

성별된 예배

첫번째로, 성별된 예배입니다. 모세와 아론이 그 백성을 어디로 보내어 예배하게 해 달라고 요청하고 있습니까? '광야에서'라는 단어가 계속 강조되고 있습니다. 출애굽기 5:3에도 "그들이 가로되 히브리인의 하나님이 우리에게 나타나셨은즉 우리가 사흘 길쯤 광야에 가서"라고 기록되어 있습니다. 예배를 드리기에 가장 적합한 자리가 있다면 광야입니다.

한 번 성지순례를 해 보세요. 그리고 애굽 땅에서부터 시작해서 홍해바다를 건너 가나안 땅에 들어가기까지의 그 적막한 광야를 한 번 지나보세요. 거기서 모세가 무슨 생각을 했을까요? 이스라엘 백성들이 무슨 생각을 했을까요?

성지순례를 할 때마다 저는 늘 안타까운 것이 있는데, 그것은 나이 드신 분들이 성지순례를 많이 가시는 것입니다. 물론 이분들이 가지 말아야 한다는 것은 아니지만 제 생각 같아서는 젊은 분들이 많이 갔으면 좋겠습니다. 그러면 평생 성지에 대한 비전과 감격과 지식을 갖고 신앙생활에서 그만큼 축복을 더 많이 누릴 수 있을 것입니다. 지금부터 적금하시고 성지순례에 대한 꿈을 꾸시고, "하나님, 성지순례할 수 있는 기회를 주십시오" 하고 기도하십시오.

그 당시 애굽은 최고의 문명을 자랑하고 있었습니다. 그 문명의 한복판, 세속의 한복판은 하나님을 접하기에 좋은 장소가 아니었을 것입니다. 적막한 광야, 별들만 반짝이는 광야, 끝없이 모래가 펼쳐지는 광야. 저는 모세가 그 백성들을 광야로 인도한 데는 뜻이 있다고 생각합니다. 그곳은 하나님을 만나기에 가장 적합한, 즉 세속의 때를 다 벗어버리고, 전능하신 하나님께 몰두하며, 하나님의 임재를 경험하기에 가장 합당한 장소였을 것이라고 믿습니다. 광야 그 자체가 중요한 것은 아닙니다. 5:1을 다시 한 번 보세요. "그들이 광야에서 내 앞에." 예배는 하나님 앞에 서는 체험입니다. 광야가 하나님을 경험하고 하나님 앞에 서기에 가장 적절한 장소였기에 하나님은 그 백성을 광야로 인도하신 것입니다.

세속으로부터의 구별, 이것은 모든 경건한 예배자들에게 주께서 먼저 요청하시는 것입니다. "기도할 때 너는 골방에 들어가서 문을 닫으라." 골방이 하나님을 만나기에 적합하기 때문입니다. 그러나 골방이나 광야 그 장소 자체를 우리가 우상화시킬 필요는 없습니다. 어떤 사람은 기도하기 위해 골방에 들어가 문을 꽉 닫았지만 여전히 머릿속을 채우고 있는 것은 거리 한복판이에요. 그 사람은 골방의 거리 한복판에 있는 것입니다. 만약 그가 거리 한복판에서도 전능하신 하나님께 몰두할 수 있다면, 그 거리는 그에게 거룩한 골방이 되는 것입니다.

언젠가 한 번 전철 안에서 성경을 펼쳐놓고 QT를 하는 형제를 보았는데, 집중하면서 말씀을 묵상하는 모습이 얼마나 예쁘게 보이던지…. 전철 한복판이 그 형제에게는 거룩한 골방인 것입니다. 정말 중요한 것은, 우리가 하나님의 임재를 경험할 수 있는 자리에 서야 한다는 사실입니다.

교회학교 선생님이 아이들과 공과공부를 시작하면서 "야, 너희들 오늘 교회에 들어오면서 무엇을 느꼈니?" 하고 물었습니다. 그때 한 아이가 손을 들더니 "선생님, 교회당에 들어올 때요, 하나님의 가슴 속에 들어가는 것 같았어요"라고 말했습니다. 얼마나 아름답습니까? 예배는 하나님의 가슴 깊은 곳으로 들어가는 것입니다. 하나님의 지성소, 하나님의 영광이 있는 그곳으로 들어가서 전적으로 하나님을 묵상하는 것입니다. 잠시 주 앞에 서보십시오. 그분 앞에 홀로 서보십시오. 나와 세상은 간 곳 없고 정말 주님이 있는 그곳에 서보십시오. 그리고 살아 계신 하나님의 음성을 들어보십시오. 그분의 빛나는 영광 속에 잠겨보십시오. 그리고 그분의 손길을 느껴보십시오. 거기서 나를 바꾸시고, 나를 통해서 우리 가정을 바꾸시고, 또 나를 통해서 역사를 바꾸시는 하나님의 손길은 시작됩니다.

예배는 세상을 바꿀 수가 있습니다. 그러므로 참되고 살아 있는 예배, 그것은 언제나 구별된 예배여야 합니다. 성별된 예배, 정말 하나님께 집중할 수 있는 예배여야 합니다. 예배의 자리에 설 때마다 여러분의 예배가 거룩한 예배, 구별된 예배이기를 주 앞에 구하십시오.

축제의 예배

하나님께서 출애굽 역사의 서두에서 그 백성을 인도하기 원하셨던 예배는 어떤 예배일까요? 두번째는 축제의 예배입니다. 출애굽기 5:1을 다시 보세요. "광야에서 내 앞에 절기를 지킬 것이니라 하셨나이다." 뭘 지키라고 하셨습니까? 절기를 지키라고 했습니다. 피상적으로 생각하면 명절을 지키라는 것 같지만 이스라엘의 모든 명절은 그냥 명절이 아닙니다. 그것에는 종교적 의미가 담겨 있고, 복음적 의미가 들어 있습니다. 그리고 이 복음적 의미의 핵심은 하나님 그리고 하나님의 아들이신 그리스도입니다. 그리고 그 하나님을 경험하는 것이 바로 축제의 핵심입니다. 여기서 '절기'란 말은 대부분의 영어번역을 보면, '피스트'(feast)로 되어 있는데, '축제'라는 단어로 번역되는 것이 더 옳습니다. '절기를 지킬 것이니라.' 다른 말로 뭡니까? 축제를 경험하라는 것입니다. 예배는 축제입니다.

이스라엘의 모든 명절, 즉 절기에는 언제나 중요한 두 가지 의미가 있습니다. 하나는 과거 지향적 의미이고, 또 하나는 미래 지향적 의미입니다. 과거 지향적이라는 것은 하나님께서 이미 베푸신 은혜에 대한 감사를 말하는데, 이것은 이스라엘 모든 명절 속에 들어 있는 중요한 의미입니다. 또 미래 지향적이라는 것은 과거에 은혜를 베푸신 하나님이 미래에도 동일한 은혜를 베풀 것을 기대하는 것입니다. 그래서 그들은 명절을 지낼 때마다 그 명절을 통해서 과거에 베푸신 하나님의 은혜에 대한 감사와 미래에도 똑같은 은혜를 베풀어주실 하나님께 대한 기대를 확인하는 것입니다.

다시 말해, 이스라엘의 명절에는 두 가지 의미가 있는데, 하나는 감사이고, 다른 하나는 기대입니다. 모든 명절을 연구하면, 똑같은 결론에 도달하게 됩니다. 그 당시에는 그런 명절들이 아직 구체화되지 않았지만 출애굽의 역사를 공부하다 보면 많은 명절들이 생기게 되는데, 유월절, 무교절, 초실절, 오순절, 나팔절, 속죄절, 초막절은 이스라엘의 7대 명절입니다.

이 절기들을 자세히 연구해 보면, 첫번째로 베푸신 은혜에 대한 감사입니다. 유월절은 뭡니까? 이스라엘 백성들을 애굽 땅에서 결정적으로 해방시켜 주신 마지막 사건입니다. "처음 난 것들을 다 잡아 가시던 그 심판의 밤에 하나님께서 준비하신 대속의 제물로 어린 양을 잡아 문설주 좌우 인방에 주께서 말씀하신 그대로 피를 뿌렸더니 내가 그 피를 볼 때 넘어가리라(유월하리라)." 이것이 유월절의 기원입니다. 그대로 했을 때, 하나님이 이스라엘의 장자들은 보호하시고, 지키셨습니다.

이 사건을 통해서 바로는 하나님의 능력을 보았고, 결국 이스라엘 백성들을 내보내게 됩니다. 결정적으로 유월절 어린 양 사건을 통해 이스라엘 백성들은 하나님의 은혜의 해방을 체험하게 됩니다.

이 유월절 명절을 지킬 때마다 이스라엘 백성들은 어린 양을 준비하시고, 그들을 보호하시고, 구원하신 하나님께 감사하며, 과거에 그렇게 지켜주신 하나님이 미래에도 그렇게 보호하시고 지켜주실 것을 기대하는 것입니다. 모든 명절이 이렇게 과거 지향적인 감사와 미래 지향적인 기대로 나타납니다.

동시에 이 감사와 기대는 두 가지 반응을 불러일으키는데, 그것은 기쁨과 찬양입니다. 이 명절이 되면 이스라엘 백성들은 너무너무 기뻐합니다. 괜히 기뻐하는 것이 아닙니다. 그들을 해방시키고, 구원하시고, 축복하시고, 그들과 함께하신 하나님 때문에 기뻐하는 것입니다. 기쁨의 원인이 누구 때문입니까? 하나님 때문이에요. 그래서 이스라엘의 모든 명절은 기쁨의 명절이며, 기쁨의 축제입니다. 이스라엘의 모든 명절, 축제에 반드시 동반되는 것 두 가지는 기쁨과 찬양입니다. 이것이 예배의 전형적인 한 근거라고 할 수 있습니다.

저는 그 동안 한국교회가 전혀 틀리게 예배를 드린 건 아니지만 예배의 본래 의미가 성경에 있는 그대로 이해되지 못한 측면이 많이 있다고 생각합니다. 한국의 전통적인 예배에서 '예배' 그러면 가장 먼저 머릿속에 떠오르는 것이 경건함, 거룩함입니다. 여기서 느껴지는 이미지는 눈 딱 감고, 옆사람 쳐다보지 않고, 심각하게 인상을 쓰고, 아멘도 크게 해서는 절대 안되고, 사방을 살피면서 조용히 아멘 하다가, 예배가 끝나면 아무도 쳐다보지 않고 천천히 조용히 걸어나오는 것입니다. 그런 걸 우리는 경건한 예배, 거룩한 예배라고 생각할지도 모릅니다.

요즘 성서학자들이 성경에 나타난 예배의 단어들을 많이 공부하면서 최근에 와서는 전세계적으로 예배를 강조할 때마다 제일 강조되는 개념이 '예배(worship)는 축제(celebration)' 라는 것입니다. 축제라면 반드시 두 가지가 있어야 됩니다. 먼저 의미상으로 볼 때는 두 가지 의미, 즉 과거 지향적인 감사와 미래 지향적인 기대가 있어야 합니다. 또 그것이 실제로 어떻게 표현되고 나타나야 하는가 하면 두 가지 표현으로 나타나야 합니다. 첫째는 기쁨이 있어야 합니다. 또 하나는 찬양이 있어야 합니다. 이런 예배가 살아 있는 예배입니다.

그런데 우리는 아주 감동적인 예배 그러면 어떤 예배를 생각합니까? 우는 예배를 생각하죠? 물론 기쁨과 눈물은 하나일 수도 있습니다. 너무너무 기뻐서 울 수도 있으니까 말입니다. 그러나 진정으로 하나님을 경험하는 예배에서 성경이 요구하는 정당한 표현 가운데 가장 많이 강조된 것은 기쁨입니다.

예를 들어, 느헤미야 8장을 보면, 이스라엘 역사 속에 있었던 가장 감동적인 예배, 가장 거룩한 예배 가운데 큰 부흥이 일어났습니다. 그 때 드렸던 가장 감동적인 예배의 장면을 느헤미야 8장에서 언급하고 있습니다. "이스라엘 자손이 그 본성에 거하였더니 칠월에 이르러는 모든 백성이 일제히 수문 앞 광장에 모여"(느 8:1 상). 느헤미야와 에스라의 인도로 예루살렘으로 돌아온 백성들이 위대한 성 역사(役事)를 다 마치고 수문(water gate) 앞 광장에 모였습니다. "학사 에스라에게 여호와께서 이스라엘에게 명하신 모세의 율법책을 가지고 오기를 청하매 칠월 일일에 제사장 에스라가 율법책을 가지고 남자, 여자 무릇 알아들을 만한 회중 앞에 이르러 수

문 앞 광장에서 새벽부터 오정까지 남자, 여자 무릇 알아들을 만한 자의 앞에서 읽으매 뭇백성이 그 율법책에 귀를 기울였는데"(느 8:1-3).

사람들 앞에 서서 새벽부터 12시까지 성경만 계속 읽고 있으면 어떤 현상이 일어날까요? 아마 다 도망을 갈 것입니다. 그러나 부흥이 일어나면 다릅니다. 여기서 말하는 부흥이란 부흥회를 말할 때의 그런 정도의 부흥이 아니에요. 정말 성령께서 임하시고 사람들의 마음속에 하나님의 강력한 기름부으심이 임하는 그런 부흥이 터지게 되면, 하루 종일 말씀 가운데 잠기고, 온 종일 회개를 하고, 일 주일 내내 예배가 계속되어도 사람들이 거룩하신 하나님의 임재 앞에서 떠나지 않고 회개하는 그런 역사들이 일어났습니다. 그리고 나서는 가정이 바뀌고, 술집 문이 다 닫히고, 한 도시에서 깡패가 없어지고, 창녀가 없어지고, 역사가 완전히 청소되는 그런 일들이 역사 속에 종종 있었습니다.

'세상이 이렇게 되다가는 완전히 세속화되지 않을까' 하고 걱정을 할 때가 있습니다. 그러나 하나님은 그렇게 내버려두지 않습니다. 어느 한순간 갑자기 부흥을 부어주심으로써 역사는 반전됩니다. 그래서 이런 부흥의 역사를 알고 있는 사람들은 아주 갈급한 심정으로 이런 기도를 합니다. "하나님, 부흥을 주시옵소서." 지금 이런 부흥이 일어나고 있는 거예요. 부흥이 일어날 때만 이건 가능한 거예요.

그 다음 느헤미야 8:4을 보세요. "때에 학사 에스라가 특별히 지은 나무 강단에 서매." 이제 에스라가 나무 강단에 서서 새벽부터 오정까지 수문 앞 광장에서 읽은 말씀을 해석하기 시작합니다. 설교를 시작하는 것입니다. "학사 에스라가 모든 백성 위에 서서 저희 목전에 책을 펴니 책을 펼 때에 모든 백성이 일어서니라 에스라가 광대하신 하나님 여호와를 송축하매 모든 백성이 손을 들고 아멘 아멘 응답하고 몸을 굽혀 얼굴을 땅에 대고 여호와께 경배하였느니라"(느 8:5-6).

이것이 예배입니다. 또 느헤미야 8:8-9을 보세요. "하나님의 율법책을 낭독하고 그 뜻을 해석하여 백성으로 그 낭독하는 것을 다 깨닫게 하매 백성이 율법의 말씀을 듣고 다 우는지라." 우는 건 좋은 일입니다. 감동이 임하니까 우는 것입니다. 회개하고 눈물을 흘리는 일이 일어났습니다. 그런데 느헤미야의 반응이 재미있습니다. 저 같으면 울 바에는 하루 종일 울라고 할 것 같습니다. "느헤미야가 또 이르기를 너희는 가서 살진 것을 먹고 단 것을 마시되 예비치 못한 자에게는 너희가 나누어 주라 이 날은 우리 주의 성일이니 근심하지 말라"(느 8:10 상). 그 다음에 여러분이 잘 아는 유명한 말씀이 나옵니다. "여호와를 기뻐하는 것이 너희의 힘이니라"(느 8:10 하).

예배의 핵심에는 뭐가 있습니까? 너무너무 놀라운 기쁨이 있어요. 폭발하는 기쁨이 있어요. 우리 교우들도 더 많은 표현이 있었으면 좋겠어요. 물론 우리 한국사람들은 유교문화의 지배 아래 있었기 때문에 표현할 줄을 잘 모릅니다. 유교문화에서는 표현하지 않는 것이 양반이죠? 유교문화는 크리스천의 문화가 아니에요. 우리는 문화를 바꿀 필요가 있어요. 표현좀 하고 사십시다. 말씀이 감동

되면 '아멘' 하고 표현하는 여러분이 되시길 바랍니다.

    제가 미국에 있을 때, 흑인교회에서 한번 설교를 했는데 설교를 하면서 정신이 하나도 없었어요. 내가 한마디 하면 청중들 가운데서 두세 마디가 나와요. 설교를 같이 하는 거나 마찬가지에요. "예수님은 주님이십니다" 하면 "옳습니다. 맞습니다. 계속하라" 등 별 소리가 다 나와요. 2시간 3시간 반을 예배드려도 너무너무 좋아해요. 기쁨에 찬 예배, 사실은 그게 하나님의 마음에 더 가까운 예배인지도 모릅니다. '1시간 안에 안 끝나면 봐라' 하는 식의 인생은 하나님의 가슴을 이해할 가능성이 없는 인생들이에요. 기쁨과 찬양 이것이 진짜 예배입니다. 예배는 뭐라고요? 축제입니다. 이런 예배 속에 변화가 임하는 것입니다. 울기도 하고, 기뻐하기도 하고, 찬양도 하고 말이죠. 춤좀 추면 어떻습니까?

    지난번에 우리가 소그룹에 대해서 배우기 위해 싱가폴에 있는 '믿음침례교회'(Faith Community Baptist Church)에 다녀왔는데 거기서 우리는 쇼크를 받았습니다. 사람들이 기뻐 찬양하고 춤추는 모습이 말이죠, 정신이 없었습니다. 그러나 그 교회는 이상한 교회가 아닙니다. 싱가폴을 변화시킨 교회입니다. 그들은 주간에 한두 번씩 가난한 사람들을 찾아보고 돌보며, 또 세금을 정확하게 내는 운동을 했습니다. 이렇게 성령이 역사하는 감동이 있는 예배 속에서 하나님은 역사와 사회를 변화시키는 위대한 일을 행하십니다. 하나님이 우리 가운데도 축제의 예배를 회복시켜 주시기를 바랍니다.

희생적 예배

세번째는 희생적 예배입니다. 하나님이, 이스라엘 백성들이 경험하기를 원하셨던 예배는 희생적 예배였습니다. 출애굽기 5:3을 다시 한 번 보십시오. "그들이 가로되 히브리인의 하나님이 우리에게 나타나셨은즉 우리가 사흘 길쯤 광야에 가서 우리 하나님 여호와께 희생을 드리려 하오니 가기를 허락하소서." '우리 하나님께 희생을 드리려 하오니.' 희생, '새크리파이스'(sacrifice)는 제물을 말하는 것입니다. 제물을 드려서 하나님과 올바른 관계를 맺고, 하나님을 만족케 함으로 하나님의 진노를 풀어드리는 것입니다.

신약시대에서 우리에게 합당한 유일한 제물은 누구실까요? 예수님이십니다. 거룩하고 흠이 없으신 예수께서 마지막 제단인 십자가에서 자신의 몸을 단번에 산 제물로 드리심으로 죄인인 인간과 하나님이 화목하게 되었습니다. 믿으십니까?

이제 그분을 통해서 구원을 얻은 그리스도인들이 드려야 할 예배는 어떤 예배입니까? 로마서 12:1을 보도록 하겠습니다. "그러므로 형제들아 내가 하나님의 모든 자비하심으로 너희를 권하노니 너희 몸을 하나님이 기뻐하시는 거룩한 산 제사로 드리라." 이제는 죽은 제물을 드리는 것이 아닙니다. 예수님의 죽으심으로 이제 죽은 제물을 드리는 것은 끝났습니다. 산 제물(living sacrifice)은 내 몸을 드리는 것입니다. 이제 우리가 드려야 할 예배는 내 몸을 드리는 예배입니다.

앞으로 TV가 더 발달되면 TV 사이버 예배가 나올 가능성도 많은데, 이것을 놓고 많은 목사님들이 걱정을 합니다. '이제 모든 사람들이 집에 앉아서 컴퓨터를 틀어놓고 예배드리고 교회에 오지 않으면 어떻게 할까? 진정한 예배는 몸이 와 있어야 합니다. 몸으로 드려지는 예배, 몸으로 자리를 채우는 것이 중요한 것이 아니라, 예배를 통하여 내 몸을 하나님께 드려야 합니다. 예배를 통하여 하나님께 내 몸을 드린다는 것은 어떤 의미가 있습니까? 그것은 "하나님, 나를 쓰십시오" 하는 의미가 있습니다.

로마서 12장에서부터 마지막 장까지는 크리스천의 삶을 다루고 있습니다. "하나님, 내 몸을 받으시고 이제 나를 써주시옵소서. 가정에서도 사회생활에서도 하나님, 나를 써주시옵소서. 하나님이 원하시는 목적과 하나님이 원하시는 삶을 위하여 나를 써주시옵소서."

구체적인 삶의 장에서 하나님께 붙들림을 받아 쓰임을 받기 위하여 하나님의 뜻 앞에, 거룩하신 하나님의 존전 앞에, 하나님의 영광 앞에 내 몸을 드리는 것이 바로 예배입니다. 내 몸을 드리면서 내 시간도 드리는 것입니다. 진정한 예배를 드리려면 시간도 내야 합니다. 시간도 드리고, 물질도 드리고, 입술도 드리고, 마음도 드리고, 그러면서 "하나님, 내 모든 것은 당신의 것입니다. 나를 하나님의 영광을 위해 써주시옵소서" 하는 것입니다.

모세와 아론을 통해서 하나님이 이스라엘 민족을 해방하기 전에 먼저 예배를 가르쳤다는 사실은 너무나 놀라운 일입니다. 참된 예배를 경험하는 사람들, 그들이 역사를 바꿀 수 있습니다. 새로운 삶을 살 수 있습니다. 예배를 알지 못하는 사람들은 하나님의 가슴을 알 수가 없습니다. 살아 있는 예배가 있는 교회를 하나님이 쓰실 것입니다. 살아 있는 예배의 영광을 체험하는 사람들을 하나님이 쓰실 것입니다. 이제 이스라엘 백성을 하나님이 어떻게 쓰실까요?

묵상과 기도

"하나님, 나를 온전히 드립니다. 받아주시옵소서. 나의 가정생활, 사회생활, 나의 사업, 내가 하는 모든 것에서 내 입술을 주장하시고, 내 마음을 주장하시고, 내 전 존재를 주장해 주시옵소서.

하나님, 너무나 바쁜 일상적 삶 속에 뛰어들어 헐레벌떡거리다 보면 주님을 망각하고 살아가는 내 자신의 모습을 발견하게 됩니다. 성령으로 붙잡아주시고, 치료해 주시옵소서.

내 영혼 속에 그리스도가 가장 존귀한 분이 되어주시고, 하나님이 내 모든 것이 되어주시옵소서. 나의 입술과 마음과 삶 전체를 주께 드립니다. 나를 통하여 귀하고 놀라운 일들을 행하시옵소서. 나를 써주실 것을 기대합니다. 나와 함께해 주시옵소서. 예수님의 이름으로 기도합니다. 아멘."

제 9 장

어찌하여 더

우리를 둘러싸고 있는 환경이 때로는 내 뜻대로 되지 않고,
어둡고, 고통스러워도 실망할 필요가 없음은 전능하신 하나님, 약속을
성실히 지키시는 하나님이 계시기 때문입니다.
그리고 마침내 하나님의 주권적인 승리를 내 삶 속에 선언하시기 위해서
간섭해 오시는 하나님이 나의 하나님이신 것을 알기 때문입니다.
인간의 극한 상황은 언제나 하나님의 기회입니다.

어찌하여 더
출애굽기 6:1-13

"기도하고 시작했는데 어찌하여 더 나빠지나요? 어찌하여 더 괴로운 일이 생기나요? 어찌하여 더 세월이 갈수록 아픈 일이 생깁니까? 어찌하여 더 내 삶은 이렇게 첩첩산중입니까?" '어찌하여 더'라는 이 표현은 출애굽기 5장 마지막 부분에 나타난 말씀입니다. "모세가 여호와께 돌아와서 고하되 주여 어찌하여 이 백성으로 학대를 당케 하셨나이까 어찌하여 나를 보내셨나이까 내가 바로에게 와서 주의 이름으로 말함으로부터 그가 이 백성을 더 학대하며 주께서도 주의 백성을 구원치 아니하시나이다"(출 5:22-23).

이스라엘 백성들이 애굽 땅을 떠나가도록 계획하신 분은 누구입니까? 하나님이십니다. 그 백성을 해방시키기 위해서 모세를 부르신 분은 누구입니까? 하나님이십니다. 그리고 하나님은 모세에게 출애굽의 사명을 주시고, 그를 미디안 사막으로부터 다시 애굽 땅으로 보내셨습니다. 이것은 하나님의 뜻이었고, 하나님의 명령이었습니다. 모세는 이에 순종했습니다.

모세는 애굽의 통치자 바로 앞에 나와 그 백성을 보내 달라고 요청했습니다. "내 백성으로 가게 하라"(Let my people go). 처음에 "애굽 땅을 완전히 떠나가겠습니다"라고 얘기한 것은 아니었죠? 어떻게 얘기합니까? "제사를 드리겠습니다. 우리 백성으로 예배할 수 있는 특권을 주십시오. 광야에 나가서 예배하겠습니다."

이런 모세의 요청에 바로는 어떤 반응을 보였습니까? 출애굽기 5:6-7을 보세요. "바로가 당일에 백성의 간역자들과 패장들에게 명하여 가로되 너희는 백성에게 다시는 벽돌 소용의 짚을 전과 같이 주지 말고 그들로 가서 스스로 줍게 하라." 그러니까 지푸라기도 주지 않고 벽돌 굽는 일을 하라고 명한 것입니다. 노동의 조건이 더 혹독해진 것입니다.

출애굽기 5:9을 보세요. "그 사람들의 고역을 무겁게 함으로 수고롭게 하여 그들로 거짓말을 듣지 않게 하라." 이것은 이스라엘 백성들의 고역을 더 무겁게 함으로 그들을 수고롭게 하여 그들이 모세의 말을 듣지 않게 하라는 바로의 명령입니다.

이 명령을 받은 바로의 부하들은 어떤 반응을 보였습니까? "바로의 간역자들이 자기들의 세운 바 이스라엘 자손의 패장들을 때리며 가로되 너희가 어찌하여 어제와 오늘에 만드는 벽돌의 수효를 전과 같이 채우지 아니하였느냐"(출 5:14). 그들은 이스라엘 백성의 책임자로 세운 사람들을 막 때리면서 "어찌하여 그 책임량을 다 완성하지 못했느냐?"고 했습니다.

얻어맞은 이스라엘 자손의 패장들은 또 바로를 향해 어떤 반응을 보입니까? "이스라엘 자손의 패장들이 가서 바로에게 호소하여 가로되 왕은 어찌하여 종들에게 이같이 하시나이까 종들에게 짚을 주지 아니하고 그들이 우리더러 벽돌을 만들라 하나이다 종들이 매를 맞으오니 이는 왕의 백성의 허물이니이다 바로가 가로되 너희가 게으르다 게으르다 그러므로 너희가 이르기를 우리가 가서 여호와께 희생을 드리자 하는도다 이제 가서 일하라 짚은 너희에게 주지 않을지라도 너희가 벽돌은 여수히 바칠지니라"(출 5:15-18). 기가 막힌 일이죠?

그 다음 출애굽기 5:19-21을 보세요. "이스라엘 자손의 패장들이 너희의 매일 만드는 벽돌을 조금도 감하지 못하리라 함을 듣고 화가 몸에 미친 줄 알고 그들이 바로를 떠나 나올 때에 모세와 아론이 길에 선 것을 만나 그들에게 이르되 너희가 우리로 바로의 눈과 그 신하의 눈에 미운 물건이 되게 하고 그들의 손에 칼을 주어 우리를 죽이게 하는도다 여호와는 너희를 감찰하시고 판단하시기를 원하노라." 즉 "모세 너 때문에 우리가 바로 왕에게 더 미운 존재가 되어 이렇게 고생을 하고 어려움을 당하는데 정말 그럴 수가 있느냐?"고 이스라엘 자손의 패장들이 따지는 것입니다.

모세는 이제 바로와 바로의 부하들, 심지어 자기 동족들에게 고발과 항의를 받고 있습니다. 얼마나 괴로운 상황이었습니까? 이 때 5장의 마지막 부분에서 모세가 하나님께 호소하는 내용이 뭡니까? "하나님, 어찌하여 …." 여러분, 이 상황 속에서 모세가 할 말이 이것밖에 더 있겠어요? "어찌하여, 우째(?) 이런 일이 생긴단 말입니까?"

'어찌하여', 여기에 '더'를 붙여 '어찌하여 더, 학대하고.' "제가 하나님의 명령을 받아 여기까지 와서 주님의 일을 하는데…. 주께서 명하지 않으셨습니까? 주님이 보내지 않으셨습니까? 주님이 계획한 일이 아니셨나요? 그런데 어찌하여 더 상황이 악해지고, 환경이 나빠지며, 우리를 둘러싸고 있는 모든 조건이 더욱 열악한 환경 속에 빠져 들어가고 있습니까? 어찌하여 더… 네?' 이것이 출애굽기 5장의 마지막 부분에서 모세가 던진 질문입니다.

이제는 하나님이 대답하실 차례입니다. 그것이 출애굽기 6장의 내용입니다. '어찌하여 더'라는 모세의 이 항의 앞에 하나님이 어떻게 대답하셨죠? 본문 출애굽기 6:1-13을 통해 세 가지로 살펴보겠습니다.

하나님의 능력을 드러내기 위하여

첫번째로, 그것은 하나님의 능력을 나타내기 위한 것입니다. 이것이 하나님의 첫번째 대답입니다. "여호와께서 모세에게 이르시되 이제 내가 바로에게 하는 일을 네가 보리라 강한 손을 더하므로 바로가 그들을 보내리라 강한 손을 더하므로 바로가 그들을 그 땅에서 쫓아내리라"(출 6:1).

여러분, 모세가 목숨을 걸고 심각하게 "내 백성으로 가게 하라"고 바로에게 말했는데, 바로가 흔쾌히 "그래 가!" 하고 말했다면, 얼마나 싱겁겠어요? 싱거우면 드라마가 성립될 수 없죠! 하나님은 드라마를 좋아하십니다. 왜요? 아마도 이스라엘 백성들이 쉽게 풀려 나왔더라면, 그들이 주님의 도우심의 결과라고 결론내리기보다는 우연한 상황의 전개라고 결론내릴 가능성이 참 많기 때문입니다. "우연히 그렇게 된 것이지" 하고 말입니다.

그러나 꼼짝없이 절망적인 상황 속에서 하나님의 구체적인 도우심이 나타날 때, 사람들은 "정말 하나님이 우리를 도와주셨습니다" 하고 고백하게 됩니다. 그래서 하나님이 여기까지 몰고 오시는 거예요. 하나님이 이 극한 상황을 허용하시는 것입니다.

6:1에 하나님이 어떻게 하십니까? "내 강한 손을 더하므로 바로가 그들을 보내리라." '강한 손을 더하므로', 즉 하나님의 능력이 더해져요. 이것이 앞으로 전개될 상황입니다. 몇 가지 재앙이 나타납니까? 열 가지 재앙입니다. 그 재앙이 어떻게 됩니까? 점점 강하게 나타납니다. 재앙의 정도가 점점 강해지는 거예요. 하나님의 강한 손이 더해지는 거죠. 마침내 바로가 항복합니다. "가라." 하나님이 "강한 손을 더하므로", 즉 하나님의 능력이 더 강해짐으로 결국 바로가 항복한 것입니다.

여러분, 우리를 둘러싸고 있는 환경이 열악하고 어두워질수록 하나님의 능력도 더 강해질 줄 믿으시기 바랍니다. 그래서 하나님이 때때로 그리스도인들에게, 당신의 자녀들에게, 백성들에게 그 어두운 삶의 정황을 허용하시는 것입니다. 그리고 이 환경 속에서 주님의 강하신 능력의 손길을 드러내십니다.

6:1에서 어떤 단어가 가장 드라마틱합니까? 가장 극적인 단어가 하나 있습니다. '이제' 입니다. 지금 모세는 어떻게 말합니까? "하나님, 어찌하여 더 어려워졌습니까?" 이제 절망의 코너에 딱 부딪쳤습니다. 그 때 하나님께서 모세에게 "이제 … "라고 표현하시는

어찌하여 더 185

데, 이것은 보통 극적인 단어가 아니에요. 하나님이 '짠!' 하고 나타나신 것입니다.

이제는 하나님의 능력이 나타날 시간이 되었습니다. 이제는 주께서 당신의 강한 손을 드러내실 시간이 된 줄로 믿습니다. "아이고 하나님, 어찌자고 이렇게 섭리하십니까? 우째(?) 이 나라가 이 모양입니까?" 하면서, 주 앞에 엎드려서 기도하고 주의 도우심을 구했더니 하나님이 '이제' 나타나셨어요. '이제'가 바로 중요한 단어입니다.

옛날 청교도 이래로 그리스도인들이 즐겨 고백했던 말 가운데 하나가 "인간의 극한 상황은 언제나 하나님의 기회다"라는 말입니다. '인간의 극한 상황은 하나님의 기회다.' 인간의 극한 상황, 인간이 처한 어두운 상황은 언제나 하나님의 능력이 나타날 하나님의 기회인 줄 믿으시기 바랍니다. 깊은 밤은 하나님의 새벽과 맞닿아 있는 것을 믿으시기 바랍니다.

그러므로 어떤 절망의 상황 속에서도 포기하지 마십시오. 엎드리시기 바랍니다. 그리고 전능하신 하나님을 의지하십시오. 이제 곧 주께서 역사하실 것입니다. 때때로 주께서 어찌하여 우리가 절망적인 상황 가운데 빠져 들어가는 것을 그대로 허용하십니까? 하나님의 능력을 나타내기 위한 것입니다.

하나님의 인격을 드러내기 위하여

두번째로, 하나님의 인격을 드러내기 위한 것입니다. 출애굽기 6:2-3을 보세요. "하나님이 모세에게 말씀하여 가라사대 나는 여호와로라 내가 아브라함과 이삭과 야곱에게 전능의 하나님으로 나타났으나 나의 이름을 여호와로는 그들에게 알리지 아니하였고." 아주 재미있는 말씀을 하셨습니다. "하나님이 모세에게 말씀하여 가라사대 나는 여호와로라."

하나님이 자신의 이름이 여호와라는 것을 언제 처음으로 계시하셨습니까? 출애굽기 3장에서죠. 출애굽기 3장에서 하나님이 가시떨기 불꽃 가운데 나타나셨을 때, 모세가 물었죠? "하나님, 당신의 이름이 무엇입니까?" "나는 스스로 있는 자니라"(출 3:14 하). 이 것이 바로 여호와라는 말의 뜻이에요. '야훼'라는 말입니다. 그 때 처음으로 하나님은 자신의 이름을 여호와로 계시하셨습니다. 그리고 여기서 다시 한 번 확인하는 것입니다. "하나님이 모세에게 말씀하여 가라사대 나는 여호와로라 내가 아브라함과 이삭과 야곱에게 전능의 하나님으로 나타났으나 … "(출 6:2-3).

출애굽의 여정, 이 순간이 오기 전까지 하나님의 백성들에게 가장 보편적으로 기억되었던 하나님의 이름은 '엘로힘'이었습니다. 그 뜻은 '전능하신 하나님, 하나님은 전능한 분이시다'입니다. 또 '엘'이라는 단어를 사용해서 여러가지 복합적인 하나님의 이름을 만들었는데, 제일 많이 사용된 단어가 '엘 샤다이'입니다. 여기서 사용된 단어가 바로 그 단어입니다. '엘 샤다이', 전능자이신 하나님, 큰 능력이신 하나님. 그래서 그 백성들은 하나님을 전능하신 하나님으로 늘 기억해 왔습니다.

그런데 지금 이스라엘 백성들을 애굽 땅에서 해방하시는 이 극적인 장면에서, 하나님은 이제 그들이 하나님의 이름을 여호와로 기억하게 될 것이라고 선언하십니다. 출애굽기 6:3을 보세요. "전능의 하나님으로 나타났으나 나의 이름을 여호와로는 그들에게 알리지 아니하였고." 이제는 알리겠다는 말씀이죠? "나는 여호와로라." 하나님 자신의 이름을 계시하시는 것입니다.

그러면서 6:4-5에 뭐라고 말씀하십니까? "가나안 땅 곧 그들의 우거하는 땅을 주기로 그들과 언약하였더니 이제 애굽 사람이 종을 삼은 이스라엘 자손의 신음을 듣고 나의 언약을 기억하노라." 그러니까 '여호와'라는 이름과 관련된 제일 중요한 단어 하나가 뭐에요? 언약입니다. 약속입니다.

문자 그대로 여호와라는 단어의 뜻은 '스스로 있어서 있는 자'인데, 그것은 비단 현재형만을 의미하는 것이 아니에요. 그분은 과거에도 계셨고, 현재에도 계시고, 앞으로도 계실 분입니다. '있어서 있는 자'라는 뜻도 되지만, '있을 것이기에 있을 분'이라고 번역해도 됩니다. 그러니까 '지금도 계시고, 앞으로도 계실 분'입니다.

과거에도 계셨고, 현재에도 계시고, 미래에도 계실 것이라는 말은 무슨 뜻입니까? 그분이 영원하시다는 말입니다. 그러나 이 단어는 시간의 영원성만 강조하는 게 아니에요. 그분은 영원하시기 때문에 과거에 한 번 무엇을 약속하셨으면 그 약속을 잊지 않고 반드시 성취하십니다. 그래서 '야훼', '여호와'라는 이름의 가장 중요한 의미는 '약속을 지키는 일에 성실하신 하나님', '언약을 지키시는 하나님'입니다. 이것이 야훼라는 이름이 가진 가장 중요한 뜻입니다.

이스라엘 백성들이 애굽 땅에서 종살이하며 고생할 때, 하나님의 약속을 기억하고, 하나님께 불평하는 사람들이 있었다면 어떤 불평을 했을까요? "하나님, 우리와 약속한 그 약속은 어떻게 된 것입니까? 언약의 땅, 가나안 땅에서 우리로 하여금 하나님을 찬양하는 백성이 되게 하겠다고 하셨는데, 우리가 어쩌자고 애굽 땅에 와서 이렇게 종살이를 하고 있어야 한단 말입니까? 주님의 약속은 어디로 갔습니까?" 계속해서 이런 불평과 원망을 하나님 앞에 털어놓을 수밖에 없었을 거예요.

마침내 하나님이 '이제' 하고 나타나셔서 뭐라고 말씀하십니까? "이제는 내 이름을 전능하신 하나님일 뿐만 아니라 사람들이 나를 여호와로 기억할 것이다. 약속을 지키시는 하나님이신 것을 알게 될 것이다." 마침내 약속을 지키기 위해서, 그 백성을 시온의 땅으로 돌려보내기 위해서 그리고 거기서 다시 여호와 하나님을 찬양하게 하기 위해서 하나님이 나타나셨습니다.

하나님의 이름 속에는 인격이 드러납니다. 어떤 인격입니까? 약속을 지키시는 신실성입니다. 여호와라는 이름이 가지고 있는 하나님의 중요한 속성은 약속하신 것을 반드시 지키시는 신실성이에요. 이스라엘 백성들이, 그들을 부르신 하나님, 그들이 기도했던 하나님, 그들이 의지했던 하나님이 얼마나 신실한 분이신가를 알게 될 순간이 찾아온 것입니다.

고생을 같이 해 보면, 우리는 우리와 함께하는 사람들이 어떤 사람인가를 알게 돼요. 평소에는 다 좋은 사람 같아 보이죠. 그런데 고생을 같이 해 보면 사람 속에 있는 것이 다 드러나요. 고통을 당할 때, 곁에 있어주고 손을 잡아줄 수 있는 사람, 이런 사람은 고난의 현장에서 확인됩니다. 고통 가운데 비로소 우리가 상대하는 사람의 인격을 알게 되는 것입니다. 하나님은 고통 속에서 우리에게 다가오십니다. 그래서 고통은 하나님의 신실성을 증명할 수 있는 기회의 마당인 것입니다.

우리가 부르고 있는 고전 찬송가는 대부분 외국 사람들이 작사 작곡한 찬송이죠. 그러나 한국인들이 작사 작곡한 찬송도 몇 개 있습니다. 그런데 아주 독특한 찬송이 하나 있어요. 외국 사람이 한국 성도를 위하여 한국에서 작사한 찬송인데, 여러분도 잘 아는 545장 찬송입니다. "하늘 가는 밝은 길이 내 앞에 있으니 슬픈 일을 많이 보고 늘 고생하여도 하늘 영광 밝음이 어둔 그늘 헤치니 예수 공로 의지하여 항상 빛을 보도다."

이 곡을 작사하신 분은 한국에 와서 사역하시던 윌리엄 스왈른이라는 미국 선교사입니다. 48년간 한국에서 사역하신 분이에요. 많이 알려진 분은 아니지만 아주 신실한 한국인의 친구였고, 한국 사람을 사랑했으며, 이 땅을 사랑했던 선교사였습니다. 그분은 일제 치하에서 핍박받고, 고통받고, 괴로워했던 한국 성도들의 모습을 지켜보았습니다.

그리고 일본 사람들에게 말할 수 없는 고통과 괴로움을 당하면서도 신앙을 포기하지 않고 열심히 하나님을 신뢰하는 한국 성도들의 모습에 너무너무 감동이 된 거예요. 그래서 붓을 들어 작사한 찬송이 바로 이 찬송이에요. 작사는 했는데 작곡할 실력은 없으니까 스코틀랜드 민요에다가 붙인 찬송입니다. 결국 이분은 일본 사람들에게 추방을 당해 한국 땅을 떠나갑니다. 그러나 이분이 남긴 이 아름다운 찬양은 우리 성도들이 고통의 세월을 살 때, 얼마나 무한한 격려와 용기와 위로가 되었습니까?

사랑하는 여러분, 걱정과 근심과 어둠의 그늘이 있어도 하나님의 영광을 바라보는 사람들, 하나님의 능력을 신뢰하고 어둠 속에서 함께하시는 신실하신 하나님을 신뢰하는 자들은 이 어둠을 이겨내고야 말 것입니다. 어둠 속에서도 우리의 손을 놓지 않으시는 하나님의 신실하심을 증명하기 위해서, 때로는 하나님이 기다리셨다가 어두운 고통 속에 있는 우리 곁에 다가와 우리의 손을 잡아주십니다.

하나님의 주권을 드러내기 위하여

어찌하여 더 어려워집니까? 세번째로, 하나님의 주권을 드러내기 위한 것입니다. 한국말은 형용사나 수식어 부분이 아주 뛰어난데, 한 가지 약점이라면 주어, 동사가 불분명할 때가 많아요. 주어, 동사의 강조가 분명하게 나타나지 않을 때가 좀 있습니다.

출애굽기 6:6-8을 영어성경이나, 구약성경을 헬라어로 번역한 70인역에서 보면, 아주 분명하게 나타나는데, '아이 윌'(I will)이라는 단어가 일곱 번 나와요. 우리말 번역에도 '나' 라는 말이 나오긴 나오는데 확실하게 나오지는 않아요. '나' 라는 단어가 얼마나 나오는지 한 번 보세요. "그러므로 이스라엘 자손에게 말하기를 나는 여호와라 내가 애굽 사람의 무거운 짐 밑에서 너희를 빼어내며 그 고역에서 너희를 건지며 편 팔과 큰 재앙으로 너희를 구속하여 너희로 내 백성을 삼고 나는 너희 하나님이 되리니 나는 애굽 사람의 무거운 짐 밑에서 너희를 빼어낸 너희 하나님 여호와인 줄 너희가 알지라 내가 아브라함과 이삭과 야곱에게 주기로 맹세한 땅으로 너희를 인도하고 그 땅을 너희에게 주어 기업을 삼게 하리라 나는 여호와로라 하셨다 하라."

영어성경에서는 구체적으로 일곱 번 나오는데, 일곱 가지 선언이라고 할 수가 있어요. 아주 뚜렷한 선언인데, 이 선언은 동시에 어떤 약속이라고 할 수 있습니다. 이 약속은 보통 약속이 아니라, 하나님의 의지를 드러내는 주권적 약속이라고 할 수 있습니다.

첫번째는 "내가 애굽 사람의 무거운 짐 밑에서 너희를 빼어내며." "내가 무거운 짐 밑에서 너희를 빼어내어 안식을 주겠다"는 안식의 약속입니다.

두번째는 "그 고역에서 너희를 건지며." 여기서도 '내가' 가 나와요. "내가 너희를 그 고역에서 건져낸다." 구출(deliverance)의 약속이에요.

세번째는 "편 팔과 큰 재앙으로 너희를 구속하여." "내가 너희를 구속한다. 내가 너희를 구속하겠다"는 구속의 약속입니다.

네번째는 "너희로 내 백성을 삼고." 양자 됨의 선언입니다.

다섯번째는 "너희 하나님 여호와인 줄 너희가 알지라." 하나님을 인정함에 대한 약속이에요.

여섯번째는 "맹세한 땅으로 너희를 인도하고." 인도의 약속입니다. "내가 너희를 아브라함과 이삭과 야곱에게 주겠다고 약속했던 시온의 땅, 가나안 땅으로 인도하리라."

일곱번째는 "그 땅을 너희에게 주어 기업을 삼게 하리라."

이렇게 일곱 가지 약속이 나오는데, 일곱 가지 모두 하나님의 주권적 약속, 하나님의 주권적 의지를 드러내고 있습니다. "내가 그렇게 하겠다"(I will). 하나님이 직접 하시겠다는 말씀입니다.

제가 서두에 말씀드렸습니다만, 이스라엘 백성들이 너무나 쉽게 애굽 땅을 나왔다고 가정해 봅시다. 두 가지 가능성이 있어요. 하나는, 바로가 "그냥 가라, 가. 고생 많았어." 그러면 이스라엘 백성들이 이렇게 생각할 수도 있어요. "생각한 것보다 바로 왕이 인정이 많으시구나. 여태까지 그걸 몰랐네!" 하며 바로를 찬양하면서 떠났을지도 몰라요.

또 하나는, 이렇게 생각할 수 있다는 거에요. "우리 지도자 모세가 위대하긴 위대해. 한 번 가서 탁 얘기하니까 바로 왕이 겁먹고 우리를 보내잖아! 이제 모세를 우리의 신으로 삼자." 지도자가 훌륭할지라도 하나님은 지도자가 우상화되는 것까지는 허용하지 않으십니다. 리더는 반드시 필요하지만 리더가 우상화되거나 신격화되는 것은 하나님이 허용하지 않으십니다.

그런데 모세까지 손들어버린 이 상황 속에서 뭐가 필요할까요? 하나님이 강한 손으로 개입하시면서 뭐라고 말씀하십니까? "네가 하는 게 아니야. 내가 하는 거야. 착각하지마." 이것이 바로 하나님의 주권적 의지의 선언입니다.

하나님은 때때로 "하나님, 저는 못해요"라고 할 때까지 기다리십니다. 그리고 "하나님, 제가 회개합니다. 이제 제대로 하나님 의지하고 살께요" 하고 손들면, 그 때 비로소 하나님이 간섭하세요.

그럼 우린 어떻게 하죠? 눈물을 흘리면서 "정말이에요. 주님이 하셨어요. 주님이 도와주셨어요"라고 고백하게 됩니다. 그 때 비로소 우리가 하나님을 인정하게 되거든요. 바로 그 때를 위해서 하나님이 기다리시는 상황이 있어요. 우리가 더 어려운 상황을 경험할 수 있는 것도 바로 이 때문입니다. 왜 그렇습니까? 하나님의 주권을 드러내기 위함인 것을 믿으시기 바랍니다.

그런데 이스라엘 백성들은 어떻게 반응했습니까? "들어가서 애굽 왕 바로에게 말하여 이스라엘 자손을 그 땅에서 내어보내게 하라 모세가 여호와 앞에 고하여 가로되 이스라엘 자손도 나를 듣지 아니하였거든 바로가 어찌 들으리이까 나는 입이 둔한 자니이다"(출 6:11-12). 이스라엘 백성들은, 모세가 하나님의 메시지를 전달하였음에도 불구하고 아주 냉정하고 냉담하게 받았던 것 같아요. 백성들의 이런 무관심과 무반응이 지도자인 모세를 얼마나 실망시켰을까요?

그럼에도 불구하고 하나님은 마지막에 다시 이렇게 선언하십니다. "여호와께서 모세와 아론에게 말씀하사 그들로 이스라엘 자손과 애굽 왕 바로에게 명을 전하고 이스라엘 자손을 애굽 땅에서 인도하여 내게 하시니라"(출 6:13). 하나님이 이렇게 말씀하신 거예요. "잔소리 말고 가서 바로에게도 선포하고 내 백성에게도 선포하라. 이제 계속 앞으로 나가라"고 말입니다.

'기도 가운데 하나님께 받은 분명한 말씀이 내 속에 확신으로 임했습니다. 그래서 나는 이제 새로운 삶을 시작하고자 합니다. 그러나 새로운 나의 결단과 삶을 주변 사람들이 이해하지 못하고, 나를 냉담하게 지켜볼 수도 있습니다. 어떤 사람은 나를 조롱할 수도 있습니다.' 그 때 우리가 해야 할 일은 뭘까요? 하나님의 말씀만 들으세요. 주님을 의지하고 계속 앞으로 나가시면 됩니다.

여기서 이런 말씀을 하신 것은 모세가 앞으로도 이런 일을 많이 겪어야 할 것을 하나님이 아셨기 때문이라고 생각합니다. 모세가 계속해서 자기 백성에게 오해받는 상황이 많이 생겼어요, 안 생겼어요? 그 때 할 일은 뭐에요? 하나님 말씀을 의지하고 나가면 되는 거예요. 계속해서 나가면 되는 겁니다. 모세는 이런 일을 많이 경험합니다.

가장 대표적인 예로 홍해바다 앞에 섰을 때 어떻게 했습니까? 바로의 추격도 추격이지만 제일 큰 문제는 뭐였습니까? 이스라엘 백성들이 얼마나 모세를 원망했습니까? "아니, 애굽에 매장할 데가 없어서 이 바다 앞에서 우리를 매장하려고 합니까?" 그 때 하나님이 어떻게 말씀하셨죠? "앞으로 나가라. 잔소리 말고 너는 앞으로 나가라. 사람들이 어떻게 말하든 앞으로 나가라."

하나님의 음성을 들었다면, 하나님의 말씀에 순종하기 위해 앞으로 나갈 뿐입니다. 그러면 바다는 갈라질 것입니다. 새로운 상황이 전개될 것입니다. 하나님의 기적이 우리와 함께할 것입니다. 어두운 밤이 지나갈 것입니다. 새벽을 주시는 주님을 찬양하시기 바랍니다.

묵상과 기도

우리의 인생 길에서, 우리는 자주 "어찌하여 이런 어려움과 고통이 우리를 찾아옵니까?"라고 질문을 던집니다. 이런 원망의 상황들이 우리 인생 가운데는 너무나 많이 있습니다.

기도할 때, "하나님, 이제 내가 하나님의 뜻을 알았습니다. 하나님의 능력을 드러내시기 위해서, 하나님의 신실성을 드러내시기 위해서, 하나님의 주권을 드러내시기 위해서 나의 삶의 장에 이런 어려움과 어둠을 주께서 허용하셨다면, 이제 원망하지 않고 앞으로 나가겠습니다. 주님만 의지하겠습니다. 나를 도우시고, 내 편에 계시며, 약속을 지키시는 신실하신 하나님을 믿습니다"라고 결단하시기 바랍니다.

우리를 둘러싸고 있는 환경이 때로는 내 뜻대로 되지 않고, 고통스러울지라도 실망할 필요가 없음은 전능하신 하나님, 약속을 지키시는 신실하신 하나님이 계시기 때문입니다. 그리고 마침내 하나님의 주권적인 승리를 내 삶 속에 선언하시기 위해서 간섭해 오시는 하나님이 나의 하나님이신 것을 알기 때문입니다. "하나님, 염려하지 않고, 주님을 의지하는 가운데 다시 세상을 향해 나가는 당신의 자녀들이 되게 하옵소서. 예수님의 이름으로 기도합니다. 아멘."

제 **10** 장

모세의 사역의 시작

하나님의 사역을 감당하려는 사람들은 먼저
사역의 자원을 확인하십시오.
또한 사역의 장애물을 예상하십시오.
그리고 마지막으로 사역의 궁극적 승리를 믿으십시오.
하나님은 하나님의 뜻을 따라 소명의 길을 걸어가는 사람들에게
언제나 능력을 공급하십니다.

모세의 사역의 시작
출애굽기 7:1-13

본문 출애굽기 7:1-13은 모세의 사역의 시작을 보여주고 있습니다. 마침내 출애굽의 위대한 역사가 시작됩니다. 그의 사역의 시작은 어떤 의미에서 하나님의 사역을 시작하려고 하는 모든 사람들에게 한 방법이고 모본이라고도 할 수 있습니다.

구원받는 것은, 인간이 경험할 수 있는 가장 위대한 사건이라고 할 수 있습니다. 구원받는 것보다 더 위대하고 중요한 일은 없습니다. 그러나 우리를 구원하는 것이 하나님의 궁극적인 목표는 아닙니다. 구원은 우리 삶의 가장 중요한 사건의 시작일 따름입니다.

지옥 가야 할 우리가 지옥 가지 않고 천국 가게 된 것은 매우 중요한 일입니다. 그러면 우리는 천국 갈 때까지 무엇을 해야 합니까? 지옥은 면했는데, 하나님의 나라는 확실히 보장되었는데, 그 나라에 도달하기까지 지금 이 땅에서 무엇을 하면서 살아야 합니까? 하나님은 우리를 구원하실 뿐만 아니라 우리를 향한 계획을 가지고 계시며, 지금 우리에게 할 일을 주십니다. 이것이 소명이며, 사역입니다. 목사는 목사대로 소명이 있고, 평신도는 평신도대로 소명이 있습니다.

하나님께서 사역을 준비하지 않고 구원하신 사람은 한 사람도 없습니다. 그러나 자기의 사역을 발견하지 못하고, 그 사역을 수행하지 못한 채 세상을 떠나가는 사람들도 많습니다. 여러분, 주께서 우리를 구원하실 때는 반드시 맡기시고자 하는 어떤 일, 소명, 사역이 있다는 사실을 믿으시기 바랍니다.

본문은 바로와 대결하면서 출애굽의 위대한 사역을 시작하는 시점에서의 모세의 나이를 밝혀주고 있습니다. 몇 살에 시작했습니까? "그들이 바로에게 말할 때에 모세는 팔십 세이었고 아론은 팔십삼 세이었더라"(출 7:7). 물론 모세시대에는 지금 우리보다 평균수명이 훨씬 더 높았을 거예요. 그렇지만 그 당시 기준으로도 팔십이라는 나이는 결코 젊은 나이가 아닙니다.

성경의 기자가 이 사역이 시작되는 위대한 시점에서 모세의 나이를 굳이 밝히는 이유는, 하나님의 사역에 있어서 늦은 때라는 것은 결코 있을 수 없다는 사실을 보여주기 위함입니다. 하나님의 일에 있어서 때가 늦었다는 이유는 있을 수 없습니다. 언제 부르심을 받든지 올바른 태도로 주께 응답하기만 하면 쓰임받을 수 있습니다. 여러분의 나이가 몇 살인지는 모르지만 지금도 늦지 않았습니다.

브리태니카 백과사전 편집진들이 모여서 백과사전에 실린 소위 위대한 인물들, 역사 속에 위대한 발자취를 남긴 사람들의 생애를 살펴보면서 통계를 낸 일이 있습니다. 인류역사에 괄목할 만한 업적을 남긴 사람들 가운데 34퍼센트 정도는 오십 세 이하에, 35퍼센트는 육십 대에 그 일을 성취했습니다. 또 23퍼센트는 칠십 대에 성취했고, 나머지 8퍼센트는 팔십 대에 성취했습니다. 그러고 보면, 인류역사 가운데 위대한 업적을 남긴 사람들의 66퍼센트 정도는 육십 세 이후에 그 일을 성취했다는 결론이 나옵니다. 희망이 생겨요, 안 생겨요? 저는 이 말씀을 보니까 너무너무 위로가 되더라구요. "야, 나는 아직 시작도 안했구나. 이제부터 하면 되겠구나."

사역의 자원을 확인하라

본문은 하나님의 사역을 시작하고자 하는 사람들에게 몇 가지 중요한 교훈을 줍니다. 첫번째로 중요한 것은 사역의 자원을 확인하는 것입니다. 하나님의 일을 시작할 때, 우리는 그 사역의 자원을 먼저 확인할 필요가 있습니다. 특별히 중요한 두 가지는 하나님의 능력과 하나님의 말씀입니다. 하나님께서는 하나님의 일을 맡기는 모든 사람들에게 능력을 부여하시고 말씀을 주십니다. 하나님의 능력과 하나님의 말씀은 가장 중요한 자원입니다. 이것 없이는 어떤 유형의 일도 성취할 수 없습니다.

자, 말씀이 주어졌는데 능력이 없어요. 말씀을 통해서 비전도 갖게 되고, 방향도 알고, 일도 알았어요. 그러나 능력이 없다면, 아무것도 할 수가 없어요. 한편 능력은 있으나 말씀이 없어 방향이 없고 목표가 없어요. 이 또한 아무것도 할 수가 없죠. 하나님의 일을 감당하는 데 있어서 가장 중요한 두 가지 자원은 하나님의 능력과 하나님의 말씀입니다. 하나님께서는 모세에게 이 두 가지를 다 주십니다. 하나님의 능력을 주시고 하나님의 말씀을 주십니다.

출애굽기 7:1을 보세요. "여호와께서 모세에게 이르시되 볼지어다 내가 너로 바로에게 신이 되게 하였은즉 네 형 아론은 네 대언자가 되리니." 출애굽기 3-4장을 보면, 하나님이 모세를 부르시고 소명의 자리로 가라고 계속 촉구하시지만 모세는 계속해서 어떻게 응답합니까? "할 수 없습니다. 못합니다. 능력이 없습니다." 광야 생활을 하는 40년 동안 모세의 패기가 다 상실됐습니다. 겸손해진 것까지는 좋은데, 아주 무력한 사람이 되고 말았습니다. 가능성을 상실해 버린 그런 사람 말입니다.

출애굽기 6장 마지막 부분에 보면, 아직도 모세는 핑계를 대고 있습니다. "여호와께서 모세에게 일러 가라사대 나는 여호와라 내가 네게 이르는 바를 너는 애굽 왕 바로에게 다 고하라 모세가 여호와 앞에서 고하되 나는 입이 둔한 자이오니 바로가 어찌 나를 들으리이까"(출 6:29-30). "이렇게 말도 제대로 못하는데, 어떻게 바로를 설득하며, 내 백성을 인도할 수 있겠습니까? 하나님, 저는 못해요"라고 말하는 것입니다.

그런데 본문 7:1에서 하나님은 어떻게 말씀하시죠? "여호와께서 모세에게 이르시되 볼지어다 네가 너를 바로에게 신이 되게 하였은즉." 이것은 엄청난 선언입니다. 그러나 하나님 앞에서 신이라는 말은 아니에요. 바로에게 마치 신과 같은 존재가 되게 하신다는 말씀입니다. "바로가 너를 쳐다볼 때 너를 평범한 인간이 아니라 마치 신처럼 우러러볼 것이다." 이 얼마나 위대한 가능성을 부여하셨습니까? 모세에게 뿐만 아니라 하나님의 일을 감당하려고 하는 모든 사람들에게 하나님은 이런 어마어마한 가능성을 부여하십니다.

시편 82:6에 보면, 놀라운 선언이 있습니다. "내가 말하기를 너희는 신들이며 다 지존자의 아들들이라 하였으나." 우리들을 뭐라고 그랬죠? 신들이며, 지존자의 아들들이라고 했습니다. 그런데 우리가 하나님이 된다는 얘기는 아니에요. 오해하지 마세요. 그렇다고 다른 어떤 신적 존재가 된다는 말도 아니에요

시편 82:1-2을 보세요. "하나님이 하나님의 회 가운데 서시며 재판장들 중에서 판단하시되 너희가 불공평한 판단을 하며." 이 말씀의 대상이 누구죠? 재판하는 사람들입니다. 그들은 누구를 대신해서 재판합니까? 하나님을 대신해서 하죠. 그런데 하나님을 대신하여 재판하기 위해 세우심을 받은 사람들이 제대로 재판하지 못한다는 것입니다.

"가난한 자와 고아를 위하여 판단하며 곤란한 자와 빈궁한 자에게 공의를 베풀지며 가난한 자와 궁핍한 자를 구원하여 악인들의 손에서 건질지니라"(시 82:3-4). 이것은 재판장들이 해야 할 중요한 미션입니다. "저희는 무지무각하여 흑암 중에 왕래하니 땅의 모든 터가 흔들리도다"(시 82:5). 그들이 제대로 못하기 때문에 그것을 지금 한탄하고 있는 것입니다. "내가 말하기를 너희는 신들이며 다 지존자의 아들들이라 하였으나 너희는 범인같이 죽으며"(시 82:6-7). 그들은 신적 존재같이 위대한 가능성을 가지고 위대한 일을 행하도록 소명을 받은 존재들인데, 그 일을 제대로 하지 못하기

때문에 나중에 범인같이 죽는다고 말씀하십니다.

그러니까 오해는 하지 마세요. 우리가 신이 된다는 말이 아니에요. 이런 성경의 말씀을 극단적으로 잘못 적용해서 뉴에이지 운동 같은 데서는 '인간이 곧 신이다' 라는 범신론적인 주장을 합니다. 하지만 문맥에서 보면, 이것은 인간이 가진 위대한 가능성에 대한 선언입니다. 하나님의 미션을 감당하는 사람들, 하나님의 소명을 감당하는 사람들, 하나님의 일을 이 땅에서 감당하기 위해 부르심을 받아 그 일에 헌신하는 사람들을 향해서 "너희는 신과 같은 존재며, 지존자의 아들들이다"라고 말씀하신 것은 위대한 가능성에 대한 선언입니다.

그런데 그 가능성을 사용하지 못하고 어떻게 해요? 범인같이 다 죽어버린다는 것입니다. 아무것도 아닌 인생처럼 우리는 인생을 끝내버리고 만다는 것입니다. 그 가능성을 매장시키고 사는 인생의 덧없음을 한탄하는 것입니다.

고등학교 학생들이 실험을 하나 했는데, 벼룩이 얼마만큼 높이 뛸 수 있는가에 관한 것이었습니다. 벼룩들이 상당히 높이 뛰었어요. 그래서 그 다음에는 몇 마리의 벼룩 위에 유리컵을 엎어 놓았어요. 얼마큼 뛰었을까요? 유리컵 높이밖에 못 뛰었겠죠? 그렇게 한참 뛰게 한 후에 유리컵을 치웠습니다. 얼마큼 뛰었을까요? 유리컵 높이밖에 못 뜁니다. 그러니까 유리컵이라는 한계를 받아들인 거예요. "나는 이 만큼밖에 뛸 수가 없다. 뭐, 이렇게 살다가 죽는 거지." 자기 인생의 한계를 스스로 부여하고, 그 한계 아래서 인생을 끝내버리고 만다는 말입니다.

그러나 성경이 주는 가능성을 보세요. 모세가 자꾸 '못한다, 못한다' 그러니까, 하나님이 "너는 바로에게 신과 같은 존재야" 하고 말씀하십니다. 그리고 또 말을 못한다고 하니까 출애굽기 7:1에 보면, "네 형 아론은 네 대언자가 되리니"라고 말씀하십니다. 하나님은 이렇게 완벽한 준비를 해놓고 부르십니다. 하나님은 우리를 부르실 때 그냥 부르시지 않아요. 그러므로 우리가 할 수 없어서 못하는 법은 없어요. 순종하지 않기 때문에 못할 따름입니다. 하나님은 우리를 소명의 장으로 부르실 때, 하나님의 일터로 부르실 때, 우리에게 그 가능성을 부여하십니다.

예수께서 제자들을 전도하러 내보내실 때 그냥 내보내셨어요, 능력을 주어서 내보내셨어요? 복음서에 보면, 어떻게 내보내셨죠? 제자들에게 귀신을 쫓아내는 권능과 병을 고칠 수 있는 능력을 주신 다음에 '가라' 고 말씀하셨습니다. 주께서 우리를 부르실 때, 저마다 소명이 다 달라요. 그러나 다 할 일이 있어서 태어났습니다. 특별히 구원받은 사람들, 하나님은 그들을 구원하시기 위해서만 부르신 것이 아닙니다.

천국의 소망이 있다고 해서 갈 때까지 손놓고 기다릴 수는 없잖아요? 지금 여기서도 할 일이 있어요. 그래서 구원과 소명이 같이 올 때가 많아요. 하나님께서는 우리를 구원하시면서 바로 할 일을 보여주세요. 대표적인 예는 아마 바울과 같은 경우겠죠? 다메섹 도상에서 그가 회심을 하자마자, 하나님께서 즉각적으로 그에게 뭐라고 말씀하십니까? "너는 이방인들에게 복음을 전하기 위해서 내가 택한 그릇이다." 단지 구원받고 그리스도인만 되는 것, 지옥 가지 않고 천국 가는 것, 하나님의 백성이 되는 것이 궁극적인 목표가 아니라는 말이에요.

이 땅에 사는 동안에는 할 일이 있어요. 그 할 일을 발견하세요. 그리고 그 일 안에서 보람을 찾으세요. 인생의 미션을 찾으세요. 그러기 위해서 첫번째로 중요한 것은 사역의 자원을 확인하는 일입니다. 먼저 하나님의 능력을 확인하세요. '하나님이 나에게 일 할 수 있는 능력을 주셨다'고 믿으시기 바랍니다. 하나님은 그냥 부르시지 않아요.

사역의 두번째 자원은 말씀입니다. "내가 네게 명한 바를 너는 네 형 아론에게 말하고 그는 바로에게 말하여 그로 이스라엘 자손을 그 땅에서 보내게 할지니라"(출 7:2). 지금부터 모세가 할 일은 무엇입니까? 하나님이 그에게 말씀하신 바를 형 아론에게 말하는 것, 즉 하나님의 말씀을 증거하는 거예요. 그리고 그 말씀을 실현하는 것입니다. 모든 그리스도인들의 사역의 본질은 하나님의 말씀을 성취하는 것입니다. 그런 의미에서 세속적 인생과 하나님의 백성들의 인생이 달라요. 이 땅에 살고 있는 대부분의 사람들은 자기의 욕심, 자기의 야망을 위해서 인생을 삽니다. 그러나 하나님의 백성인 우리는 무엇을 위해서 살아야 합니까? 하나님의 말씀을 이루는 삶을 살아야 합니다.

말씀 속에는 하나님의 비전이 있습니다. 나를 향하신 하나님의 뜻, 하나님의 비전, 하나님의 소원을 이루기 위해 사는 것이 우리의 인생인 것을 믿으십시오. 그리스도인의 사역의 본질은 하나님의 말씀을 이루는 것입니다. "내가 교회 일꾼 된 것은 하나님이 너희를 위하여 내게 주신 경륜을 따라 하나님의 말씀을 이루려 함이니라"(골 1:25). 나의 뜻을 이루는 것이 아니에요. 내 생각을 이루는 것이 아니에요. 단순히 내 야망을 이루는 것이 아니에요. 하나님의 말씀을 이루는 것입니다. 그렇다고 해서 내 어떤 소원이 하나님의 말씀과 반대되는 것은 아니에요. 하나님이 그것을 원하시기 때문에 그 소원을 주실 수가 있어요. 내가 하나님과 바른 관계 안에 산다면, 하나님은 말씀을 통해서 내 속에 하나님의 뜻에 합당한 소원을 일으켜주세요.

목회자이든 평신도이든 상관없이 모든 그리스도인들은 다 사역자에요. 우리가 너무 좁은 의미에서 목회자들에게만 한정시켜 사용하고 있습니다만, 사실은 모든 그리스도인들이 다 사역자에요. 전신자(全信者) 제사장직의 본질이 바로 이것입니다. 예수님을 통해 다 하나님 앞에 나올 수 있다는 것에서 끝나는 것이 아니라, 모든 그리스도인들이 하나님으로부터 소명을 받아 다 사역할 수 있다는 것, 이것이 전신자 제사장직의 본질이에요. 그리스도 안에서 몸된 모든 지체들은 다 하나님의 사역자들이에요.

우리는 그분의 사역자, 일꾼으로서 우리를 향하신 하나님의 말씀과 비전과 뜻을 이루어야 합니다. 우리가 평생 할 일은 그 말씀을 이루어 나가는 거예요. 그리스도인의 삶은 말씀대로 순종하고, 하나님이 말하라고 하신 것을 말하고, 행하는 것입니다. 그것을 평생 하는 거예요. 주께서 내게 말씀하신 바를 나도 말하고 또 그대로 행하는 것입니다.

모세는 이제 그 인생을 시작합니다. "모세와 아론이 여호와께서 자기들에게 명하신 대로 곧 그대로 행하였더라"(출 7:6). 모세는 쓰임받을 만한 사람입니다. 여러분, 사역의 자원을 확인하십시오. 사역의 두 가지 자원은 무엇입니까? 하나님의 능력과 말씀입니다.

사역의 장애를 예상하라

두번째로, 사역의 장애를 예상하십시오. 다시 말하면, 하나님의 사역을 할 때 쉬울 것이라고만 예상하지 말라는 것입니다. 하나님이 원하시는 일임에도 불구하고 그 사역에 언제든지 장애물이 있다는 것을 예상하십시오. 하나님은 그것을 미리 경고하십니다. 출애굽기 7:3을 보세요. "내가 바로의 마음을 강퍅케 하고 나의 표징과 나의 이적을 애굽 땅에 많이 행하리라마는." 쉽게 풀리지만은 않을 것임을 경고하시는 말씀입니다.

'내가 바로의 마음을 강퍅케 하고.' 앞에서도 지적했습니다만, 아직도 이런 말씀 앞에 어려움을 느끼실 분들이 있을지 몰라요. "하나님이 강퍅케 하는 법이 어디 있습니까?" 하고 말입니다. 그런데 이 말씀을 이해하는 데는 중요한 원칙이 하나 있어요. 그것은 바로가 스스로 마음을 강퍅케 했기 때문에 하나님이 그대로 버려두신 결과로 강퍅해진 것입니다. 이것이 이런 말씀들을 이해하는 중요한 해석학적인 원칙입니다.

로마서 1:28이 아주 좋은 사례라고 할 수 있습니다. "또한 저희가 마음에 하나님 두기를 싫어하매 하나님께서 저희를 그 상실한 마음대로 내어버려두사 합당치 못한 일을 하게 하셨으니." '합당치 못한 일을 하게 하셨으니.' 이 부분만 보면 꼭 누가 한 것 같아요? 하나님이 합당치 못한 일을 하게 하신 것처럼 오해할 수가 있죠? 그러나 그 전반부에 뭐가 전제되어 있습니까? "저희가 마음에 하나님 두기를 싫어하매", 하나님이 그냥 놔뒀어요. 그랬더니 결과적으로 합당치 못한 일을 하게 되었어요.

하나님이 처음부터 그렇게 만든 것이 아니라 그럴 만했기 때문에 그런 나쁜 도구로 쓰신 것입니다. 아무나 나쁜 도구로 쓰시는 것은 아닙니다. 따라서 나쁜 도구로 쓰임을 받도록 처음부터 그렇게 만든 것은 없습니다. 스스로 그런 길을 선택하는 사람들을 그런 일을 위해 쓰신다는 겁니다.

중요한 것은, 하나님의 뜻을 따라 소명의 길을 걷기 시작한 모세에게 그 길이 평탄치만은 않을 것이라는 사실입니다. 왜 평탄치 못하게 하실까요? 하나님이 기뻐하시는 일이라면, 스무드하게 되어야 하지 않겠어요? 그런데 모든 일이 장애물 하나 없이 스무드하게 되어 나가면 우리가 무얼 안하게 될까요? 기도를 안하게 되죠. 그리고 방종하기가 쉬워요. 그러나 어려운 일이 생기면 무얼하게 됩니까? 긴장을 하죠. 그리고 엎드려 기도하게 되죠. 이게 가장 중요한 이유인 것 같아요.

그러나 어려움만 있다고 말씀하지는 않아요. 출애굽기 7:3에 보면, 또 뭐라고 약속하십니까? "나의 표징과 나의 이적을 애굽 땅에 많이 행하리라마는." 출애굽기 11장에서부터는 모세와 바로의 역사적 대결이 시작됩니다. 열 재앙이 시작되죠? 그런데 그 재앙이 어떻습니까? 아주 약한 재앙부터 큰 재앙으로 발전해 나가죠? 그럴수록 하나님의 능력도 더 크게 나타납니다. 어려움이 많을수록 더 큰 능력을 경험하게 될 줄로 믿으시기 바랍니다.

우리 삶이 난관에 부딪칠수록, 어려움이 더할수록, 역경이 더할수록, 곤란이 더할수록 우리를 도우시는 하나님의 능력도 강력해질 것입니다. 할렐루야! 이것이 약속이에요. "그러니까 네가 어려움이 있을 걸 각오해라. 내 일이지만, 또 내가 원하는 길을 가고 있지만 그래도 어려움이 있을 것이다. 그러나 잊지 말아라. 내가 표적과 기사로 너와 함께할 것이다." 우리는 표적을 보게 되면, 표적 그 자체에만 집중하게 돼요. 그러나 중요한 것은 표적이 아닙니다. 그 표적을 통해서 하나님은 자신의 권위와 말씀을 확인하실 뿐이에요. 말씀이 훨씬 더 중요한 것입니다. 예컨대, 마가복음 16:20을 보세요. "제자들이 나가 두루 전파할새 주께서 함께 역사하사 그 따르는 표적으로 말씀을 확실히 증거하시니라."

하나님은 모세에게 말씀을 주십니다. 그 말씀을 통해서 모세는 하나님의 백성들을 인도해 가고 하나님의 뜻을 성취해 갑니다. 그런데 지금 표적이 일어나요. 따르는 표적으로 무얼 증거한다고 했습니까? 말씀을 증거한다고 했습니다. 그러니까 뭐가 더 중요한 거예요? 말씀이 중요한 것입니다. 표적은 말씀을 확인하는 하나의 방편이고 수단이에요.

처음 사역이 시작되면서 한 가지 기적이 일어나죠? 어떤 기적입니까? "바로가 너희에게 이르기를 너희는 이적을 보이라 하거든 너는 아론에게 명하기를 너의 지팡이를 가져 바로 앞에 던지라 하라 그것이 뱀이 되리라"(출 7:9). 지팡이가 뱀이 되는 기적입니다.

그런데 재미있는 것은 바로도 자기의 술객들을 통해서 똑같은 일을 행하죠? 출애굽기 7:11에 보면, "박사와 박수를 부르매"라고 표현되어 있습니다. 박사는 과거에 점성술을 하던 사람이고, 박수는 일종의 마술사예요. 이런 사람들이 애굽이나 고대세계에서는 굉장한 상류층이었어요. 아주 대접을 받던 사람들이었습니다. 바로는 그들을 불러서 똑같은 일을 행하게 했습니다.

그러나 참된 기적과 거짓된 기적의 차이가 무엇일까요? 모세의 기적은 어떤 기적입니까? 우선 기적의 동기가 중요해요. 모세는 어떤 마음으로 기적을 행했을까요? 하나님을 나타내기 위해서입니다. 바로는 이런 것을 통해서 무얼 나타내기 원했을까요? 자기를 나타내기 원했습니다. 여기서 진정한 표적과 가짜 표적이 나타나는 것을 볼 수 있습니다.

우리가 표적만 가지고 그것이 하나님으로부터 나온 것인지, 아닌지 구별하지 못할 때가 많습니다. 표적만 보고 따라다니면 안돼요. 어떤 사람이 표적을 행할 때에 그 표적의 동기가 어디 있는지, 정말 하나님을 나타내려고 하는지, 아니면 자기 과시용인지를 분별하는 것은 참 중요합니다. 기적의 동기, 표적의 동기가 어디 있느냐는 매우 중요합니다.

또 모세의 표적은 어떻게 일어납니까? 그 말씀에 대한 순종으로 나타나요. "너의 지팡이를 가져 바로 앞에 던지라"(출 7:9)고 하나님이 말씀하셨어요. "모세와 아론이 바로에게 가서 여호와의 명하신 대로 행하여 아론이 바로와 그 신하 앞에 지팡이를 던졌더니 뱀이 된지라"(출 7:10). 여기서 중요한 것이 무엇입니까? '여호와의 명하신 대로 행하여.' 왜 기적을 행했어요? 하나님이 명하셨기 때문입니다. 그 말씀에 순종함으로 기적이 일어난 것입니다.

그러나 애굽 술객들은 무엇으로 행했습니까? 술법으로 했습니다. 하나님의 능력으로 한 것이 아니라 술법으로 했습니다. 어떤 술법으로 했는지는 잘 모르지만 고대 애굽문서들을 읽어보면, 그 당시 마술이 굉장히 유행했는데, 뱀 같은 것에 최면을 걸면 딱 서버립니다. 뱀이 딱 서면 뭐 같을까요? 지팡이 같을 거예요. 그러다가 최면을 딱 풀어버리면 다시 뱀이 되는 겁니다. 아마도 그런 술법을 사용했을 가능성이 많다고 학자들은 생각합니다. 그러니까 술법으로 한 것입니다.

나타나는 표징으로 볼 때에는 똑같아요. 현상이 비슷합니다. 그러나 애굽 술객들은 술법으로 하고, 모세는 하나님의 능력으로 했습니다. 그러므로 현상만 가지고는 모를 때가 많이 있습니다. 현상만 딱 보고 "야, 저 사람은 굉장한 하나님의 능력을 가진 모양이다"라고 생각하면 안돼요. 동기가 중요합니다. '무엇 때문에 하는가? 정말 하나님을 드러내기 위함인가? 자기 과시용인가? 왜 하는가? 말씀에 순종함으로 하는가? 술법으로 하는가? 하나님의 능력을 통해서 하는가? 이것은 참 중요한 것입니다. 사단도 자기를 뭘로 가장한다고 그랬죠? '광명의 천사'로, '의의 일꾼'으로 가장한다고 성경은 말씀합니다.

그러나 하나님의 진실한 사역자들에게는 하나님이 그 일을 감당할 수 있도록 언제나 능력을 공급하십니다. 그 과정에서 기적도 일어날 수가 있어요. 기적을 자꾸만 구하는 것은 좋지 않아요. 그러나 하나님의 일을 수행하는 데 기적이 필요하면 하나님이 기적도 주신다는 사실을 믿으시기 바랍니다.

하나님의 사역을 감당하려면, 첫번째로 사역의 자원을 확인하십시오. 두번째로 사역의 장애물을 예상하십시오. 장애물 때문에 기권하거나 좌절하거나 넘어지면 안되죠? 왜냐하면 하나님이 능력으로 함께하시기 때문입니다.

사역의 궁극적 승리를 믿으라

마지막으로, 사역의 궁극적 승리를 믿으십시오. 출애굽기 7:12을 보세요. "각 사람이 지팡이를 던지매 뱀이 되었으나 아론의 지팡이가 그들의 지팡이를 삼키니라." 참 재미있었을 것 같아요. 똑같이 뱀이 되었는데, 아론의 지팡이 뱀이 다 삼켜버렸단 말이죠. 그러니까 술객들의 뱀은 없어졌고, 나중에 뭐만 남았어요? 아론의 지팡이만 남았습니다.

'삼켜버렸다' 는 말은 '승리했다' 는 말입니다. 이것은 모세의 승리, 아론의 승리, 모세와 아론과 함께하신 하나님의 승리였습니다. 참은 거짓을 이깁니다. 불의는 결코 의를 이길 수가 없어요. 최후에는 의가 승리할 것을 믿으시기 바랍니다. 믿음은 불신앙을 이길 것입니다. 따라서 사역의 궁극적 승리를 신뢰해야 합니다.

이 놀라운 하나님의 기적과 표적이 나타나는 현장에서도 바로는 어떤 반응을 보입니까? "그러나 바로의 마음이 강퍅하여 그들을 듣지 아니하니"(출 7:13). 바로는 아직도 모세의 메시지를 거절하고 있습니다. 얼마나 실망이 되었겠어요? 그러나 모세는 실망하지 않았습니다. 실망했다는 흔적이 없습니다. 왜 그랬을까요? 이러한 난

관이 있을 것을 하나님이 미리 말씀하셨기 때문이죠. "바로가 너희를 듣지 아니할 터인즉 내가 내 손을 애굽에 더하여 여러 큰 재앙을 내리고 내 군대, 내 백성 이스라엘 자손을 그 땅에서 인도하여 낼지라"(출 7:4).

예고를 듣고 준비하고 있었다면, '올 것이 왔구나' 하고 생각할 거예요. '그러나 하나님은 그것까지 아신다. 그리고 하나님은 이 모든 상황을 컨트롤하신다. 이 상황의 주인은 하나님이시다. 역사의 주인은 하나님이시다' 라는 사실을 신뢰할 때, 우리는 결코 후퇴할 필요가 없습니다. 우리가 승리롭게 앞을 향해 전진해 나갈 줄로 믿으시기 바랍니다.

묵상과 기도

우리는 할 일이 있어서 태어난 인생들입니다. 여러분 각자가 할 일이 있어요. 그 일을 빨리 발견하시기 바랍니다. 작은 일이든 큰일이든 소중한 일입니다. 한평생 살면서 주님을 위해서 해야 할 아주 중요한 일들이 다 있어요. 하나님은 그저 일자리로 부르시는 것이 아니라, 하나님의 능력을 보장해 주시고, 또 하나님의 말씀을 우리에게 주십니다. 우리는 이 말씀을 통해서 하나님의 비전을 갖고, 위대한 가능성을 바라보면서 인생의 길을 걸어갈 수가 있습니다. 늘 쉽지만은 않을 것입니다.

사랑하는 여러분, 인생의 길에 언제나 장애가 있다고 주께서 말씀하십니다. "너희가 세상에서는 환난을 당하나 담대하라 내가 세상을 이기었노라." 그렇습니다. 우리의 길, 소명의 길, 사역의 길에 어려움이 있을 것입니다. 그러나 어려움이 클수록 하나님의 도우시는 능력도 클 것입니다. 하나님이 기사와 이적으로 우리를 도와주실 것입니다. 마침내 우리는 승리할 것입니다. 최후의 승리를 얻을 것입니다. 이 승리를 믿고 나갈 때, 우리는 어떤 어려움이 있어도 그 모든 장애물들을 뛰어넘고, 하나님의 뜻을 이루는 놀라운 도구로 쓰임받게 될 것입니다. 오, 하나님! 한평생 아무것도 두려워하지 않고 소명의 길을 당당하게, 담대하게 걸어갈 수 있도록 도와주시옵소서.

"천성을 향해 가는 성도들아 앞길에 장애를 두려 말아라 성령이 너를 인도하시리니 왜 지체를 하고 있느냐 앞으로 앞으로 천성을 향해 나가세 천성문만 바라고 나가세 모든 천사 너희를 영접하러 문 앞에 기다려 서 있네."

하나님, 우리가 가는 길이 평탄한 길, 순적한 길, 역경이 없는 길만은 아닌 것을 너무나 잘 압니다. 주께서는 우리가 구속함을 입고 은혜를 입은 당신의 자녀요, 백성임에도 불구하고 우리가 가는 그 길에 장애물이 있을 것을 성경을 통해서 예고하셨습니다.

모세의 사역의 시작 215

"하나님, 오늘의 장애물 때문에 주저앉거나 낙심하는 사람이 없도록 도와주시옵소서. 주께서 함께하신다면 능히 이길 것입니다. 어려움이 클수록 도우시는 손길도 클 것을 믿습니다. 일어나겠습니다. 전진하겠습니다. 걸어가겠습니다. 기어이 승리할 것입니다. 하나님, 함께해 주시옵소서. 기적을 나타내 주시옵소서. 능력을 나타내 주시옵소서. 하나님의 승리를 선포하는 인생이 되게 해 주시옵소서. 예수님의 이름으로 기도합니다. 아멘."

제 11 장

열 재앙

하나님보다 더 사랑하게 만드는 모든 것,
내가 주님을 사랑하지 못하고,
주 앞에 내 삶이 성숙하지 못하게 만드는 일체의 것,
그것이 바로 우상입니다.
이 모든 우상을 파하고 앞으로 나아가는 삶 가운데
진정한 자유, 진정한 헌신,
진정한 기쁨을 누리게 될 것입니다.

열 재앙
출애굽기 7:14-11:10

　이 장에서는 하나님께서 모세를 통해 애굽에 내린 열 가지 재앙의 내용을 개괄적으로 살펴보고자 합니다. 인생을 살면서 우리가 삶의 장에서 경험하는 많은 재앙들은 자연적인 재앙일 때가 많습니다. 그러나 어떤 재앙은 하나님의 심판의 결과이기도 합니다.
　출애굽기 7-11장에 나타나는 재앙들은 애굽 땅을 통치하고 있었던 당시의 바로와 바로를 추종하던 사람들, 또 바로의 뒤에서 역사하고 있던 사단, 사단의 지배 아래 있었던 그 시대의 문화와 그 땅에 대한 하나님의 심판의 결과였습니다.
　오늘 우리는 본문을 통해 하나님의 심판의 도구로 그 땅에 베풀어졌던 이 재앙의 사실들을 몇 가지로 나누어서 생각해 보려고 합니다.

재앙의 목적

먼저 재앙의 목적입니다. 하나님이 왜 이런 재앙을 그 땅에 허락하셨는지 세 가지로 정리해 볼 수 있습니다.

첫째로, 하나님의 능력을 계시하시기 위해서입니다. 하나님의 능력을 계시하시기 위해서 하나님께서 이 재앙을 베풀어 주셨습니다. "술객이 바로에게 고하되 이는 하나님의 권능이니이다 하나 바로의 마음이 강퍅케 되어 그들을 듣지 아니하였으니 여호와의 말씀과 같더라"(출 8:19).

모세가 베풀고 있는 하나님의 이적을 애굽의 마술사들이 상당히 흉내냈습니다. 그러나 그들의 흉내는 한계가 있었습니다. 애굽의 술사들은 모세의 그 위대한 이적이 하나님의 능력으로 말미암았다는 사실을 분명히 알았습니다. 그리고 모세를 통해서 이런 이적들이 일어나고, 하나님의 심판이 진행되자 술객들조차도 바로에게 뭐라고 보고합니까? "이것은 하나님의 권능입니다. 이것은 하나님이 하시는 일이 틀림없습니다." 술객들의 배후에 사단이 있었다면, 이것은 참 놀라운 고백이에요. 사단까지도, 귀신들까지도 하나님을 알아 모시고 있는 장면을 볼 수 있습니다.

가끔 보면, 무당의 권유로 예수 믿는 사람들이 있어요. 점보러 갔더니 예수 믿으라고 해서 예수 믿었대요. 제가 그런 사람을 여럿 만나봤습니다. 우리는 모르지만 귀신은 하나님을 귀신같이 알아 모십니다. 술객들조차도 "이것은 하나님의 능력이다. 이것은 하나님의 권능이다"라는 놀라운 고백을 했습니다.

출애굽기 9:16에 보면, 하나님이 모세를 세우시고, 그를 통해서 이런 이적들을 행하시고, 또 애굽 땅에 재앙을 베푸시는 이유가 단적으로 잘 나타나 있습니다. "내가 너를 세웠음은 나의 능력을 네게 보이고 내 이름이 온 천하에 전파되게 하려 하였음이니라." 이것이 재앙의 첫번째 목적이에요. 하나님의 능력을 계시하시기 위해서입니다.

둘째로, 애굽 땅을 심판하시기 위해서입니다. 잠시 후에 열 가지 재앙의 성격을 좀더 구체적으로 하나하나 규명해 보겠습니다만, 이 열 가지 재앙은 각각 애굽 사람들이 섬기던 우상 신들과 관련된 것들입니다. 그래서 각각의 재앙들은 그 신들과 그 신들의 지배하에 있었던 애굽 땅과 애굽 우상문화에 대한 하나님의 심판이었습니다.

셋째로, 이스라엘을 해방하시기 위해서입니다. 이스라엘을 해방하시기 위해서 하나님이 이 재앙을 베푸신 것입니다. 물론 바로는 이스라엘 백성들을 보내지 않기 위해서 끈질긴 저항을 하죠? 그러나 저항할수록 하나님의 능력은 더해집니다. 그리고 그 재앙은 더 강력해집니다. 마침내 바로는 이스라엘 백성들을 보낼 수밖에 없었습니다. 몇 가지 재앙이 지나간 후에 보냅니까? 마지막 열번째 재앙을 당하고 나서야 비로소 바로는 항복하고 이스라엘 백성들을 내보냅니다. 따라서 이스라엘을 해방하시기 위한 재앙이었다고 할 수 있습니다.

재앙의 단계

이제 재앙의 단계를 살펴보겠습니다. 열 가지 재앙이 어떤 단계로 실시되었습니까? 우선 열 가지 재앙이 뭐죠? 피 재앙, 개구리 재앙, 이 재앙, 파리 재앙, 악질 재앙, 독종 재앙, 우박 재앙, 메뚜기 재앙, 흑암 재앙, 장자 재앙입니다.

첫번째 재앙은 피 재앙입니다(출 7:14-25). 무엇을 피로 만든 거죠? 모세가 나일강의 하수를 지팡이로 치니까 피로 변했습니다. 사실 이것은 나일강에 대한 심판이라고도 할 수 있습니다. 나일강은 애굽 사람들에게 어떤 역할을 했을까요? 생명의 젖줄과 같은 역할을 했어요. 그래서 그들은 나일강의 물을 귀히 여긴 나머지 나일강을 보호하는 신들이 있다고 믿었습니다.

나일강을 지키는 유명한 신, 셋이 있었습니다. 첫째는 '하피'(Hapi)인데, 나일강을 다스리는 제일 유명한 남자 신입니다. 그 다음에는 '이시스'(Isis)인데, 나일강의 여신입니다. 사실 남신과 여신 사상은 원시적인 애니미즘(Animism) 신관에서 항상 존재해 왔습니다. 이것이 기독교에 끼친 무서운 영향 중에 하나는 카톨릭의 실수인데, '어떻게 하나님만 있느냐, 하나님 하고 비슷한 여신이 있어야지' 해서 마리아를 그 자리에 올려놓은 거예요. 이것은 굉장히 무서운 것입니다. 마리아가 존경과 축복의 대상이 될 수는 있지만 신의 자리로 올라갈 수는 없죠. 고대문화 속에는 항상 이런 남신과 여신 사상이 공존하고 있었습니다. 그 다음에 또 나일강을 지키는 두 신보다 지위는 낮지만, 가드(Guard)처럼 전체를 관리하는 관리자로 '크눔'(Khnum)이라는 신이 있었습니다. 그래서 하피, 이시스, 크눔 이렇게 세 신이 있었어요.

애굽 사람들은 이 신들이 나일강을 보호한다고 믿었습니다. 그런데 모세가 지팡이로 치니까 어떻게 되었어요? 피로 변해 버렸습니다. 이 신들이 무력하게 된 것입니다. 그들이 믿고 의지했던 우상 신들이 하나님의 권능 앞에서 얼마나 무력한 것인지 여실히 드러나는 장면입니다. 이것이 바로 피 재앙의 정체입니다.

두번째 재앙은 뭐죠? 개구리 재앙입니다(출 8:1-15). 저는 이 개구리 재앙을 잘 이해하는 사람이에요. 제 설교를 들은 사람은 아마 기억하실지 모르지만, 저는 결혼 첫날밤에 개구리 재앙을 경험했습니다. 신혼여행을 온양 온천으로 갔는데, 호텔에 들어가서 가방을 여니까 개구리가 막 튀어나오는 거예요. 개구리가 튀니까 잡기가 무지 힘들더라구요. 한 마리를 잡아놓고 죽일 수도 없고 살릴 수도 없고 해서 쓰레기통에 집어넣었는데, 자꾸만 튀어나오려고 해요. 한 마리를 잡아넣고 나면 또 한 마리가 튀어나오고, 간신히 한 가방에 들어 있던 열댓 마리를 잡아 쓰레기통에 넣었는데, 그 다음 가방을 여니까 또 나오는 거예요.

사연인즉, 제가 결혼한다고 하니까 제가 가르치던 학생들이 우리 식구들에게 와서 '전도사님 선물을 준비했으니까 가방을 달라'고 하여 가방마다 개구리를 잡아넣은 거예요. 첫날밤을 개구리와 함께 … 어떻게 잊을 수가 있겠어요? 저같이 멋진 첫날밤을 보낸 사람은 아무도 없을 거예요.

그런데 애굽 사람들은 개구리를 신처럼 생각했습니다. 개구리가 생식력이 좋기 때문에 다산을 하고, 여인의 출산을 돕는 신이라고 믿었습니다. 애굽 사람들은 역사적으로, 전통적으로 개구리를 먹지 않습니다. 그래서 애굽에는 개구리 요리가 없습니다. 또한 개구리 모양을 한 신도 몇 개 있었는데, 대표적인 신이 '헤케트' (Heget)라는 신입니다. 본래 이 단어는 '백만이다', '무지무지하게 많다'는 뜻입니다. 이것 또한 다산을 상징하는 신입니다.

고대에는 자녀를 많이 낳는 것이 무기였죠. 그러니까 개구리는 다산의 신이고, 생산의 여신이었어요. 개구리 재앙은 바로 그들이 신처럼 섬기던 개구리에 의해서 오히려 피해를 입는 사건입니다. 그들이 섬기던 신이 축복이 아니라, 오히려 저주가 되는 역설적인 하나님의 심판의 사건이라고 볼 수 있습니다.

세번째 재앙은 뭐죠? 이 재앙입니다(출 8:16-19). 기분이 또 어땠을까요? 아마 나이 많으신 분들은 어렸을 때 이와 함께 살았던 추억이 생생할 것입니다. 지금 신세대는 이 재앙을 잘 몰라요. 저만 해도 이 재앙을 생생하게 기억해요. 밤새도록 그냥 손톱으로 이 잡고 … 얼마나 이를 많이 잡았던지 손톱이 새빨갛게 돼요. 그래 가지고 세수도 안하고 밥 먹고 그랬어요. 그게 뭐 오래 전 얘기가 아니에요. 불과 얼마 전 얘기에요.

모세가 지팡이를 들어 땅의 티끌을 치니까 땅의 티끌이 다 이로 변했습니다. 땅도 애굽 사람들이 소중히 여기던 것이었습니다. 특별히 애굽 사람들은 '땅' 하면 사막을 연상했습니다. 사막은 그들을 보호하고 지키던 소중한 땅이었습니다. 그래서 애굽 사람들이 섬기던 신 가운데는 땅의 신, 사막의 신으로 '세트'(Set)라는 신이 있었어요.

그런데 그 땅을 치니까 다 무엇으로 변했어요? 이로 변했습니다. 그 소중한 땅, 그들의 생명의 근원, 그들이 발을 디디고 살던 그 땅이 이로 득실거려 그들을 괴롭히고 고통스럽게 합니다. 그것은 그들이 섬기던 세트라는 신이 축복이 아니라 오히려 저주였음을 또 한번 증명하는 심판이었습니다. 이것이 이 재앙의 정체입니다.

네번째로, 파리 재앙입니다(출 8:20-32). 파리 재앙은 어떨까요? 얼마 전에 유학생 수련회 때문에 호주에 갔다왔는데, 호주에는 왜 그렇게 파리가 많은지 몰라요. "호주가 굉장히 깨끗하고 좋은 나라인 줄 알았는데, 왜 그렇게 파리가 많으냐?"고 물으니까, "호주 파리는 너무너무 깨끗한 파리니까 걱정하지 말라"고 했습니다. 파리를 엔조이해야 된대요. 호주 사람들은 모자를 쓰고 다니는데, 모자에 줄이 내려져 있어요. 카우보이 모자 같은 데다 줄을 내렸는데, 파리들이 달려들 때 모자를 흔들면 파리가 쫙 날아가요. 유학생 수련회 장소에도 파리가 들끓어서 모자가 꼭 필요하더라구요.

그런데 이 파리가 애굽 사람들에게는 신과 같은 존재였어요. 애굽 사람들의 머릿속에는 날아다니는 파리가 자신들의 운명을 지배하는 신이라는 관념이 있었어요. 구약에도 동일한 명칭이 존재했는데, 예수님이 마귀에게 사용했던 칭호 가운데 '바알세불'이란 말이 있죠? 바알세불은 '파리의 왕'이란 말입니다. '세불'이 '파리'란 말이므로, 바알세불은 '파리의 두목', '파리의 왕'이란 뜻입니다.

애굽 땅에는 이 바알세불 말고도 또 '우앗치트'(Uatchit)란 신이 있었는데, 이것도 파리 신이에요. 파리 모양으로 된 신입니다. 이렇게 그들이 파리 모양으로 된 신들을 만들어놓고 숭배했는데, 그들이 숭배하던 파리가 오히려 그들을 공격하고 괴롭힌 것입니다.

그런데 놀라운 사실은, 이 파리가 어디만 공격했습니까? 애굽 사람들만 공격했습니다. 이스라엘 백성들이 거하고 있었던 고센 땅에는 파리의 공격이 없었습니다. 그러니까 그들의 신이 진노하는 순간까지도 하나님의 백성들은 다스리지 못하며, 오히려 그들을 파괴하고 공격할망정, 하나님의 백성들과는 상관이 없다는 사실을 보여주는 사건이 바로 이 파리 재앙이었습니다.

다섯번째는 무슨 재앙입니까? 악질 재앙입니다(출 9:1-7). "여호와의 손이 들에 있는 네 생축 곧 말과 나귀와 약대와 우양에게 더하리니 심한 악질이 있을 것이며"(출 9:3). 악질이 어디에 났어요? 생축들, 즉 가축들에게 났습니다. 생축의 존재는 애굽 사람들에게 있어서 아주 신성한 것이었습니다. 그들이 가장 소중히 여기는 재산이 바로 생축이었습니다. 그래서 그들은 이 가축을 신처럼 숭배했습니다.

애굽 사람들이 숭배하던 신 가운데 '핫솔'(Hathor)이라는 신이 있었습니다. 그들은 이 신의 형상을 암소 머리 모양으로 만들었는데, 이것은 가축을 상징하고, 가축을 보호하는 신이었습니다. 그들이 재산 1호로 생각했던 가축들, 너무 귀하게 생각한 나머지 신처럼 떠받드는 이 생축에 무엇이 발생했어요? 악질이 발생했습니다. 가축이 죽어 넘어가는 장면을 봤을 때, 애굽 사람들은 무얼 느꼈을까요? 그들의 생축을 보호한다고 믿었던 그 신들이 하나님의 심판 앞에서 얼마나 무력하고, 형편없는가를 실감하는 순간이었어요.

'아피스'(Apis)라는 수소 신도 있었습니다. 이러한 신들이 하나님의 심판 앞에서 무력함을 나타내주는 사건, 이것이 악질 재앙의 정체입니다.

여섯번째는 독종 재앙입니다(출 9:8-12). 이 독종이 누구까지 공격합니까? 술객들까지도 공격했어요. 애굽의 모든 마술사까지도 공격했습니다. 애굽 땅의 마술사에게 주어진 가장 중요한 직무는 마술을 보여주는 것이 아니라 병을 고치는 것이었습니다. 그들은 치료자였습니다. 그런데 치료자에게 뭐가 붙었어요? 독종이 붙었습니다. 마술사들이 죽어 넘어지는 광경을 보았을 때, 애굽 사람들은 무엇을 느꼈을까요? 그들이 믿고 의지했던 것들이 얼마나 허무하고, 무력한 것인지를 실감했을 것입니다.

그들에게는 그들의 건강을 지켜주고, 그들이 병들었을 때 치료해 준다고 믿었던 많은 신들이 있었습니다. 그 중에 대표적인 치유신은 '세크매트'(Sekhmet)라는 신이었습니다. 이 신은 질병을 예방하는 신이었어요. 또 일단 병이 들면 치료하는 '수누'(Sunu)라는 신도 있었습니다. 이처럼 질병을 예방하기도 하고, 치유하기도 하는 신이 있었습니다.

그러나 이런 신들이 하나님의 심판 앞에 얼마나 무력했습니까? 심지어 이 신들을 의지하고, 이 신들과 교통하면서 사람들의 병을 치료하던 술객들이 병에 걸려 쓰러지는 장면을 보았을 때, 그들은 자신들이 믿고 있었던 우상에 대해 얼마나 허무함을 느꼈을까요? 이것이 독종 재앙의 정체였습니다.

일곱번째는 우박 재앙입니다(출 9:13-35). 우박이 막 쏟아지니까 두 가지 현상이 일어났어요. 하늘이 어두워졌고, 땅의 채소와 나무가 다 쓰러지기 시작했습니다. 그들이 먹을 수 있는 식물의 근원이

다 말라버리고 말았습니다. 그리고 하늘이 캄캄해져 하늘을 볼 수가 없었습니다. 이것은 아마도 우상 신들에 대한 하나님의 심판의 의도였을 것입니다.

또 애굽 사람들이 숭배하던 신 가운데 '누트'(Nut)라는 신이 있었습니다. 이것은 하늘의 여신이었습니다. 또 '오시리스'(Osiris)라는 수확의 여신이 있었습니다. 그러나 하늘을 지키는 신도 수확을 지키는 신도 우박이 쏟아지는 순간, 다 무력했습니다. 아무런 역할을 할 수가 없었습니다. 이것은 우상 신과 우상을 떠받들던 역사와 땅과 문화에 대한 하나님의 준엄한 심판이었습니다.

여덟번째는 메뚜기 재앙입니다(출 10:1-20). 메뚜기로 인해 어떤 피해를 입었습니까? 농작물이 다 전멸해 버리고 말았습니다. '세라피스'(Serapis)와 '세스'(Sets)라는 농작물을 보호하는 신도 있었습니다. 그러나 거대한 메뚜기 떼의 공격 앞에 이런 신들은 농작물을 하나도 보호할 수 없는 무력한 존재였습니다. 하나님은 이렇게 해서 우상 신들을 심판하신 것입니다.

아홉번째는 흑암 재앙입니다(출 10:21-29). 태양은 다시 떠오르지 않았습니다. 세상은 어두워졌습니다. 얼마나 공포였을까요? 애굽 사람들이 우상 신 가운데서 제일 자랑스러워했던 신이 뭐죠? 태양신이었습니다. 태양신의 이름이 뭐에요? '레'(Re) 혹은 '라'(Ra)에요. 애굽의 신 가운데서 제일 높은 신입니다. 그러나 하늘은 어두워졌고 다시는 햇빛을 볼 수가 없었습니다. 그들의 신은 침묵하고 있었습니다. 하나님이 그 신을 공격한 거예요. 태양신의 조금 낮은 신이지만, '호루스'(Horus)라는 신도 일종의 태양신이었습니다. 흑암 재앙은 이런 신들에 대한 하나님의 심판이었습니다.

열번째는 장자가 죽는 재앙입니다(출 11-12장). 장자가 죽는 재앙은 무슨 신에 대한 심판이었을까요? 바로에 대한 심판입니다. 바로에게 있어서 가장 귀한 존재가 뭐에요? 그의 아들, 장자죠. 그 당시 애굽의 통치자는 자기 자신과 자기의 장자, 자기의 위업을 계승할 왕자를 신으로 선포했습니다. 따라서 바로는 신이었어요. 그리고 바로의 보좌를 이어받을 왕자도 신이었습니다. 그러니까 하나님께서 그 신을 심판하신 거예요. 하나님이 괜시리 장남들과 유감이 있어서 데려가신 것이 아니고, 그 당시 애굽의 문화가 바로와 바로의 아들을 우상으로 떠받들었기 때문입니다.

우상은 반드시 무너집니다. 제가 예언을 할께요. 김정일은 반드시 무너져요. 우상이기 때문에 그렇습니다. 우상은 무너지게 되어 있습니다. 시간문제일 따름이에요. 하나님은 우상을 용납하실 수 없어요. 하나님이 제일 싫어하는 것이 우상입니다. 우상이 되면, 하나님은 그 다음부터 우상을 허는 작업을 시작하십니다.

이렇게 해서 하나님은 애굽의 모든 우상들이 무너지는 심판을 그 땅에 행하셨습니다. 그것은 점점 더 큰 재앙으로 나아갔어요. 열 가지 재앙은 피 재앙, 개구리 재앙, 이 재앙, 파리 재앙, 악질 재앙, 독종 재앙, 우박 재앙, 메뚜기 재앙, 흑암 재앙, 장자 재앙이었습니다.

재앙의 결과

마지막으로, 재앙의 결과에 대해 살펴보겠습니다. 이것은 하나님의 심판의 결과입니다. 여기서 우리가 특별히 주목할 것은, 하나님이 이렇게 심판하시는 동안에 바로가 어떻게 반응했는가 하는 사실입니다. 바로의 반응을 통해 우리가 살펴보아야 할 것은 사단의 전략입니다. 바로의 뒤에는 사단이 있었어요. 하나님의 백성들을 붙들고 있었던 마귀의 역사가 있었습니다. 우리는 바로의 반응을 통해서 사단의 전략을 살펴야 합니다. 그리고 사단의 전략은 지금도 변하지 않았다는 사실을 기억해야 합니다. 우리는 사단의 전략을 알고서 사단을 패배시키는 전략을 배워야 합니다.

재앙이 진행되는 동안에 바로가 보여준 반응은 네 가지 단계로 나타납니다. 첫번째 단계는 출애굽기 8:25입니다. "바로가 모세와 아론을 불러 이르되 너희는 가서 이 땅에서 너희 하나님께 희생을 드리라." 하나님이 계속 모세를 통해서 재앙을 내리니까 마침내 바로가 허락을 했습니다. 모세가 "내 백성으로 하여금 가게 하라"는 하나님의 말씀을 계속 전했죠? 그런 가운데 재앙이 계속되자, 바로는 보낼 수밖에 없다고 감을 잡기 시작합니다. 결국 바로는 "가서 이 땅에서 너희 하나님께 희생을 드리라"고 말합니다. 여기서 강조된 단어는 '이 땅에서'에요.

원문에 보면, '이 땅 여기에서' 입니다. '멀리 가지 말고 여기에서 제사를 드리라' 는 말입니다. "가긴 가는데 멀리 가지 말고, 이 땅의 범위 안에서, 내가 통치하고 있는 영역을 벗어나지 말고, 내 땅의 통치 영역 안에서 하나님을 예배하라"고 허락하는 것입니다.

여러분, 우리가 예수님을 믿고, 예수님을 사랑하고, 예수님께 헌신하려고 할 때도 사단은 똑같은 전략을 구사합니다. 어떻게 전략을 구사할까요? "믿기는 믿어. 하지만 자꾸 이 세상을 떠나려고 하지는 마. 그냥 이 안에서 믿어." 이것이 사단의 첫번째 전략입니다.

두번째 반응은 출애굽기 8:28입니다. "바로가 가로되 내가 너희를 보내리니 너희가 너희 하나님 여호와께 광야에서 희생을 드릴 것이나 너무 멀리는 가지 말라." 조금 변하죠? 모세가 "그럴 수 없다. 가야 한다"고 계속 주장을 하니까, 바로가 마침내 "그래, 보내긴 보내는데, 내 땅을 떠나도 좋은데, 광야로 가도 좋은데, 너무 멀리는 가지 말라"고 했습니다.

어떤 경우, 아내가 예수를 열심히 믿으면, 아주 이성적인 남편이 이렇게 충고합니다. "좋아 좋아, 믿는 것 좋지. 그런데 너무 깊이는 들어가지 말라구." 바로 마귀가 역사하는 거예요. 바로에게 역사하던 동일한 사단이 남편 배후에서 그렇게 역사할 수 있습니다. 여러분, 주께서 어제나 오늘이나 변함이 없으신 것처럼, 사단도 어제나 오늘이나 변함이 없어요. 똑같이 역사해요.

세번째 반응은 출애굽기 10:9-10입니다. "모세가 가로되 우리가 여호와 앞에 절기를 지킬 것인즉 우리가 남녀노소와 우양을 데리고 가겠나이다 바로가 그들에게 이르되 내가 너희와 너희 어린 것들을 보내면 여호와를 너희와 함께하게 함과 일반이니라 삼갈지어다 너희 경영이 악하니라." 무슨 얘기에요? "재앙이 계속되니 할 수 없다. 다 가라. 멀리 가도 좋다. 그런데 어린 것들은 데리고 가지 말라. 자녀들은 데리고 가지 말라. 믿으려면 너희들만 열심히 믿고, 자식들은 믿게 하지 말라"는 말입니다.

여러분, 우리가 다음 세대를 잃어버리면 기독교의 미래는 없습니다. 이것은 참 중요한 것입니다. 제가 한국교회에 대해서 제일 마음 무겁게 생각하는 것은 '한국교회의 노령화' 입니다. 이렇게 되면 안돼요. 교회 안에는 젊은이들이 많아야 돼요. 이들이 한국교회의 미래에요. 제가 구라파의 교회에 갈 때마다 혹은 미국의 어떤 교회들을 방문할 때마다 가슴아픈 것은 하얀 노인네들만 와서 앉아 있는 거예요. 노인들을 무시하는 게 아니에요. 주님 안에서 아름답게 늙어 머리가 하얗게 되는 것은 얼마나 영광스러운 일인지 몰라요.

그러나 사랑하는 여러분, 교회의 미래는 젊은이, 청소년에게 있습니다. 따라서 그들을 잃어버리면 교회의 미래가 없어요. 사단은 자기의 전략이 먹혀 들어가지 않으면 어떻게 합니까? '이 사람들을 내가 예수 믿지 못하게 할 수 없다' 고 생각하면, 사단은 젊은이와 청소년을 공격합니다. "너희 어린 것들은 데리고 가지 말라. 너희들만 천국 가라. 신세대는 신세대의 문화가 있느니라. 더 이상 간섭하지 말고 놔두라." 이것이 사단의 전략입니다.

네번째 반응은 출애굽기 10:24입니다. "바로가 모세를 불러서 이르되 너희는 가서 여호와를 섬기되 너희 양과 소는 머물러 두고 너희 어린 것은 너희와 함께 갈지니라." 이것은 마지막 재앙 직전이죠? 11장에서 장자가 죽는 재앙이 선포되잖아요? 마지막 재앙 직전에 바로가 마지막으로 호소하는 겁니다. 뭐라고 호소를 합니까? "그래, 다 가라. 자식들이고 뭐고 다 가라. 그런데 양과 소는 가지고 가지 마라." 양과 소는 애굽 사람들이나 이스라엘 백성들에게 다같이 소중한 재산이에요. "이것만은 가지고 가지 마라." 바로가 끝까지 붙들고 늘어졌던 것은, 그들이 가장 소중히 여기는 재산이었습니다.

여러분, 한 사람이 자기 인생을 주님께 드리려고 할 때, 사단이 끝까지 공격하는 것이 뭔 줄 아세요? "시간도 바쳐라. 마음도 바쳐라. 사랑도 바쳐라. 그러나 물질은 바치지 말라. 인생을 살려면, 또 늙으면 돈이 있어야 돼. 뭐니뭐니 해도 머니가 필요해. 그것 없으면 늙어서 추하게 되느니라. 그것만은 바치지 말라." 끝까지 사단이 붙들고 늘어지는 것이 물질입니다. 이처럼 사람이 가장 집착하고 애착을 갖는 것은 물질입니다. 물질에서 자유하지 않으면 그 헌신은 온전할 수가 없습니다.

제가 목회하면서 성도들의 삶을 가만히 관찰해 보면, 참 믿음이 없이는 헌금을 못해요. 어느 정도 믿음의 성장은 헌금생활과 비례한다는 말이 전혀 틀린 말이 아니에요. 이것은 통계학적인 실증입니다. 얼마나 많이 바치느냐가 중요한 게 아니에요. 생활에 비례해서 얼마나 드릴 줄 아느냐가 중요한 것입니다.

물질에 대한 헌신은 바로 마음에 대한 헌신입니다. 사랑에 대한 헌신이에요. 구체적으로 내가 하나님을 사랑하는 것을 물질에 담아서 드릴 줄 아느냐 못하느냐가 헌신의 마지막 테스트, 궁극적인 테스트입니다. 사단은 그 부분을 붙들고 늘어집니다. '그것만은 포기하라'고 말이죠.

그러나 여러분, 물질에서 자유하면 인생이 그렇게 자유할 수가 없어요. 그것 놔보세요. 얼마나 자유한지 몰라요. 여러분이 주 앞에서 물질에 자유한 자가 되시길 바랍니다. 온전한 헌신을 주 앞에 바쳐보시기 바랍니다.

자유하다고 해서 가난해지는 게 아니에요. 하나님께서 필요한 것을 다 주십니다. 저는 아내와 얘기할 때마다 '참 신기하다'고 합니다. 다 드리는데 어떻게 들어오는지 몰라요. 그래도 쓸 것은 있어요. 하나님이 얼마나 신실하게 공급하시는지 몰라요. 하나님은 언제나 신실하게 모든 성도들의 삶 속에 간섭하십니다. 물질에서 자유할 때, 하나님은 그 인생을 책임져주십니다.

세상의 역사 속에서 가장 돈을 많이 쓴 사람들은 그리스도인일 거예요. 요한 웨슬레는 돈을 얼마나 많이 썼는지 몰라요. 조지 뮬러 역시 많은 돈을 썼어요. 이런 사람들은 특징이 있어요. 물질에 자유한 사람들이에요. 자기 것이 없는 사람들이에요. 다 드린 사람들이에요. 하나님은 이런 사람들에게 맡기십니다. 자유한 사람, 욕심이 없는 사람 말입니다.

'내가 맡길 만하다' 하니까 하나님이 주시는 것이지 "내가 이것만은 놓치지 못하겠사오니…" 하는데 어떻게 하나님이 주시겠어요? 줄 수가 없죠. 다 자유한 사람에게 하나님이 주십니다. 끝까지 바로가 공격한 부분이 그 부분이에요. "그것만은 네가 놔두고 가라."

그러나 그것을 드릴 때, 내 인생의 새로운 이정표가 시작됩니다. 이제 출애굽의 역사가 시작될 것입니다. 이제 마지막 재앙과 함께 위대한 출애굽의 역사가 펼쳐집니다.

묵상과 기도

우상 신들은 애굽 땅에만 있었던 것이 아닙니다. 지금도 하나님보다 더 사랑하게 만드는 모든 것, 내가 주님 사랑하지 못하고, 주 앞에 내 삶이 성숙하지 못하게 만드는 일체의 것, 그것이 우상입니다.

하나님, 이 모든 우상을 포기하고, 우상을 넘어서서 삶 가운데 진정한 자유, 진정한 헌신, 진정한 기쁨을 누리는 우리 삶이 되게 해 주시옵소서.

"하나님 아버지, 감사합니다. 이 시간도 주의 말씀을 받았습니다. 사단은 얼마나 전략적으로 우리 삶을 붙들고, 우리 삶이 주 앞에 드려져 쓰임받는 그 일을 방해하고 있는지요. 그러나 하나님, 우리가 주님을 의지합니다. 주께서 우리 삶의 주인 되심을 선포합니다. 사단은 우리 삶에 관계할 것이 없는 존재이오니 우리를 붙들고 있는 사단과 악령들은 물러갈지어다. 성령이여 우리를 충만케 해 주시옵소서. 우리에게 자유를 주시옵소서. 우리 주님을 의지하고, 사단의 권세를 파하고, 앞으로 나아가는 승리를 우리에게 베풀어 주시옵소서. 세월이 더할수록 주님과의 깊은 사랑 속에서 살아 계신 주님의 영광을 선포하는 도구로 쓰임받게 도와주시옵소서. 사단을 깨뜨리고 악령들을 깨뜨리고 승리의 역사를 선포하는 도구로 당신의 사랑하는 자녀들을 써주시옵소서. 예수님의 이름으로 기도합니다. 아멘."

제 **12** 장

열번째 재앙과 유월절

하나님은 우상을 그대로 두지 않으십니다.
언젠가 반드시 우상을 헐어내십니다. 그래서 마지막 심판은,
애굽 사람들이 가장 소중히 여기는, 그들의 생명과 재산을 계승하는
처음 난 것, 처음 난 자에 대한 것이었습니다.
이 사건은 하나님을 반역하던 애굽 땅에 대한 하나님의
마지막 심판이면서 동시에 하나님의 백성인 이스라엘 사람들에게는
해방의 시작이었습니다.
깊은 역사의 밤은 새로운 역사의 새벽과 맞닿아 있습니다.

열번째 재앙과 유월절
출애굽기 11-12장

　인류의 역사를 공부해 보면, 수많은 사건들의 연속이었음을 알 수 있습니다. 그 중에는 중요한 사건들도 있고, 역사에 큰 영향을 끼치지 못한 사건들도 있습니다. 그런데 어떤 사건들은 역사의 방향을 근본적으로 바꾸는 대변혁을 가져왔습니다. 그것을 기독교에서는 '카이로스'의 사건이라고 말합니다. 이 카이로스의 사건은 하나님의 뜻을 이루기 위해서 하나님이 간섭하시고, 역사의 방향을 바꾼 사건을 말합니다.

　'카이로스'란 말은 '때', '시간'이란 뜻인데, '위기'(crisis)라는 말로 번역될 수도 있습니다. 그 사건이 단순히 위기일 뿐만 아니라 너무나 중요한 사건일 때에는 '크리티컬'(critical)이란 말을 사용합니다. 크리티컬한 사건은 아주 중요한 사건을 의미합니다.

　이렇듯 역사 속에 많은 사건들이 일어났지만, 그 중에서도 가장 중요한 사건은 십자가의 사건입니다. 이보다 더 중요한 사건은 없습니다. 이것은 역사를 BC와 AD로 나눈 사건의 절정입니다. 예수께서 우리 죄를 대신하여 십자가에서 죽으심으로 구속의 역사를 완성하시고, 장사한 지 사흘 만에 부활하신 사건, 사람들이 그리스도의 부활의 능력 안에서 새로운 삶을 살기 시작한 때, 이것을 세속의 역사는 중요한 사건으로 다루지 않을지 몰라요. 그러나 하나님의 눈으로 볼 때는 이 세상에 일어난 모든 사건 가운데 십자가의 사건보다 더 중요한 사건이 없습니다.

출애굽기 11-12장에 나타난 소위 열번째 재앙과 유월절 사건은 그 십자가 사건의 그림자를 만든 사건이라고 할 수 있습니다. 이것은 이스라엘 역사에서 가장 중요한 사건입니다. 지금도 이스라엘 사람들은 역사 속에 일어난 많은 사건들을 기념하는 이스라엘의 명절들을 지키는데, 그 중에서 가장 중요한 의미를 지닌 명절이 바로 이 유월절(Passover)입니다. 이 유월절 사건은, 하나님께서 모세를 통해서 애굽 땅에 내리신 심판의 재앙, 열번째 재앙과 맞물려 있죠? 왜 열 가지씩이나 재앙을 내렸을까요? 두 가지 중요한 의미가 있습니다.

열 가지 재앙, 하나님의 오래 참으심

첫째로, 열 가지 재앙은 바로 하나님의 인내, 즉 하나님의 참으심을 보여주는 것입니다. 우리 나라에도 비슷한 문화적 풍속이 있다고 생각합니다만, 그 당시 애굽 사람들의 습관 가운데는 무슨 일을 하다가 최고로 참는 것이 열까지 세면서 참는 거예요. 참는 것의 최대치가 열 번까지였다는 말입니다. 하나님은 재미있는 분이시죠? 저는 이것을 '하나님의 문화 적응'이라고 부릅니다. 하나님이 이집트의 문화에 적응하신 한 사례라고 할 수 있습니다.

그런데 그 열 가지 재앙이 규모나 심판의 내용에 있어서 점점 더 세지고 혹독해지는 것을 볼 수 있습니다. 하나님이 하나하나의 재앙을 진행하면서 참고 기다리신 거예요. 그냥 단칼에 끝내 버릴 수도 있지만 열 가지 재앙을 통해 오래 참으시는 하나님의 속성을 보여주시는 것입니다. 동시에 사람들에게 회개의 기회를 주신 것입니다. 특별히 바로 왕에게 그리고 애굽 땅에 살던 모든 사람들에게 주신 회개의 기회라고 할 수 있습니다.

베드로후서 3:9을 보면, "주의 약속은 어떤 이의 더디다고 생각하는 것같이 더딘 것이 아니라." 여기서의 약속은 심판과 재림의 약속입니다. "오직 너희를 대하여 오래 참으사 아무도 멸망치 않고 다 회개하기에 이르기를 원하시느니라." 하나님은 사람들이 회개에 이르기를 원하십니다. 그래서 하나님은 오래 참으십니다.

'오래 참는다'는 말은 하나님이 '오래 고통하신다'는 말입니다. 참는 것은 고통스러운 일입니다. 오래 참는다는 것은 영어로 'longsuffering'인데, 긴 고통입니다. 거룩하시고 의로우신 하나님은 당장에 진노를 붓고 싶으실지도 모릅니다. 그러나 하나님의 또 다른 속성, 사랑과 연민의 속성, 불쌍히 여기심의 속성 때문에 하나님은 오래 참으십니다. 사람들이 회개에 이르기를 기다리십니다. 그러나 '오래 참는다'고 그랬지 '영원히 참는다'고는 하지 않으셨습니다. 때가 이르면 하나님의 참으심은 진노로 변하여 심판이 됩니다.

열번째 재앙, 심판과 구원의 갈림길

마침내 마지막 열번째 재앙이 나타납니다. "여호와께서 모세에게 이르시기를 내가 이제 한 가지 재앙을 바로와 애굽에 내린 후에야 그가 너희를 여기서 보낼지라 그가 너희를 보낼 때에는 여기서 정녕 다 쫓아내리니"(출 11:1). 한 가지 재앙을 더 내린 후에야 바로가 이스라엘 백성을 보내게 될 것이라고 하나님이 말씀하셨습니다. 그것이 마지막 재앙임을 말씀하신 것입니다.

마지막 재앙은 어떤 재앙이었습니까? "모세가 바로에게 이르되 여호와께서 이같이 말씀하시기를 밤중에 내가 애굽 가운데로 들어가리니 애굽 가운데 처음 난 것은 위에 앉은 바로의 장자로부터 맷돌 뒤에 있는 여종의 장자까지와 모든 생축의 처음 난 것이 죽을지라"(출 11:4-5). 한마디로 말하면 어떤 심판입니까? 장자뿐만 아니라 생축까지도 처음 난 것을 다 가져가시는 심판이었습니다.

지금까지 있었던 아홉 가지 재앙들은 다 애굽 사람들이 사랑하고 소중히 여기는 것들에 대한 심판이었습니다. 예를 들어, 나일 강이 피로 변했는데, 이 강이 얼마나 중요한지 몰라요. 아주 소중한 것이죠. 생명의 젖줄이고 근원입니다. 그런데 중요한 것은, 우리가 사랑하는 것이 다 우상이 될 가능성이 있다는 점입니다. 그 자체는 다 소중한데 그것을 하나님보다 더 소중히 여기면, 또 그 소중한 것을 주신 하나님을 망각하면, 그것이 우상이 된다는 말입니다.

강, 자연 … 이 모든 것은 아름다운 하나님의 선물이에요. 그러나 자연을 숭배할 때, 우상숭배가 되는 것입니다. 자연이 얼마나 아름다운 것이에요. 자녀들, 얼마나 소중한 선물입니까? 그러나 경배하면 안돼요. 요즘 자식들을 경배하는 부모들이 얼마나 많은지 몰라요. 자식들한테 쩔쩔맵니다. 자식은 하나님의 선물이에요. 하나님의 뜻에 따라 키우고, 때가 되면 보내는 것입니다. 내 것도 아니고 경배의 대상도 아니에요. 우리가 소중히 여기는 모든 선물들도 그 선물의 근원이신 하나님을 망각할 때 우상이 됩니다. 이 사실을 잊지 말고 기억하시기 바랍니다.

지금은 제 아이들이 많이 컸습니다만, 아이들이 어렸을 때, 제가 해외에 나갔다가 들어오면 꼭 조그만 선물을 사들고 왔습니다. 아빠로서 점수 좀 따려구요. 집에 와서 초인종을 딱 누르면 언제나 첫째 아들보다 둘째 아들이 먼저 뛰어나와요. 제가 늘 이야기합니다만, 아들 둘을 길러보면 둘째가 항상 오버액션이 많아요. 첫째 자리를 빼앗긴 서러움을 보상받기 위해서인지 항상 행동이 크죠. 항상 둘째가 먼저 뛰어나와 "아빠!" 하고 와서 매달리고 그랬어요. 그 때가 좋았습니다. 너무너무 행복했어요. 그럴 때마다 저는 "장가들기 잘했구나, 잘했군 잘했어" 하며 아빠의 행복을 확인했어요. 그러나 저는 둘째가 매달릴 때마다 그 다음 행동을 능히 예측할 수가 있었습니다. "아빠!" 하고 부른 다음에 가방을 딱 째려봐요. 선물 가져왔느냐 이거죠. "선물 사왔어?" 그래서 "사왔다!" 그러면, 딱 잡아들고 자기 방에 들어가 두 번 다시 저를 쳐다보지 않아요. 여러분, 그 때의 아빠의 고독을 이해하십니까?

이 자식이 기다린 것은 내가 아니라 선물이었습니다. 자기가 그 선물을 받을 수 있는 것은 내가 선물을 주었기 때문인데, 선물을 준 나는 망각하고 선물에만 관심을 갖는단 말이죠. 얼마나 섭섭한지 몰라요. "나를 기다린 것이 아니라 선물을 기다렸구나."

자연도 선물이고, 자식도 선물이고, 다 선물이에요. 그런데 그것을 경배하면 우상이 됩니다. 열 가지 재앙의 대상들은 다 애굽 사람들이 소중히 여기는 것들입니다. 그런데 그것들이 다 우상이 되어 있었습니다. 거기다가 애굽 사람들은 그것들 하나하나를 지키는 다른 신이 있다고 생각했습니다. 하나님은 그것을 하나하나 다 심판했습니다. 열번째 재앙의 대상인 처음 난 것은 생명을 계승하는 것 아니겠어요? 맏아들을 소중히 여기는 것은 동양권 문화에서 특별히 강조되던 전통적 사고죠.

나중에 시편 기자는 이 사건을 돌이켜보면서 어떻게 해석합니까? "애굽에서 모든 장자 곧 함의 장막에 있는 그 기력의 시작을 치셨으나"(시 78:51). 장자에 대한 표현이 재미있죠? 무슨 표현을 썼습니까? "그 기력의 시작." 아버지의 힘을 받아 그것을 계승하는 첫 번째 아들이 얼마나 귀합니까?

그 당시 바로 왕은 바로 신이었습니다. 애굽 땅에서 바로 왕이란 존재는 신과 같았습니다. 그의 아들도 신격화되었습니다. 신의 아들이니까, 다음 정권을 계승할 자니까 말입니다. 그 애굽의 귀신이 아마 북한 김일성에게 들어간 것 같아요. 거기도 얼마나 신격화되어 있는지 몰라요. "위대하신 수령님은 우리와 함께 영원히 계시다." 북한에 가보면 그것으로 가득 차 있습니다. 저는 그것을 보면서 북한 사람들에게 전도하기가 좋겠다고 생각했습니다. '위대한 수령님'을 '위대한 예수님'으로 바꾸면 다 말이 되니까요. 인간이 하나님의 자리에 앉아 있는 거죠. 하나님은 그것을 심판하십니다. 저는 북녘 땅에서 일어나고 있는 일련의 사건들이 어쩌면 하나님의 심판의 시작일지 모른다고 생각합니다.

하나님은 우상을 그대로 두지 않으십니다. 언젠가 반드시 우상을 헐어내십니다. 그래서 마지막 심판은 애굽 사람들이 가장 소중히 여기는, 그들의 생명과 재산을 계승하는 처음 난 것, 처음 난 자에 대한 것이었습니다. 이 사건은 하나님을 반역하던 애굽 땅에 대한 마지막 심판인 동시에 하나님의 백성인 이스라엘 사람들에게는 해방의 시작이었습니다. 깊은 역사의 밤은 새로운 역사의 새벽과 맞닿아 있습니다. 할렐루야!

이 깊은 밤은 바로 이스라엘 백성들의 해방의 시작이었습니다. 그것이 바로 유월절 사건입니다. 처음 난 것, 처음 난 자들의 생명을 다 가져가신 죽음의 심판이죠. 그것은 바로 죄에 대한 심판이에요. "죄의 삯은 사망이요"(롬 6:23). 바로 그 심판이에요.

그러나 이 죽음의 심판 아래 있던 자들을 구원하기 위해서 하나님은 구원의 방편을 준비하십니다. 하나님은 무조건 심판만 하시는 분이 아니에요. 심판하시면서도 그를 신뢰하는 사람들, 하나님을 바라보고 소망하는 사람들을 위해서 구원의 길을 예비하십니다. 그것이 바로 유월절 사건입니다. "양을 잡아라. 그리고 양의 피를 문설주 좌우 인방에 바르라. 그러면 죽음의 사자가 집집마다 들어가서 모든 처음 난 자와 처음 난 것을 가져갈 때 그 피를 바른 집은 내가 유월하리라."

유월(逾越)이 뭡니까? '넘어간다'(passover)는 말이에요. 이스라엘 백성들이 처음 난 자와 처음 난 것들이 보호되는 하나님의 구원과 능력을 체험하고, 바로가 그들을 해방함으로 젖과 꿀이 흐르는 가나안을 향해 출발하는 사건, 그것이 바로 유월절 사건입니다. 우리는 유월절 사건의 의의를 세 가지로 정리해 볼 수 있습니다.

유월절 사건, 새로운 삶의 출발

첫번째로, 유월절은 하나님의 백성들의 새로운 삶의 출발을 알리는 사건입니다. 유월절 사건은 역사적으로 이스라엘 백성들의 카렌다를 바꾼 사건입니다. "여호와께서 애굽 땅에서 모세와 아론에게 일러 가라사대 이 달로 너희에게 달의 시작 곧 해의 첫 달이 되게 하고"(출 12:1-2). 유월절 사건이 일어났던 이 달을 그 해의 첫 달이 되게 하라는 것입니다. 오늘날의 유대인들은 가을철에 새해를 지킵니다. 유대인들의 새해는 가을이에요. 그러나 옛날 유대인들은 근동지방의 풍속을 따라서 봄철에 새해를 지켰습니다. 바로 유월절이 그 새해의 시작이었습니다.

유월절의 때가 언제냐? 우리 나라 월력으로 대략 3, 4월이라고 생각하면 됩니다. 유대인 카렌다의 명칭으로는 니산월이나 아빕월인데, 보통 4월이라고 생각하면 됩니다. 4월은 봄입니다. 그러니까 봄철에 유월절 사건이 일어난 것입니다. 그리고 그 봄철을 새해의 첫 달로 삼았습니다. 저는 만물이 소생하고 꽃이 피는 계절에 하나님이 유월절을 주신 것은 참 의미가 있다고 생각합니다. 긴 동면(冬眠)에서 깨어나 생명이 움트는 눈부신 계절에 고대 유대인들은 새해를 시작했습니다. 너무나 놀라운 사건, 그들이 해방을 경험한 사건과 함께 새해가 시작된 것입니다.

　이것을 우리가 신약적으로 적용한다면, 우리 인생의 시작은 언제부터입니까? 언제부터 우리 인생이 본격적으로 새로운 시작을 경험했습니까? 예수님을 만날 때부터죠. "그런즉 누구든지 그리스도 안에 있으면 새로운 피조물이라 이전 것은 지나갔으니 보라 새 것이 되었도다"(고후 5:17). 그리스도 안에서 구원받아 인생의 궁극적인 목적과 의미를 갖게 되고, 하나님의 자녀로서 하나님의 나라를 소망하면서 살게 된 사건, 그것이 우리 인생의 봄입니다. 그것은 내 개인의 카렌다를 바꾼 사건이며, 내 인생의 역사를 바꾼 사건입니다. 마치 유월절이 이스라엘 백성들의 역사를 바꾼 것처럼 말입니다.

　이제 이스라엘 백성들은 애굽을 떠나 가나안을 향하여 나아갑니다. 얼마나 좋습니까? 그래서 유월절은 하나님의 백성들의 새로운 삶의 출발을 알리는 사건입니다.

유월절 사건, 하나님의 철저하신 계획

　두번째로, 유월절은 하나님의 철저하신 계획으로 준비된 사건입니다. 본문 출애굽기 12:3 이하를 읽어보면, 이 절기는 그냥 한번 지키는 것이 아니라 잘 계획하여 지켜야 했습니다. 준비를 요청하는 사건입니다. "너희는 이스라엘 회중에게 고하여 이르라 이 달 열흘에 너희 매 인이 어린 양을 취할지니 각 가족대로 그 식구를 위하여 어린 양을 취하되"(12:3). 유월절 사건의 핵심은 무엇을 준비하는 데 있습니까? 어린 양을 준비하는 데 있어요.

출애굽기 12:4-5을 보세요. "그 어린 양에 대하여 식구가 너무 적으면 그 집의 이웃과 함께 인수를 따라서 하나를 취하며 각 사람의 식량을 따라서 너희 어린 양을 계산할 것이며 너희 어린 양은 흠 없고 일 년 된 수컷으로 하되 양이나 염소 중에서 취하고." 왜 양이면 양이지 염소입니까? 염소가 값이 조금 쌌기 때문에 가난한 사람들이 양 대신 염소라도 준비할 수 있도록 하기 위해서였습니다. 그러나 정신은 양을 준비하는 정신이어야 합니다. 이것은 하나님의 특별한 배려입니다. 각 가족을 대표해서 양을 한 마리씩 준비했는데, 흠 없고 깨끗한 것으로 준비했습니다. 희생의 제물로 대신 드리기 위해서죠.

그 죽음의 천사, 심판의 천사가 애굽의 모든 집에 들어가서 하나님의 진노를 내리시기 전에 하나님이 미리 선언하셨습니다. "어린 양을 준비했다가 그것을 잡아 그 피를 문설주 좌우 인방에 바르라." 출애굽기 12:7을 보세요. "그 피로 양을 먹을 집 문 좌우 설주와 인방에 바르고." 그렇게 하면 어떤 형태가 됩니까? 십자가 형태가 돼요. 출애굽기 12:13을 보세요. "내가 애굽 땅을 칠 때에 그 피가 너희의 거하는 집에 있어서 너희를 위하여 표적이 될지라 내가 피를 볼 때에 너희를 넘어가니 재앙이 너희에게 내려 멸하지 아니하리라."

출애굽기 12장에 보면, 유월절을 지키는 여러가지 절차가 많이 나옵니다. 8절에 보면, 무교병과 쓴 나물을 먹는 일이 나오고, 9절에 보면, "날로나 물에 삶아서나 먹지 말고 그 머리와 정강이와 내장을 다 불에 구워 먹고"라는 자세한 절차가 있습니다. 이런 자세한 절차 하나하나에 우리가 지나치게 의미부여를 할 필요는 없습니다. 다만 하나님이 어린 양을 준비하게 하신 이 정신이 궁극적으로 가르치고 지향하는 것이 무엇인지 주의해서 보면 됩니다.

고린도전서 5:7을 보세요. "너희는 누룩 없는 자인데 새 덩어리가 되기 위하여 묵은 누룩을 내어버리라 우리의 유월절 양 곧 그리스도께서 희생이 되셨느니라." 이스라엘 백성들을 구원하기 위해서, 이스라엘 백성들 가운데 모든 처음 난 자들을 살리고 구원하기 위해서 누가 죽었습니까? 준비된 어린 양이 죽었습니다. 이처럼 죄로 말미암아 하나님의 심판과 진노를 피할 수 없는 우리를 구원하시기 위해서 누가 준비되었습니까? 우리의 유월절 양이신 그리스도입니다. 그러니까 유월절 양이 궁극적으로 가리키고 있는 표상은 예수님입니다. 우리의 유월절 양이 되신 그리스도께서 희생이 되셨습니다. 우리를 대신해서 어린 양 예수 그리스도가 희생당하신 것입니다.

베드로전서 1:18-21을 보세요. "너희가 알거니와 너희 조상의 유전한 망령된 행실에서 구속된 것은 은이나 금같이 없어질 것으로 한 것이 아니요 오직 흠 없고 점 없는 어린 양 같은 그리스도의 보배로운 피로 한 것이니라 그는 창세 전부터 미리 알리신 바 된 자나 이 말세에 너희를 위하여 나타내신 바 되었으니 너희는 저를 죽은 자 가운데서 살리시고 영광을 주신 하나님을 그리스도로 말미암아 믿는 자니 너희 믿음과 소망이 하나님께 있게 하셨느니라." 베드로전서 1:19에 '오직 흠 없고 점 없는 어린 양'으로 표현되었는데, 첫번째 유월절에 준비되었던 어린 양도 흠이 없고 점이 없는 것이었습니다. 우리를 위해 희생하신 예수님도 흠이 없으십니다. 그분은 죄가 없으십니다. 그렇기 때문에 우리를 대신해서 거룩한 제물이 될 수 있었습니다.

베드로전서 1:20에 보면, 그는 언제부터 준비되셨나요? 창세 이전부터 하나님이 준비하셨습니다. 마치 첫번째 유월절을 지키기 위해서 사람들이 미리 흠 없는 양을 잘 선택하여 준비해야 했던 것처럼, 우리 하나님은 인류역사의 구속을 위해서 하나님의 어린 양이신 예수 그리스도를 창세 전부터 준비하셨습니다. 때가 찬 시각에 그분은 우리를 대신해 십자가에서 희생되셨습니다.

첫번째 유월절을 지키는 습관 가운데 또 하나 재미있는 것이 있습니다. "그 밤에 그 고기를 불에 구워 무교병과 쓴 나물과 아울러 먹되"(출 12:8). 잠을 이룰 수 없었던 그 밤, 심판이 이루어지던 그 밤, 또 애굽 땅을 떠나던 그 밤에 이스라엘 백성들은 그 고기를 불에 구워 무교병과 쓴 나물과 함께 먹었습니다. 고린도전서 5:7에도 "너희는 누룩 없는 자"라고 강조했는데, 무교병은 누룩이 없는 떡입니다.

오늘날에도 이스라엘 백성들은 유월절을 지킬 때 무교병을 먹습니다. 그들은 '맛차'(matzah)라는 무교병을 꼭 세 개를 만들어서 상에 놓습니다. 제가 예수 믿는 유대인들에게 직접 들은 얘기입니다. 지금도 유월절을 지키는 습관 가운데에는 떡(빈대떡, 팬케이크와 비슷한데 딱딱한 것임) 세 개를 놓고 기도하고 먹는 것이 있는데, 세 개 중 가운데 것을 집어서 꼭 부러뜨린다고 합니다. 재미있죠? 왜 그렇게 하는지 그 이유도 모르면서 그렇게 한대요.

그런데 예수 믿는 유대인들은 그것을 어떻게 해석하냐면, 떡 세 개는 우리를 사랑하시고, 우리를 위해서 희생하신 성부와 성자와 성령 하나님을 상징하는 것인데, 가운데 것은 예수님이 십자가에서 꺾이신 것을 의미하는 것이라고 합니다. 신학적으로 어떻게 해석이 되는지는 모르지만 어쨌든 그들은 그렇게 얘기합니다. 아주 재미있는 습관입니다.

또 쓴 나물을 먹었는데, 쓴 나물은 히브리 말로 '마로르'(maror)라고 부릅니다. 쓴 나물의 맛이 어떨까요? 당연히 쓰겠죠. 이게 다 고통과 고난을 상징하는 것입니다. 궁극적으로 어떤 고난일까요? 십자가의 고난입니다. 주께서 고난을 받으시고 십자가에서 죽으신 그 사실을 상징하는 것입니다. 그 고난의 극치인 십자가에서 주님은 무얼 하셨습니까? 보배로운 피를 흘리셨습니다. 바로 그 피가 어떤 역할을 합니까? 우리를 죄로부터 구속합니다. 우리 죄를 씻으며, 하나님의 자녀가 되는 새로운 삶을 가져다 준 것입니다.

이 유월절 사건은 하나님의 철저한 계획으로 준비된 사건입니다. 이 첫번째 유월절에도 얼마나 자상한 절차가 준비되어 있습니까? 그것은 십자가를 계획하심입니다. 인류역사의 한복판에서 십자가를 통해 인류를 구속하시고 구원하시려는 하나님의 놀라우신 준비를 보여주고 있는 것입니다. 십자가 없이 기독교는 없습니다. 피흘림이 없은즉 죄사함은 없습니다. 그의 피흘리심이 우리를 구원하신 것을 찬양합시다.

미국교회 역사 가운데 아마도 가장 중요한 의미를 갖는 사건은, 아도니람 저드슨(Adoniram Judson)이라는 사람이 선교사로 파송된 사건일 것입니다. 짧은 역사를 가진 미 대륙에서 처음으로 아도니람 저드슨이 선교사로 파송된 것입니다. 그보다 조금 앞서서 영국에서는 윌리엄 케리(William Carey)가 인도 선교사로 파송되었습니다. 그것은 현대선교의 문을 여는 놀라운 사건이었습니다. 그보다 조금 나중에 아도니람 저드슨은 미국에서 떠나 인도에 잠시 들렀다가 버마로 갔습니다. 버마에 가서 그는 평생 선교사로서 자신의 생애를 주께 바칩니다. 그는 그곳에서 많은 고난과 어려움을 당했습니다.

그가 선교사로 떠난 지 30년 후에 미국에 올 기회가 있었습니다. 사람들이 그를 얼마나 기다렸을까요? 그가 보스턴에서 선교보고회를 하던 날, 교회당은 입추의 여지없이 수많은 사람들로 채워졌습니다. 그들이 미국을 대표하여 파송한 최초의 선교사가 인도와 버마 복음화에 생애를 바치고 백발이 성성한 노인이 되어 돌아왔을 때, 그의 메시지에 대한 기대가 얼마나 컸겠습니까?

그의 설교는 십자가였습니다. "하나님이 세상을 이처럼 사랑하사 독생자를 주시고, 그 독생자 예수 그리스도는 우리의 허물과 죄를 담당하시고 십자가에서 피흘리셨습니다. 그의 피흘리심은 우리의 죄사함과 구원을 위한 것입니다. 그리고 이 동일한 복음이 선교지에 소망이 되었습니다." 그는 이렇게 짧게 설교를 마쳤습니다. 그러자 청중들의 실망하는 모습이 역력했습니다.

여러분, 선교사의 이야기를 들을 때, 우리는 무얼 기대합니까? 선교지에서 일어난 드라마틱한 사건들에 대해 듣고 싶어할 것입니다. 그래서 그들은 "아도니람 저드슨의 설교가 너무나 평범하지 않느냐?"고 이야기했습니다. 그 때 그 얘기를 들은 아도니람 저드슨이 청중들에게 돌아서서 정색을 하며 이렇게 말했다고 합니다. "십자가 사건보다 더 비범한 사건이 어디 있습니까? 십자가보다 더 위대한 메시지가 어디 있습니까? 십자가보다도 더 놀라운 복음이 어디 있습니까? 나에게는 이보다 더 중요한 메시지가 없습니다." 이 말은 진리입니다.

우리는 우스운 얘기, 신바람나는 얘기들을 즐길 수 있습니다. 그러나 그것으로 끝나버립니다. 우리를 묶고 있던 죄의 사슬을 끊어버리고 죄에서 자유를 얻게 하는 것, 우리를 변화시키며, 우리 영혼을 위해 영광스런 하늘문을 여는 사건, 하나님을 나의 아버지로 부를 수 있는 사건, 그것은 십자가, 복음밖에 없습니다. 이보다 위대한 사건은 없습니다. 유월절 사건은 바로 그 사건을 보여주는 것입니다. 십자가는 하나님의 계획이었습니다. 유월절 어린 양은 하나님에 의해서 철저하게 계획되고 준비된 것이었습니다. 유월절은 바로 십자가를 조명하는 사건이었습니다.

유월절 사건, 영원히 기념할 사건

마지막으로, 유월절 사건은 하나님의 백성들이 영원히 기념할 사건이었습니다. "너희는 이 날을 기념하여 여호와의 절기를 삼아 영원한 규례로 대대에 지킬지니라"(출 12:14). 유월절 사건은 영원히, 대대로 지켜야 합니다.

출애굽기 12:25-27에 보면, "너희는 여호와께서 허락하신 대로 너희에게 주시는 땅에 이를 때에 이 예식을 지킬 것이라 이후에 너희 자녀가 묻기를 이 예식이 무슨 뜻이냐 하거든 너희는 이르기를 이는 여호와의 유월절 제사라 여호와께서 애굽 사람을 치실 때에 애굽에 있는 이스라엘 자손의 집을 넘으사 우리의 집을 구원하셨느니라 하매 백성이 머리 숙여 경배하니라"고 말씀하고 있습니다. "영원히 기념하라. 그리고 이 예식을 지키면서 너희 자녀들이 무슨 뜻이냐고 묻거든 하나님이 우리를 구원하기 위해서 행하신 놀라운 사건이라고 네 자식들에게 전하라." 이처럼 유월절 사건은 영원히 대대로 기념되어야 할 사건입니다.

유월절은 이스라엘 백성들에게 있어서 역사적인 사건이자 애굽에서 해방되는 정치적인 사건이었습니다. 그러나 한 걸음 더 나아가서 역사의 지평선에 있을 십자가의 사건을 보여주는 영적 사건입니다. 이 십자가의 사건을 기념하기 위해 주님은 신약시대의 성도들을 위한 또 하나의 의식을 주셨는데, 그것이 뭐죠? 바로 주의 만찬식입니다.

주의 만찬식에 대해서 성경이 어떻게 기록하고 있는지 보세요. "축사하시고 떼어 가라사대 이것은 너희를 위하는 내 몸이니 이것을 행하여 나를 기념하라 하시고 식후에 또한 이와 같이 잔을 가지시고 가라사대 이 잔은 내 피로 세운 새 언약이니 이것을 행하여 마실 때마다 나를 기념하라"(고전 11:24-25). 이 사건을 계속 기념하라고 말씀하십니다. 마치 유월절을 계속 기념해야 하는 것처럼, 그리스도께서 나를 위해 죽으시고, 피흘리신 사건을 계속해서 기념하라고 하십니다.

그리고 그 다음이 중요해요. "너희가 이 떡을 먹으며 이 잔을 마실 때마다 주의 죽으심을 오실 때까지 전하는 것이니라"(고전 11:26). 언제까지요? 주님이 다시 오실 때까지입니다. 예수님이 다시 오실 때까지 기념하고 전해야 할 사건입니다. 그것을 통해서 우리는 그리스도께서 나를 위해서 십자가에 달려 거룩한 제물이 되어주시고 거룩한 피를 흘려주셨음을 기억하는 것입니다.

하나님은 유월절 어린 양의 흘린 피, 그 피를 보면 넘어가겠다고 하셨습니다. 하나님은 그분의 구원의 방편을 받아들이고 믿는 자들에게 심판을 유보하시고 구원을 주십니다.

그 피는 두 가지의 표적이었습니다. "내가 애굽 땅을 칠 때에 그 피가 너희의 거하는 집에 있어서 너희를 위하여 표적이 될지라"(출 12:13). 첫째는 보호의 표적입니다. 하나님은 그 집 안에 있는 사람들, 하나님을 사랑하고 하나님의 구원의 방편을 받아들인 사람들을 보호하셨습니다. 하나님의 구원의 방법을 받아들였다는 것은 하나님을 받아들였다는 말입니다. 하나님을 믿는 것이에요. 하나님을 믿기 때문에 하나님의 말씀을 믿고, 말씀 그대로 하는 것입니다. 믿음으로 그 피를 발랐어요.

"내 노력과 선행과 결단으로는 죄에서 해방될 수 없습니다. 그래서 하나님이 예수님을 보내주셨습니다. 예수님은 나의 죄 때문에 십자가에 달리셨습니다. 십자가에서 흘리신 예수님의 피가 나를 구원합니다. 나는 이것을 믿습니다." 이것이 바로 우리의 신앙고백입니다. 그 피로 우리가 보호되었는데, 이것을 기념하는 절기가 유월절입니다.

유월절은 히브리 말로 '페사흐'(Pesha)입니다. 그런데 재미난 것은 이집트 말로도 이것을 '페쉬' 라고 부른대요. 이집트 말로 '페쉬' 는 '날개를 펼친다' 라는 뜻이래요. '날개를 펼쳐서 보호한다', 마치 새가 날개를 펼쳐서 새끼를 보호하는 것처럼 보호한다는 말이래요.

예수님의 피가 우리를 보호해요. 하나님의 진노와 심판과 어둠의 날에서 우리를 보호합니다. 예수 그리스도의 보혈이 지금도 여러분을 지키심을 믿으시기 바랍니다. 사단의 공격에서 우리를 보호합니다. 하나님의 진노에서 우리를 보호합니다. 우리가 그의 자녀인 것을 증거합니다. 여러분 안에 이 피의 증거를 소유하시기 바랍니다. 보호의 표적입니다.

또 하나는 깨끗함의 표적입니다. 우리는 죄가 없는 사람들이 아니에요. 그러나 그 피로 깨끗함을 얻었습니다. "그 아들 예수의 피가 우리를 모든 죄에서 깨끗하게 하실 것이요"(요일 1:7). 그들은 하나님의 보호를 받고, 하나님의 깨끗케 하심을 입었습니다.

그 표시로 유월절을 지키는 관습 가운데 무엇이 있느냐 하면 피만 바르는 것이 아니라 7일 동안 무교병을 먹습니다(출 12:15 참조). 무교병은 누룩이 없는 떡이에요. 누룩은 죄를 상징합니다. 그러므로 무교병을 먹는 것은, 그들이 깨끗함을 얻었다는 상징입니다. 예수님의 보혈로, 주님이 예비하신 그 대속의 피로 우리가 깨끗함을 얻었고, 새로운 사람이 되었습니다. 새로운 사람이 되어 새로운 나라를 향해서, 새로운 목표를 향해서 출발하는 것이 바로 유월절 사건입니다.

이 놀라운 복음을 사도 바울은 로마서 5:9-10에서 이렇게 설명합니다. "그러면 이제 우리가 그 피를 인하여 의롭다하심을 얻었은즉 더욱 그로 말미암아 진노하심에서 구원을 얻을 것이니 곧 우리가 원수 되었을 때에 그 아들의 죽으심으로 말미암아 하나님으로 더불어 화목되었은즉 화목된 자로서는 더욱 그의 살으심을 인하여 구원을 얻을 것이니라."

십자가에는 두 가지 차원이 있습니다. 십자가는 우리 과거의 문제를 해결함과 동시에 우리의 미래를 열어줍니다. 예수께서 십자가에 죽으시고 피흘리심으로 우리가 무엇을 얻었어요? 의롭다함을 얻었어요. 더 이상 우리는 하나님의 진노의 대상이 아니에요. 예수님의 죽으심으로 말미암아 우리는 하나님과 화목하게 되었어요. 그러나 예수님은 십자가에서 죽으셨을 뿐만 아니라 다시 사셨습니다. 십자가에서 흘리신 피로 죄사함받고 새롭게 된 우리 삶을 인도하시고, 간섭하시고, 도우시고, 그 나라 갈 때까지 함께하시려고 예수님은 다시 사셨습니다.

유월절에도 양면성이 있습니다. 어린 양의 피가 하나님의 진노에서 그들을 구원했을 뿐만 아니라, 이제 그들이 무교병을 먹으면서 하나님이 준비하신 새로운 나라를 향해서 출발하게 되는 것입니다.

그리스도께서 십자가에 피흘리심으로 우리가 죄사함받고, 그가 다시 사심으로 우리가 부활의 능력과 새생명 가운데 행하게 된 축복의 사건이 바로 십자가의 사건임을 믿으시기 바랍니다. 죄사함을 받으셨습니까? 예수의 흘리신 피로 용서함받은 것을 믿으십니까? 감사하는 것으로 끝내지 않고, 이제 다시 사신 주님과 함께 새로운 나라를 향해서 출발하셔야 합니다.

그리고 우리가 지치고 넘어질 때마다 유월절을 생각해야 합니다. 주의 만찬식에 참여할 때마다 주께서 나를 위해 죽으신 사실을 기념해야 합니다. "내가 새로운 삶을 살도록, 내가 새생명 가운데 행하도록 주께서 나를 위해서 자신의 몸을 버리셨다"는 사실을 늘 기억해야 합니다.

주님 다시 오실 때까지 승리하는 삶을 살며, 주님 앞에서 "주님 때문에 제가 이렇게 새로운 삶을 살 수가 있었습니다"라고 고백하는 그날까지 유월절의 감격, 십자가의 감격과 흔적을 지니고 사는 여러분이 되시길 바랍니다.

묵상과 기도

여러분, 세상에서 살기가 힘들지만 우리는 여전히 감사해야 할 사람들입니다. 우리는 보배로우신 예수님의 피로 죄 씻음을 받고, 구원을 받아 하나님의 자녀로 일컬음을 받습니다. 따라서 하나님 나라에 들어갈 자격을 보장받은 사람들입니다. 이 얼마나 놀라운 은혜입니까? "주님, 감사합니다. 저를 용서하시고, 저를 받아주셨사오니 이제 십자가에서 흘리신 주의 보혈의 감격을 안고 살겠습니다. 도와주시고, 함께해 주시옵소서. 부활의 능력으로 우리의 삶을 지켜주시옵소서.

사랑하는 주님, 감사합니다. 오늘도 주께서 십자가에서 흘리신 피로 우리를 씻어주시니 주의 놀라우신 은혜를 묵상합니다. 더러운 죄를 희게 하는 그 능력을 의지하고 험악한 세상에서 다시 일어서서 십자가를 붙들고 앞으로 나아갑니다. 주여, 성령의 능력으로 우리를 지켜주시고, 다시 일어서게 도와주시옵소서. 우리를 정결케 해 주시고 성령으로 충만케 도와주시옵소서. 살아 계신 주와 더불어 동행할 수 있도록 인도해 주시옵소서. 거센 세상의 유혹이 때로 우리의 발걸음을 멈추게 하고, 우리를 쓰러뜨리려 할지라도 성령의 능력이 함께하시고, 부활하신 주님이 우리와 함께하시니 다시 일어나 걷겠습니다. 오, 주여! 당신의 능력으로 우리를 일으켜 세워주시옵소서.

자비로우신 주님, 감사합니다. 오늘도 기도하고 말씀을 받을 수 있는 것이 얼마나 소중한 은총의 기회인지 알 수가 없습니다. 주님, 우리 가운데 영감을 불어넣어 주시고, 주님 주시는 기쁨과 평안과 능력으로 주께서 허락하신 삶의 장을 향해 나아가게 하옵소서.

하나님 아버지! 성령의 권능이 우리와 함께하시사 우리를 힘있게 하시고, 세상이 주는 시험과 역경이 아무리 거센 비바람과 파도를 몰고 올지라도, 예수 그리스도의 보혈의 권세로 넉넉히 세상을 이길 수 있는 권능을 베풀어 주시옵소서. 예수님 이름으로 기도합니다. 아멘."

제 13 장

출애굽의 하나님

애굽 땅을 떠나는 이스라엘 백성들의 새로운 출발,
그것은 하나님의 계획인 동시에 하나님의 놀라우신 축복이었습니다.
또한 이 사건은 오늘날 그리스도인 개개인이 경험하는
영적 엑소도스, 즉 구속의 사도도 하나님의 놀라운 계획인 동시에
축복임을 우리에게 시사해 주고 있습니다.
이것이 그리스도인이 경험하는 구원 사건의 진상입니다.

출애굽의 하나님
출애굽기 12:37-51

출애굽기는 제목에서 알 수 있듯이 애굽을 떠나는 사건의 기록입니다. 이것은 본래 구약성경을 희랍어로 번역한 70인역의 제목에 따른 것입니다. 본문 출애굽기 12:37-51 내용은 출애굽기 전체에서 제일 중요한 사건입니다. 마침내 애굽을 떠나는 날, 출애굽하는 그 날의 사건을 보도하고 있는 것입니다.

본문이 어떻게 시작됩니까? "이스라엘 자손이 라암셋에서 발행하여 숙곳에 이르니"(출 12:37). 그들은 애굽 땅의 마지막 변경(邊境)도시인 라암셋에서 출발을 시도합니다.

애굽 땅을 떠나는 것은, 이스라엘 백성들이 처음부터 계획한 것이 아니었습니다. 합의에 의한 것도 아니고, 또 선거로 의견을 모아 결정한 것도 아니었습니다. 물론 모세의 설득이 매우 주요한 역할을 했습니다. 그러나 모세도 처음부터 이것을 계획했던 것은 아닙니다. 그렇다면 출애굽은 누구의 계획입니까? 그것은 하나님의 계획이었고, 하나님의 간섭이었고, 하나님의 사역이었습니다. 전적으로 하나님께서 주도하신 사건이라고 할 수 있습니다.

본문은 바로 그 엑소도스의 첫 밤, 첫 날의 사건들을 기록하고 있습니다. 우리는 이 본문을 통해서 출애굽을 주도하시는 하나님의 모습을 보면서 하나님이 어떤 분이신가를 다시 한 번 확인할 수 있습니다. 출애굽의 하나님은 어떤 하나님일까요? 우리가 출애굽 사건을 구약성경에 나타난 최대의 사건으로 본다면, 신약성경에 나타난 최대의 사건은 무슨 사건일까요? 십자가 사건입니다.

우리는 십자가 사건으로 말미암아 이 세상에서 떠나 그리스도께 속한 자가 될 수 있었습니다. 이것은 그리스도인의 영적 출애굽이라고 할 수 있습니다. 우리는 구약성경에 나타난 이 출애굽의 하나님을 생각하면서, 내 개인의 삶 속에 임하시사 나를 출애굽하게 하시는 하나님이 어떤 하나님이신가를 묵상해 볼 필요가 있습니다.

약속을 지키시는 신실한 하나님

출애굽을 주도하신 여호와 하나님은 어떤 하나님이셨습니까? 첫번째로, 그 하나님은 약속을 지키시는 신실한 하나님이십니다. 우리가 본문에서 발견하는 하나님의 하나님 되심에 대한 첫번째 모습이라고 할 수 있습니다. 출애굽기 12:40-41을 보세요. "이스라엘 자손이 애굽에 거주한 지 사백삼십 년이라 사백삼십 년이 마치는 그 날에 여호와의 군대가 다 애굽 땅에서 나왔은즉." 이스라엘 백성들이 애굽에 거한 기간이 통틀어 사백삼십 년이었다고 했습니다.

"사백삼십 년이 마치는 그 날에"(출 12:41). 여기서 강조된 것은 '그 날에'라는 단어에요. 정확하게 사백삼십 년이 끝나는 '그 날에' 어떤 사건이 일어났어요? 여호와의 군대가 다 애굽 땅에서 나왔습니다. 즉 이스라엘 백성들이 애굽 땅에서 다 출발했다는 말입니다. 정확하게 사백삼십 년이 지난 그 날, 이 사백삼십 년은 어떤 의미를 갖습니까? 이것은 하나님이 계획하신 날입니다. 또 사백삼십 년이 끝나는 그 날은 애굽의 노예생활이 끝나는 날이죠? 출애굽의 날, 하나님이 그 날을 계획하신 것입니다. 그것은 우연히 역사 속에서 발생한 그 어느 한 날의 에피소드가 아니라, 전적인 하나님의 주권 속에 계획된 사건이었습니다. 그래서 사백삼십 년이 끝나는 바로 그 날에 이스라엘 백성들은 애굽 땅을 떠났습니다.

창세기 15:13-14을 살펴보겠습니다. "여호와께서 아브람에게 이르시되 너는 정녕히 알라 네 자손이 이방에서 객이 되어 그들을 섬기겠고 그들은 사백 년 동안 네 자손을 괴롭게 하리니 그 섬기는 나라를 내가 징치할지며 그 후에 네 자손이 큰 재물을 이끌고 나오리라." 이것은, 하나님이 믿음의 조상 아브라함에게 주셨던 일종의 예언적 말씀이었습니다.

어떻게 약속하셨습니까? "여호와께서 아브람에게 이르시되 너는 정녕히 알라 네 자손이 이방에서 객이 되어 그들을 섬기겠고 그들은 사백 년 동안 네 자손을 괴롭게 하리니"(창 15:13). 여기서는 사백 년이라고 했습니다. 본문 출애굽기 12:40-41과는 몇 년 차이가 있습니까? 삼십 년 차이가 있죠. 기왕이면 여기서도 사백삼십 년이라고 했으면 더 좋았을 텐데 말입니다. 이것은 하나님이 앞으로 일어날 사건에 관해서 아브라함에게 말씀하실 때, 정확하게 말씀하시는 것보다도 대략적인 약속을 하시기 위해, 대략적인 숫자로 사백 년이라고 말씀하셨을 가능성이 많습니다.

그러나 하나님이 의도하신 기간은 정확하게 몇 년이에요? 사백삼십 년입니다. 별로 큰 차이가 없죠? 이스라엘 백성들은 정확하게 할 필요가 있을 때에는 정확하게 했습니다. 그러나 그렇지 않을 때는 우리 한국 사람들처럼 대략으로 숫자를 표현하는 것이 이스라엘의 문화적 관습이었습니다. 그래서 약 사백 년입니다.

창세기 15장에 보면, 하나님이 아브라함에게 주신 약속은 두 가지입니다. 첫번째 약속은 사백 년이 끝날 때, 그 땅에서 나올 것이라는 사실입니다. 두번째 약속은 나올 때에 겨우, 간신히 빠져나오는 것이 아니라, 큰 재물을 이끌고 당당하게 나온다는 것입니다. 그래서 출애굽은 당당한 출발이고, 하나님이 복을 주시는 출발이며, 하나님의 큰 은혜와 부요하심을 경험하는 새로운 출발이 될 것이라는 사실입니다. 하나님은 이 두 가지를 약속하셨습니다.

두 가지 다 이루어졌습니까, 이루어지지 않았습니까? 출애굽기 12:40-41을 보세요. "이스라엘 자손이 애굽에 거주한 지 사백삼십 년이라 사백삼십 년이 마치는 그 날에." 여기서 강조된 단어가 뭐라고 그랬죠? '그 날에' 입니다. 하나님이 계획하셨던 그 날, 작정하셨던 그 날에 하나님이 그 백성을 애굽 땅에서 나오게 하셨습니다. 그래서 하나님의 계획은 실현되었습니다.

뿐만 아니라 출애굽기 12:35-36을 보세요. "이스라엘 자손이 모세의 말대로 하여 애굽 사람에게 은금 패물과 의복을 구하매 여호와께서 애굽 사람으로 백성에게 은혜를 입히게 하사 그들의 구하는 대로 주게 하시므로 그들이 애굽 사람의 물품을 취하였더라." 모세 때문에 애굽 사람들이 혼이 났죠? 그래서 떠난다고 하니까 달라는 대로 다 줘서 보냅니다. 급히 떠나기는 했지만, 결코 초라한 출발은 아니었습니다. 가질 것 다 가지고, 취할 것 다 취하고, 먹을 양식을 다 가지고 당당하게 출발한 것입니다. 하나님은 이런 당당한 출발을 계획하셨습니다.

구약의 엑소도스 사건은 신약에서 그리스도인들이 경험하는 새출발의 사건, 즉 십자가로 말미암은 그리스도인의 구원 사건의 한 패러다임이 될 수 있습니다. 또한 구원 사건의 한 그림자가 될 수 있습니다. 우리가 구원받은 것이 우연히 이루어진 사건입니까? 하나님의 계획이었습니까? 하나님의 계획이었습니다. 또 우리가 예수 믿고 새롭게 출발하게 된 것은 겨우 지옥 갈 신세만 면한 거예요? 아니면 당당한 새로운 출발일까요? 당당한 새로운 출발이죠. 그래서 구원은 하나님의 계획이며, 하나님의 놀라운 축복입니다. 하나님의 놀라운 계획인 동시에 놀라운 축복의 사건, 이것이 바로 그리스도인이 경험하는 구원 사건의 진상입니다.

이것을 명확하게 보여주는 신약성경의 말씀 중 하나가 에베소서 1:3-5입니다. "찬송하리로다 하나님 곧 우리 주 예수 그리스도의 아버지께서 그리스도 안에서 하늘에 속한 모든 신령한 복으로 우리에게 복주시되 곧 창세 전에 그리스도 안에서 우리를 택하사 우리로 사랑 안에서 그 앞에 거룩하고 흠이 없게 하시려고 그 기쁘신 뜻대로 우리를 예정하사 예수 그리스도로 말미암아 자기의 아들들이 되게 하셨으니."

우리가 하나님의 자녀가 된 사건은 두 가지 차원을 강조하고 있죠? 첫번째로 그것은 하나님의 예정입니다. 하나님의 계획입니다. 언제부터 하나님이 우리의 구원을 계획하셨어요? 창세 전에 그리스도 안에서 계획하셨습니다. 하늘과 땅이 생기기 전부터 하나님은 예수 그리스도를 구속주로 보내시고, 그리스도 안에서 그를 믿는 자를 구원할 놀라운 계획을 준비하셨습니다. 구원은 하나님의 계획입니다.

에베소서 1:3에서 "찬송하리로다 하나님 곧 우리 주 예수 그리스도의 아버지께서 그리스도 안에서 하늘에 속한 모든 신령한 복으로 우리에게 복주시되"라고 말씀하고 있듯이, 구원은 축복입니다. 하나님의 놀라우신 축복입니다.

애굽 땅을 떠나는 이스라엘 백성들의 새로운 출발, 그것은 하나님의 계획인 동시에 하나님의 놀라우신 축복이었습니다. 또한 이 사건은 오늘날 그리스도인 개개인이 경험하는 영적 엑소도스, 즉 구속의 사건도 하나님의 놀라운 계획인 동시에 축복임을 우리에게 시사해 주고 있습니다. 우리가 이 사건을 통해서 알 수 있는 것은, 구속은 하나님의 약속이었고, 하나님은 결국 그 약속대로 지키셨다는 사실입니다.

하나님은 어떤 하나님이십니까? 약속을 지키시는 신실한 분이십니다. 구원의 계획을 준비하시고, 신실하게 그대로 축복하신 하나님은 지금도 변함이 없으십니다. 이스라엘 백성들의 엑소도스를 위해서 놀라운 계획을 준비하시고 놀랍게 축복하셨던 하나님, 우리 개인의 구원을 위해서 창세 전부터 준비하시고, 우리를 부르시사 그 축복 가운데 거하며 살 것을 기대하시는 하나님, 오늘 우리가 믿고 의지하는 하나님이 약속을 지키시는 신실한 분이심을 찬양하시기 바랍니다.

은혜를 베푸시는 하나님

두번째로 본문에 나타난 출애굽의 하나님은 은혜를 베푸시는 여호와 그리고 그 은혜에 응답을 요구하시는 여호와이십니다.

이스라엘 백성들이 애굽 땅을 떠날 수 있었던 것은 결정적으로 어떤 사건과 맞물려 있습니까? 바로가 무엇을 보고 항복했습니까? 마지막 재앙, 장자들, 처음 난 것들을 심판하시는 사건 때문입니다. 그 심판의 사건은 심판의 와중에서 하나님의 것들을 철저히 지키시고 구별하시는 하나님의 은혜를 나타내주셨죠? 그것이 바로 유월절 사건입니다. 이 사건 후에 바로는 마침내 이스라엘 백성들을 애굽 땅에서 떠나가도록 허용했습니다. 그러니까 출애굽 사건은 유월절 사건과 맞물려 있습니다. 즉 유월절 사건을 경험하면서 이스라엘 백성들은 떠나게 됩니다.

이제 출애굽기 12:42-43을 보세요. "이 밤은 그들을 애굽 땅에서 인도하여 내심을 인하여 여호와 앞에 지킬 것이니 이는 여호와의 밤이라 이스라엘 자손이 다 대대로 지킬 것이니라 여호와께서 모세와 아론에게 이르시되 유월절 규례가 이러하니라 이방 사람은 먹지 못할 것이나." 애굽 땅을 떠나던 그 밤에, "너희들이 유월절 사건 때문에 떠나는데 유월절 사건을 앞으로 대대로 지켜야 된다"

고 말씀하시는 것입니다.

하나님이 그 백성들로 하여금 애굽 땅을 떠나게 하실 때, 그들이 결정적으로 경험했던 사건이 무슨 사건이에요? 유월절 사건입니다. 그 유월절 사건을 계속적으로 기념하여 지켜야 한다고 하나님이 명령하셨습니다. 처음 난 것들, 장자들이 다 하나님의 재앙과 진노로 심판을 받는 그 밤에, 이스라엘의 장자들, 이스라엘의 처음 난 것들이 다 구원받고 보호받을 수 있었던 것은 하나님의 은혜였습니다. 어떤 집들만 다 보호를 받았습니까? 하나님께서는 하나님의 명령대로 유월절 어린 양을 잡아서 그 피를 집 좌우 문설주와 인방에 바르게 하시고, "내가 그 피를 볼 때에 넘어가리라"고 말씀하셨습니다.

이스라엘 백성들도 죄 없는 사람들은 아니에요. 그들도 죄인이고, 하나님의 심판을 피할 수가 없었어요. 그러나 하나님은 하나님을 의지하고 신뢰하는 백성들에게 구원의 길을 주셨습니다. 그 구원의 길은, 그들 대신 희생하여 죽은 어린 양의 피를 집 좌우 문설주와 인방에 바르는 것이었고, 그 어린 양의 피를 바른 자들의 집만은 하나님의 죽음의 천사, 심판의 천사가 집집마다 다닐 때에 넘어가는 것이었습니다. 유월절의 핵심은 어린 양입니다. 그들을 대신해서 죽었던 희생의 어린 양 말입니다.

사도 바울은 신약성경에서 이 유월절 어린 양이 누구를 가리킨다고 했습니까? 우리의 유월절 어린 양 되신 그리스도께서 우리를 대신해서 희생하셨다고 했습니다. 그 유월절 어린 양은 바로 예수 그리스도를 보여주고 있었어요. 그러니까 그 어린 양의 희생을 근거로 하나님은 그 백성들을 용서하시고, 용납하시고, 심판에서 보호하셨습니다. 한마디로 말하면 뭡니까? 은혜에요. 하나님의 은혜입니다.

여러분, 우리가 죄사함을 받고 구원받아 하나님의 백성이 되고 천국의 소망을 갖게 된 것이, 믿지 않는 사람보다 우리가 굉장히 잘났고, 잘 살고, 잘 행동했기 때문입니까? 아닙니다. 우리도 똑같은 죄인입니다. 그러나 하나님이 우리를 위해 보내주신 구속의 주님이신 예수 그리스도를 믿음으로 그 흘리신 피로 우리가 죄사함 받아 하나님의 백성이 되어 하나님의 구원을 경험케 되었습니다. 이것이 하나님의 은혜입니다. "너희가 그 은혜를 인하여 믿음으로 말미암아 구원을 얻었나니 이것이 너희에게서 난 것이 아니요 하나님의 선물이라"(엡 2:8). 구원은 우리의 행위에 근거한 것이 아니라 하나님의 전적인 선물입니다.

왜 유월절을 지키라고 했습니까? 유월절을 지키라고 말씀하신 의도는 유월절을 지킴으로 하나님의 은혜를 기억하라는 것입니다. 구약의 유월절에 해당되는 것이 신약에서는 어떤 사건이라고 할 수 있을까요? 주의 만찬식이라고 할 수 있습니다. 왜 주의 만찬식을 행합니까? 우리는 주의 만찬식을 할 때마다 우리를 위해서 십자가에 희생하신 예수 그리스도를 생각합니다. 떡을 먹으면서 그의 몸이 우리를 대신해서 희생제물이 되신 것을 기억하고, 잔을 들 때마다 십자가에서 흘리신 그분의 보혈을 묵상합니다. "너희가 이 떡을 먹으며 이 잔을 마실 때마다 나를 기억하라, 기념하라." 주의 만찬식은 우리가 주님을 기억하고 기념하는 거예요. 하나님의 은혜를 기억하는 것입니다.

우리는 얼마나 잘 잊어버리고 삽니까? 그래서 시편에 보면, 많이 나오는 강조점 중 하나가 "여호와의 은혜를 잊지 말지어다" 입니다. 우리는 자꾸만 잊어버려요. 특별히 공부도 못하면서 대가리만 큰 특공대들이라서 그래요. 하나님은 우리가 하나님의 은혜를 잊지 않도록 하기 위해 구약시대에는 유월절을 지키게 하셨고, 신약시대에는 주의 만찬식을 통해서 그리스도의 십자가 사건을 기억하게 하셨습니다.

본문에 보면, 유월절에 참여할 수 없는 사람들이 있었습니다. 어떤 사람들이었습니까? 이방인들입니다. 유월절은 이스라엘 백성들만을 위한 것이었습니다. 주의 만찬식은 누구를 위한 것입니까? 믿지 않는 사람들은 참여할 수 있어요, 없어요? 이것은 하나님의 은혜를 경험한 사람들에게만 의미가 있는 것입니다. 마찬가지로 유월절도 하나님의 은혜를 경험한 사람에게만 의미가 있는 거예요. 그러니까 이것은 이방인들은 참여할 수 없는, 전적으로 이스라엘 백성들만을 위한 것입니다.

심지어 이스라엘 백성이라고 할지라도 출애굽기 12:44에 보면, 돈으로 산 종은 안됩니다. 종은 돈 받고 일하려고 들어온 사람이에요. 돈 받고 일하는 종은 항상 무슨 생각을 많이 합니까? 돈 생각만 하죠. 늘 돈만 생각하는 사람들은 하나님의 은혜를 기억할 수가 없습니다. 이런 사람들은 참여할 가치가 없는 것입니다. 우리가 하나님의 일을 할 때도 돈을 위해서, 돈 받고 하는 것은 순수한 봉사라고 할 수 없죠. 주님의 은혜에 대한 보답으로 주님을 섬길 때, 순수해지고, 순결해지며, 감격이 생기고, 감사가 생기는 것입니다.

출애굽기 12:45에 보면, 돈으로 산 종뿐만 아니라 거류인과 타국 품꾼도 안됩니다. 무조건 다 안된다는 것은 아니에요. 출애굽기 12:44에 보면, 돈으로 산 경우에도 할례를 받으면 됩니다. 왜냐하면 할례는 구약시대에 하나님의 백성이 되는 언약의 표시였기 때문입니다. 할례는 위생적으로도 좋지만, 구약시대의 영적인 의미로는 하나님의 백성이 되는 언약의 표시였습니다. 그러니까 종이라고 할지라도 하나님의 백성이 되면 참여할 수 있었습니다. 또한 이방인도 하나님의 백성이 되면 참여할 수 있었어요. 그래서 유월절은 철저하게 하나님의 백성들만을 위한 것입니다. 다시 말하면, 하나님의 은혜를 경험한 사람들만이 그 은혜를 기억할 수 있는 것입니다.

거기서 끝나는 것이 아니라 출애굽기 13:1-2을 보세요. "여호와께서 모세에게 일러 가라사대 이스라엘 자손 중에 사람이나 짐승이나 무론하고 초태생은 다 거룩히 구별하여 내게 돌리라 이는 내 것이니라 하시니라." 이스라엘 사람이든 이스라엘에 속한 짐승이든 처음 난 것들은 다 하나님께 구별된 삶, 하나님께 바쳐진 존재가 되어야 했습니다. 왜 그랬을까요? 이스라엘 백성들이 다 하나님의 은혜를 감사했겠지만 특별히 감사했던 사람들이 누구였을까요? 장남들이었을 거라구요. 왜 그래요? 애굽 사람들의 장남들은 다 죽었는데, 자기들만 살았기 때문이죠. 그들이 잘나서 산 것이 아니라 하나님의 은혜 때문입니다. 그들이 산 것은 그들을 대신한 어린 양의 피 때문입니다.

신약성경에서는 그리스도인의 존재 가치를 너희는 "값으로 산 것이 되었으니 그런즉 너희 몸으로 하나님께 영광을 돌리라"(고전 6:20)고 말씀하고 있습니다. 우리를 어떤 값으로 샀습니까? 예수 그리스도의 핏값입니다. 우리를 구원하시기 위해 예수 그리스도께서 십자가에서 희생제물이 되셨습니다. 그 값비싼 대가를 지불하고, 저와 여러분이 하나님의 자녀가 된 것을 믿으시기 바랍니다.

특별히 처음 난 것을 바쳐야 된다는 구약시대의 규례를 신약에서 그대로 적용하면 안돼요. 그 의미를 적용해야 되는데, 그 의미는 하나님의 은혜를 경험한 사람들이 하나님 앞에 온전히 바쳐져야 한다는 것입니다. 이것은 신약시대에 와서 모든 그리스도인들에게 적용되는 것입니다. 우리 모두 다 하나님의 은혜를 경험한 사람들이기 때문에 그렇습니다. 우리는 그리스도의 십자가 보혈에 빚진 자가 되었습니다.

이런 하나님의 은혜에 보답하는 방법은 항상 두 가지에요. 첫째는 감사이고, 둘째는 헌신입니다. 이 두 가지는 그리스도인에게 있어 한평생의 삶의 모습이어야 합니다. '감사합니다', '또 핏값으로 사주셨으니 이 몸 바쳐 주님을 섬기겠습니다', 이 두 가지의 고백이 없는 사람은 구원받았는지 의심해 봐야 합니다. 십자가의 구속의 사랑을 경험한 모든 크리스천들의 삶 속에 반드시 있어야 할 두 가지 요소는 뭡니까? '하나님, 감사합니다. 주님, 나를 주께 바칩니다.' 하는 감사와 헌신의 고백입니다. "그러므로 형제들아 내가 하나님의 모든 자비하심으로 너희를 권하노니 너희 몸을 하나님이 기뻐하시는 거룩한 산 제사로 드리라"(롬 12:1). 한평생 감사와 헌신으로 주께 바쳐지는 여러분의 삶이 되시길 바랍니다.

출애굽기 12:46에 보면, 유월절을 지키는 의식 가운데 재미있는 사건이 있습니다. "한 집에서 먹되 그 고기를 조금도 집 밖으로 내지 말고 뼈도 꺾지 말지며." 집 안에서 경험될 사건, 하나님의 백성들만을 위한 사건임을 다시 한 번 강조한 다음에, 그 고기를 집 밖으로 내지 말고 뼈를 꺾지 말라고 했습니다. 한 성서학자는 "이것은 예수 그리스도를 존귀히 여길 사실에 관한 하나의 예표가 된다"고 말했습니다. 사실 유월절을 지키는 습관 중에 하나로 유월절 어린 양을 희생제물로 바치는 것이 있는데, 그 양을 각 뜨고 바칠 때에도 뼈가 깎이지 않도록 조심스럽게 다루라는 명령을 받았습니다. 그 중에 제일 조심스럽게 하는 것이 뼈를 건드리지 않는 거에요. 뼈를 아주 소중히 간수하도록 했습니다.

나중에 시편 기자는 이것에 대한 놀라운 예언을 합니다. "그 모든 뼈를 보호하심이여 그 중에 하나도 꺾이지 아니하도다"(시 34:20). 특별히 유월절을 지키는 습관 가운데서 제사를 다루는 사람들이 민감해야 할 일 중 하나는 뼈를 소중히 보호하는 것입니다. 왜냐하면 그것은 우리 구주 예수 그리스도의 존귀성에 대한 하나의 상징이었기 때문입니다.

그런데 이것이 문자적으로 십자가에서 성취되었습니다. 요한복음 19:32-33을 보세요. "군병들이 가서 예수와 함께 못박힌 첫째 사람과 또 그 다른 사람의 다리를 꺾고 예수께 이르러는 이미 죽은 것을 보고 다리를 꺾지 아니하고." 희한하죠? 예수님이 두 강도와 함께 십자가에 못박혀 돌아가신 후, 시체를 처리하는 과정에서 다른 두 강도의 다리는 다 꺾였습니다. 그런데 이상하게도 예수님의 다리는 꺾이지 않았습니다. 완전히 사망했다고 생각하여 꺾지 않았던 것입니다. 그들은 무의식적으로 그렇게 행동했을지 모르지만, 그것이 바로 구약예언의 성취였어요. 그리고 그 의미는 우리의 구세주이신 예수 그리스도를 존귀히 여겨야 할 책임을 우리에게 보여주고 있는 것입니다.

여러분은 하나님의 은혜를 받은 자임을 고백하십니까? 그 은혜를 어떻게 보답할 수 있어요? 감사하는 삶, 주 앞에 나를 바치는 헌신의 삶 그리고 한평생 구속의 주님이신 그리스도를 존귀히 여기는 삶, 이 삶이 은혜받은 저와 여러분의 삶의 모습이 되시길 바랍니다. 출애굽에 나타난 하나님은 은혜를 베푸시는 여호와, 또 그 은혜에 대한 응답을 요청하시는 여호와이십니다.

군대 되게 하신 하나님

세번째로, 자기 백성들을 군대 되게 하신 여호와이십니다. 출애굽의 밤, 그 사건 속에 나타나신 하나님의 또 다른 모습은 백성들을 군대 되게 하신 여호와이십니다. "그 같은 날에 여호와께서 이스라엘 자손을 그 군대대로 애굽 땅에서 인도하여 내셨더라"(출 12:51). 여기서는 이스라엘 백성들을 여호와의 군대로 표현하고 있습니다.

왜 이스라엘 백성들을 군대라는 특이한 명칭으로 표현했을까요? 출애굽기 13:18을 보세요. "그러므로 하나님이 홍해의 광야 길로 돌려 백성을 인도하시매 이스라엘 자손이 애굽 땅에서 항오를 지어 나올 때에." 애굽 땅에서 나올 때 어떻게 나왔다구요? '항오를 지어', 즉 대열을 지어 질서있게 나왔다고 했습니다. 출애굽하는 이스라엘 백성들에게 현실적으로 가장 필요한 과제는 질서의 과제였을 것입니다. 왜 그랬을까요? 다시 출애굽기 12:37을 보세요. "이스라엘 자손이 라암셋에서 발행하여 숙곳에 이르니 유아 외에 보행하는 장정이 육십만 가량이요." 여기서 '라암셋' 이라는 말은 요즘 말로 하면, '람세스' 입니다. 요즘 베스트셀러로 팔리는 「람세스」라는 다섯 권의 책이 있죠?

학자들 사이에서 확실히 규명되지는 않았지만, 아마도 모세가 상대해서 싸웠던 이 바로는 람세스 2세였을 가능성이 많습니다. 모세는 이 람세스 2세를 위해서 이스라엘 백성들과 함께 람세스 성을 건설했습니다. 그래서 이 바로 왕의 명칭을 따라서 그 성 이름을 '라암셋' 혹은 '람세스' 라고 말하는 것입니다. 이스라엘 백성들은 거기서부터 출발을 했습니다. "라암셋에서 출발하여 숙곳에 이르니."

유아 외에 보행하는 장정만 몇 명이라고 했습니까? 육십만입니다. 성인 남자만 육십만이었어요. 그러니까 최소한 몇 명이었을까요? 남녀 숫자를 대충 비슷하게 잡으면 백이십만은 확실하고, 거기다가 적게 잡아 한 집에 두 명씩만 아이들을 잡아도 전체적으로 이백사십만이 됩니다. 이것은 적게 잡은 것입니다. 그런데 옛날에 산아제한을 했겠어요? 산아제한의 기술이 있었겠어요? 그러니까 학자들에 따라서 어떤 학자들은 최고로 많이 잡아 오백만까지도 주장합니다. 사실 그것도 크게 무리는 아니에요. 그러니까 오백만이 함께 몰려다녔다고도 볼 수 있는 거죠.

저는 할 수만 있으면 1년에 한 번씩 저희 교회 성지순례를 가이드하고 싶은 생각이 있어요. 그런데 사십 명을 데리고 다니다 보면, 갈 때마다 이런 결심을 합니다. '내년에는 다시는 안한다.' 갔다와서는 '또 한 번 해볼까' 했다가, 가서는 또 '다시는 내가 안 데리고 온다'라고 생각해요. 사십 명을 데리고 다니는 것도 보통 힘든 일이 아니에요. 그런데 사백만 명을 데리고 다니면 어떨까요?

광야생활을 하는 이스라엘 백성에게 있어서 가장 중요한 것은 질서의 문제였어요. 메시지가 얼마나 잘 전달이 됐을까요? 마이크가 있었던 것도 아닌대요. 모세가 앞에 섰는지 뒤에 섰는지는 모르지만 메시지를 전달할 경우, 그것이 앞으로 앞으로, 뒤로 뒤로 계속해서 제대로 전달이 되었겠습니까?

옛날에 제가 학생운동할 때, 전방의 어떤 곳에서 수련회를 하는 중에 한 삼십 여 명과 게임을 했던 것이 생각납니다. 우리가 흔히 하는 게임 가운데 쭉 줄을 서서 메시지를 전달하는 게임이 있죠? 맨 앞에 있던 제가 옆사람에게 "하나님은 너와 동행하신다"고 말하면서 그 다음 사람에게 빨리 전달하라고 했습니다. 그리고 맨 끝에 있는 사람보고 뭐라고 전달받았느냐고 물으니까 "하나님은 나라를 통일하실 수 있다"고 말하더라구요. 너무 기가 막혔어요. 다시 한 번 크게 해 보라고 했어요.

제가 전한 메시지는 "하나님은 너와 동행하신다"였는데, 한 사람이 조금 잘못되어 "하나님은 나와 동행하신다"고 했어요. "하나님은 나와 동행하신다"가 몇 사람을 통해 가다가 "하나님은 나를 통해 일하신다"가 되었어요. 그래서 쭉 이어지면서 끝에 가서는 어떤 사람이 "하나님은 나라를 통일하신다"고 했습니다. 전방에서 수련회를 했기 때문에 통일 생각을 많이 한 나머지 그 사람이 헷갈렸는지도 모릅니다. 불과 한 삼십 여 명이 하는 게임에서도 그렇게 메시지 전달이 힘든데, 이 많은 사람들이 몰려다니면서 어땠을지 능히 상상이 갑니다.

단체 행동에서 제일 중요한 것은 질서입니다. 그래서 하나님은 그 백성들이 군대처럼 행동하기를 원하셨습니다. 이럴 때 군대정신이 없으면 불가능해요. 군대정신은 매우 중요한 것입니다. 이것은 신약시대에 와서도 마찬가지라고 생각합니다. 하나님이 구원받은 우리들을 개개인으로 놔두지 않으시고, 교회라는 공동체에 속하게 하신 이유는, 우리가 한평생 신앙생활을 제대로 하고, 또 하나님의 뜻을 받들어 그 뜻을 이루려면 공동체 의식이 필요하기 때문입니다.

이런 소속감, 또는 공동체 의식이 없으면 우리는 다 뭐가 될 가능성이 많습니까? 엉망이 될 가능성이 많습니다. 무교회주의라는 것이 이론적으로는 가능할지 모르지만 실제적으로는 가능하지 않습니다. 나 혼자 신앙생활 해 봐야 제대로 돼요, 안돼요? 안됩니다. 그러므로 교회에 나와서 제대로 신앙생활해야겠다고 끊임없이 자극을 받아야 합니다. 또 하나님의 일을 성취하기 위해서는 혼자 힘으로 안됩니다. 질서있는 공동체의 협력 안에서만 하나님의 뜻이 성취될 수 있는 것입니다.

저는 이런 하나님의 공동체를 유지하는 제일 중요한 공통분모가 하나님의 말씀이라고 생각합니다. 말씀은 하나님의 법입니다. 출애굽기 13:9을 보세요. "이것으로 네 손의 기호와 네 미간의 표를 삼고 여호와의 율법으로 네 입에 있게 하라 이는 여호와께서 능하신 손으로 너를 애굽에서 인도하여 내셨음이니." 엑소도스한 이스라엘 백성에게 하나님은 여전히 율법을 강조합니다. 율법을 지켜서 구원받게 하려고 강조한 게 아니에요. 하나님의 뜻을 받들어 성취하는 삶을 살려면 율법을 지키는 것이 매우 중요합니다. 율법을 지켜서 구원받을 사람은 아무도 없습니다. 그러나 주님은 그리스도의 십자가의 구속의 사건으로 말미암아 그 은혜로 구원받은 사람들에게 하나님의 계명을 지킬 것을 요구하십니다.

요한일서에서 그러한 점들을 많이 강조하죠? "예수께서 그리스도이심을 믿는 자마다 하나님께로서 난 자니 또한 내신 이를 사랑하는 자마다 그에게서 난 자를 사랑하느니라 우리가 하나님을 사랑하고 그의 계명들을 지킬 때에 이로써 우리가 하나님의 자녀 사랑하는 줄을 아느니라 하나님을 사랑하는 것은 이것이니 우리가 그의 계명들을 지키는 것이라 그의 계명들은 무거운 것이 아니로다 대저 하나님께로서 난 자마다 세상을 이기느니라 세상을 이긴 이김은 이것이니 우리의 믿음이니라"(요일 5:1-4).

승리하는 그리스도인의 삶에 있어서 중요한 것은 하나님의 계명을 지키는 것입니다. 구원받기 위해 지키는 것이 아니에요. 구원받기 위해 지킨다고 생각하면 율법주의에요. 믿는 사람들의 삶의 규범으로 하나님의 율법을 지키는 것입니다. 하나님의 말씀을 따라 사는 것입니다. 그 말씀이 하나님의 백성들을 질서있게 살게 하는 공통분모에요. 그것을 통해 우리는 여호와의 군대가 되어, 십자가의 군대가 되어 이 땅에서 그리스도의 지상명령을 성취하고, 하나님의 뜻을 이루는 도구로써 한평생 승리하는 삶을 계속해 나갈 수 있는 줄로 믿습니다.

영국의 요크셔(Yorkshire)라는 지방에 세빈 베어링 골드(Sabine Baring Gould)라는 이름을 가진 교회학교 선생님이 사셨습니다. 이 지방에서는 전통적으로 부활절이 되면 몇 주간에 걸쳐서 부활절 행사가 계속됩니다. 그 축제의 프로그램 중 하나는 교회학교 학생들이 이 마을 저 마을로 찬송을 부르면서 행진하는 거였습니다. 이 교회학교 선생님은 '자기가 가르치는 학생들이 어떻게 멋지게 행진하는 방법이 없을까' 하고 생각했습니다. 그래서 이 어린아이들이 장차 커서 복음을 깨닫고 헌신하여 예수님의 군대처럼 살 수 있다면, 이 세상을 바꾸는 데 얼마나 위대한 하나님의 자녀들이 될 것인가를 기도하고 생각하면서 찬송을 하나 작사했습니다. 그것이 우리가 잘 아는 찬송가 389장입니다. "믿는 사람들은 군병 같으니 앞에 가신 주를 따라갑시다 우리 대장 예수 기를 가지고 접전하는 곳에 가신 것 보라 믿는 사람들은 군병 같으니 앞에 가신 주를 따라갑시다."

여러분, 험한 세상에서 승리하는 삶을 살기 위해, 뿔뿔이 흩어진 개인주의적인 크리스천들이 아니라 공동체인 교회에 속하여 그리스도 예수의 강력한 군대로, 하나님의 뜻을 이루는 도구로, 쓰임을 받는 하나님의 사람들이 되시기를 바랍니다.

묵상과 기도

출애굽의 하나님, 약속을 지키시는 신실하신 여호와, 은혜를 베푸시는 여호와, 그 은혜에 응답을 요구하시는 여호와, 당신의 백성들을 군대 되게 하시는 여호와, 그분은 오늘도 동일한 심정으로 그의 백성들을 굽어보십니다. 그리고 오늘도 우리에게 출애굽을 명하십니다. 저 광야를 뚫고, 가나안의 복지를 향해서 군대답게 행진하라고 명하십니다.

"하나님, 절망하지 아니하고, 낙심하지 아니하고, 군대 되어 내 인생의 길이 다하도록 하나님의 백성답게, 그리스도 예수의 군사답게 살겠습니다. 걷겠습니다. 도와주시옵소서.

하나님, 감사합니다. 귀한 말씀 주시고, 주님 앞에 기도하게 하시는 이 시간, 들려오는 소문마다 우리를 우울하게 만듭니다. 그러나 이 세상에서 우리를 구속하시고, 저 영원한 도성, 천성문을 향해 세상의 광야를 그의 백성, 그의 군대 되어 걷게 하셨사오니 감사하며 살겠습니다. 감격함으로 살겠습니다. 헌신하며 살겠습니다. 내 주님이신 예수 그리스도를 존귀히 여기며, 그리스도를 증거하는 군사로 살기를 결심하오니 축복해 주시옵소서. 승리하게 도와주시옵소서. 예수님의 이름으로 기도합니다. 아멘."

요단 사역정신

"그러므로 너희는 가서 모든 민족을 제자로 삼아 아버지와 아들과 성령의 이름으로 침(세)례를 베풀고 내가 너희에게 분부한 모든 것을 가르쳐 지키게 하라 볼지어다 내가 세상 끝날까지 너희와 항상 함께 있으리라 하시니라"

1. For God and Church
   하나님의 영광과 그의 몸 된 교회의 영적 성장과 성숙을 위한 도서를 엄선하여 출판한다.

2. Prayer-focused Ministry
   기획·편집·제작·보급의 전 과정을 기도 가운데 진행한다.

3. Path to Church Growth
   건강한 교회를 세우는 축복의 통로로 섬긴다.

4. Good Stewardship and Professionalism
   선한 청지기와 프로정신으로 문서 사역에 임한다.

5. Creating a Culture of Christianity by Developing Contents
   각종 문화 컨텐츠를 개발함으로 기독교 문화 창달에 기여한다.